Bon Anniversaire,
Annina
Benjamin

Théâtre

DU MÊME AUTEUR

NOTRE DAME DES TURCS suivi de AUTOGRAPHIE D'UN PORTRAIT (Œuvres complètes I), P.O.L, 2003

Carmelo Bene

Théâtre

Œuvres complètes II

*Traduit de l'italien et préfacé
par Jean-Paul Manganaro*

P.O.L
33, rue Saint-André-des-Arts, Paris 6e

Titres originaux :
*Proposte per il teatro. Arden of Feversham.
Il rosa e il nero. Riccardo III. Otello.
Macbeth. Lorenzaccio. La ricerca teatrale nella
rappresentazione di stato. Pentesilea. Hamlet suite.*
© Bompiani 1995
© Dramaturgie Éditions, 1996, pour *Macbeth*
© Éditions de Minuit, 1979,
pour *Richard III* in *Superpositions*
© P.O.L éditeur, 2004, pour la traduction française
des autres textes et la présente édition
ISBN : 2-84682-048-1

www.pol-editeur.fr

Portrait sans corps

« La culture doit être l'air (non pas un air, un aria ou une aire), mais cela n'exclut pas qu'il y ait depuis toujours et pour toujours des asthmatiques et des pêcheurs de perles. On réécrit parce qu'on ne peut pas écrire. Je réécris parce que je ne suis pas Ève et encore moins Adam ! N'est-il pas écrit que les derniers seront les premiers ? Je réécris surtout parce que je le sens et que je me sens inactuel. Je réécris parce que j'ai honte d'appartenir à mon temps. Quand je saurai m'imiter, je serai mort. »

Carmelo Bene,
L'Oreille qui manque.

Est-ce de la théorie ? Est-ce de la philosophie ? Ni l'une ni l'autre, probablement, sans pourtant exclure le regard porté sur ce qui les inclut l'une et l'autre. Tout finissait par prendre cette tournure – d'une théorie, d'une philosophie possibles –, ou cette allure, cette identification, en raison d'un ancrage réellement et profondément intellectuel de C.B., et pour des raisons, aussi, qui n'arrêtaient pas de placer en situation équivoque les théories et les philosophies face au théâtre. C.B. aura d'abord été une puissance et une énergie qui faisait du théâtre avec le théâtre. C'était « l'acteur » – en chair et en os, c'est ainsi qu'il « débute » –, quelqu'un donc d'impliqué dans la « fureur » de « montrer » ; proche de ceux qui, aussi extrêmes que lui, bien que d'une autre manière, Lautréamont, Nietzsche ou Artaud, avaient traversé la vie et la création à partir d'un acte imprécatoire, naissant dans la fureur, s'élargissant dans la violence de l'imprécation, après avoir trouvé et reconnu la langue nécessaire pour l'exprimer. Son imprécation n'était pas « publique » – C.B. n'était pas un orateur –, elle n'était même pas directement « politique ». En cela réside peut-être l'écart immédiat, singulier, avec son contemporain et ami, P. P. Pasolini. L'imprécation travaillait au sein de la matière de sa vie, le théâtre, elle travaillait l'ensemble des matières qu'il s'apprêtait, à l'intérieur et à l'extérieur du travail théâtral, à relever et à révéler. Il y avait chez C.B. – c'est parfaitement visible dans tous ses enregistrements – ce côté mystérieux et révélateur du « monstrum », imprécateur, radical, insoumis, enragé contre toute forme de « tolérance », qui se montre en montrant, qui lance son imprécation sur scène. L'imprécation, qui enveloppait son corps et sa geste de scène, sa voix, l'acte et la langue nécessaire au fait de se trouver là, l'émanation directe, sans transcendance, se jouait – où était jouée – d'abord sur la scène, comme seul témoignage possible de l'histoire du temps de sa création, et donc, en même temps, à sa manière, « politique ». Il n'était là que dans ça : acteur, réfléchissant sur les modalités multiples de ce qu'il finirait pas appeler « l'actorialité » ; la pensée philosophique et théorique autour de son travail ne pouvait être que l'acte de philosophes et de théoriciens – notamment Gilles Deleuze, ou Maurizio Grande, pour n'en citer que deux.

Si l'on regarde son travail d'écriture autour du théâtre, on sent aujourd'hui, dans le livre, l'absence de cette plénitude de la dimension physique, faciale, corporelle, gestuelle, vocale – l'ensemble des dimensions mécaniques et techniques – qui refaisait, redistribuait tout éclatement, reliait dans de nouveaux rapports, dans des perceptions et des agencements nouveaux, la matérialité réelle qu'il constituait à travers ces destructions. L'acteur C.B. se fondait sur une recherche créative, au-delà des théories et des catégories, au-delà des systèmes, des tactiques et des stratégies qu'il ne cessait, pourtant, de réélaborer. Au sein même d'une parole écrite – cette lettre morte – qui crie non pas sa vérité, mais hurle l'évidence et la violence de son rapport à son travail et l'élan terrible que cela implique, resurgit aujourd'hui l'écho d'un grand dessein dont on ne sait pourtant presque plus comment il pourrait à nouveau agir, tel qu'il était dans la vision et dans l'écoute, dans l'entendement parcouru par une forte affectivité. On ne sait même plus comment ce projet pourrait fonctionner à l'extérieur de l'emplacement verbal transcrit – une véritable stratégie *de* jeu et *du* jeu presque innée –, ni comment en agencer les pièces, en dehors d'une continuité chronologique. Il n'y a pas, en somme, de véritable méthode, et encore moins un mode d'emploi. Il y a des idées complexes qui, progressivement, se sont transformées en des modalités opérationnelles et tactiques pour avancer dans la recherche, dans la recherche d'un but qui était, malgré l'opulence apparente du discours, la négation des structures textuelles, la négation des significations et du sens, portée jusqu'au silence de la scène et des actes, jusqu'à ne formuler que l'essentialité chirurgicale de l'espace vocal et des gestes. Partir de l'acteur – la première nécessité de tout acte théâtral – pour aboutir non pas à sa négation, mais à son exaltation poétique de créateur d'œuvre, d'*opera*.

Cette puissance à l'œuvre est déjà clairement énoncée dès le premier texte présenté ici, *Hamlet*, et jusqu'au dernier, *Hamlet suite*. Dans le premier, privé de consistance proprement textuelle, il n'y a que des consignes d'intention – ou de distraction –, des codages et des décodages constitutifs, des zones d'exclusion, d'où surgit la possibilité critique de la

« double fiction » du théâtre et de l'acteur : quel corps, quelle corporalité les réunit ou les dissocie. Des consignes non de réécriture, mais de « désécriture », en amont de toute situation préalable à une mise en scène : de *Hamlet*, il ne reste plus, pour C.B., que l'*Avertissement* écrit qu'il en donne. La suite vient d'elle-même, presque sans qu'on le veuille. Seul l'acteur a droit à la mise en acte de ses réflexions, au savoir de ce qu'il fait, comment, pourquoi, excluant d'entrée de jeu tout ce qui semble insupportable dans la reprise d'un « grand classique » comme Shakespeare, par exemple. Et cela, jusqu'à refuser au lecteur, précisément, la reconnaissance et la consommation de la « réduction », de l'« adaptation », de tout ce qui semble pouvoir entretenir une quelconque connivence de « communication » avec un public qui ne cesse d'interférer dans l'équivoque théâtrale et dans l'équivoque culturelle qui le gère, à travers des médiations tout aussi équivoques. C'est dans cette exclusion d'un « partage » possible que le travail de C.B., dans son imprécation, dans son insoumission à tout esprit systématique, devient un « acte politique », une résistance avant la lettre, commencée dès 1958.

Dans *Hamlet suite*, après le rappel des mises en garde précédentes, n'apparaît plus que la pure relation d'amour avec un texte poétique – celui de Laforgue – que C.B. ne lit ou ne dit pas dans l'ordre intrinsèque de l'œuvre publiée, mais dans la saisie des étapes et des fragments dont l'amour lui-même est fait, dans les brisures qui restent quand l'unité de la vie s'est désorganisée en un corps sans contours ni limites, quand dans l'acte d'amour il n'y a plus rien à perdre, sauf soi-même. C'est le travail de l'acteur : C.B. y aboutit comme à une reddition désarmée, avec une armure que la voix, sa voix, a déjà cassée et brisée, entourée des silences qu'imposent la houle et le flux des nostalgies jamais vécues, simplement parce qu'elles sont invivables. Par le corps et la voix, le passé de la ligne shakespearienne s'est distendu en plongeant dans son avenir-Laforgue, en effleurant à peine un présent *de* et *du* théâtre. Peut-être, au-dessus des lignes, perçoit-on l'accord musical d'un renvoi néoromantique ou pro-cadent ; mais cela a lieu hors de toute complaisance, dans l'humour des auto-éclatements constants, dans l'effacement, dans le tarissement d'un simple écho poétique.

Puis *Penthésilée* ou *Achilléide,* qui est de la même trempe, autour d'un thème complexe : le double redoublé en chacun des personnages qui n'en font qu'un seul, accouplé l'un à l'autre dans la mort. Autour de ce possible double redoublé de nous tous, du masculin-féminin dont personne ne sait rien dire, sauf les poètes, avec des mots qui ne sont plus de l'ordre de la signification mais de la sensation, dans l'acte pur « sans action », C.B. rassemble Stace, Homère, Kleist. Ils ne sont pas là en qualité de bonnes ou de mauvaises fées, mais comme les témoins sévères d'un mystère qui, une fois accompli dans leur œuvre, doit « revenir » sur scène, sous les dépouilles de pensées qui, actives, furent sans doute les leurs, et qui n'appartiennent désormais qu'à un monde sans souvenir, dans un espace ardent et secret en chacun de nous. Les pensées et les mots deviennent ainsi des lignes de force qui vibrent d'en dessous, dans une totalité funèbre de blancs et de silences : de l'ancienne souplesse, de l'ancienne vie, il ne reste plus que ce talc poussiéreux qui en dit pourtant la rage. Seule demeure alors la poésie incarnée dans ce décharnement.

★ ★ ★

À chaque étape de ces expérimentations, le corps, la voix, le geste, la face et les machines désorganisent et désorientent structures et codes. L'expérience est tirée directement de l'histoire du théâtre : plus encore, de l'histoire de ses mensonges. L'ensemble problématique s'impose avec une double question, celle de la « fiction » constamment vécue comme une réalité du possible. Puis celle du « corps », du corps de tous ceux qui, d'une manière ou d'une autre, acteurs ou spectateurs, s'habillent – habillent leur moi – de cette version factice de la réalité et finissent par « croire » en quelque chose qui n'est plus qu'une liturgie léthargique et rituelle, sans foi.

Est-ce que, vraiment, le théâtre peut encore être, une fois de plus, un texte ? Peut-il encore n'être que cela ? Et l'acteur, peut-il vraiment être celui qui interprète – dans cette mimique proche d'une prêtrise séminariste – ce *corpus* textuel dont il se fait corps, invariablement élevé sur l'autel de la scène, victime même lorsqu'il exulte et s'exalte, et qui sert à modeler et à organiser en *unité unique* la multiplicité des corps dont nous sommes confusément travaillés ?

Voilà les questions de départ, que nous trouvons aussitôt posées dans les histoires de vrai et de faux qu'illustre – plus encore que l'action et le mouvement, plus encore que le découpage de plans, d'espace et de temps – l'ensemble des suppositions formulées à travers des considérations sur les tableaux et la peinture dans quelques pièces, dans quelques films. *Arden of Feversham* et *Le Rose et le Noir* reposent tous deux sur ce paroxysme du corps autour de son paraître, de son apparaître – c'est le propre du théâtre –, et de ses actes, suivant un débat très personnel de C.B., noué autour d'une ré-expérimentation du « baroque » – sur lequel il s'est longtemps interrogé[1] et d'où il parvient à dégager des moments

---

1. Cf. à ce propos, « Carmelo Bene, Il circuito barocco », textes rassemblés par M. Grande, *in Bianco e Nero*, n° 16, Rome, novembre - décembre 1973 ; ainsi que C. Bene, *L'orecchio mancante*, Milan, Feltrinelli, 1970, partiellement repris *in Opere complete*, Milan, Bompiani, 1995, p. 227 et s.

de grande tension lyrique, dans le fait de saisir le théâtre au moment même où il nous quitte. Que tout « jeu » soit fait d'avance est exprimé par l'une des phrases finales dans *Arden of Feversham* : « Leur histoire est accrochée aux murs. » Formellement, ce débat s'achève par la terrible réalisation de *Lorenzaccio* où la scène se brise en trois lignes ou bandes parallèles et pyramidales : au premier plan, le plan du bas, le plan des actions, l'Histoire – aveugle, sourde et muette –, agit dans l'inconséquence de ses actes comme une lourde machine de guerre, toujours en décalage avec n'importe quel présent. Au deuxième plan, superposé au premier, se déroule, dans un silence total, le présent du protagoniste *Lorenzaccio* – utilisé comme un adjectif, un disqualifiant –, auquel cette Histoire vole son histoire, le laissant dans la marge infréquentable des actes sans accomplissement possible, sans autre durée que celle, décalée, d'une perte « sans reste » qui le relègue dans l'utopie. Au troisième plan, enfin, celui qui surplombe l'ensemble, la reconstitution très officielle que la peinture fait de l'histoire, ne laissant passer dans sa brillante vitrine qu'une Histoire qui se pose en *majeur*, excluant tout *mineur*. Ainsi C.B. rassemble-t-il, en les déroulant sur la même scène, la peinture de Bronzino, le dépoussiérage d'une vieille histoire de Musset sollicité par George Sand, et l'histoire très officielle de Benedetto Varchi, pour montrer les malentendus et les équivoques qui, d'une œuvre à l'autre, ne créent qu'une vérité d'apprêt et d'apparat, une vérité de mensonges, prête, dès lors, à entrer dans le Grand Théâtre de l'Histoire. Ainsi toute histoire est-elle déjà accrochée aux murs [1].

C'est une très grande ligne de travail où la réflexion scénique explique que le théâtre est, fondamentalement, tel qu'on risque de le « mettre en scène », un miroir aux alouettes. Plus ou moins directement, les travaux de C.B. saisissent le vacarme composite qui renvoie aux miroitements et aux reflets de la perception des œuvres et de l'interprétation, sans formuler de mépris à leur égard, mais en cherchant à voir comment, au plan des intensités des propositions et en « ôtant de scène », il serait possible d'aboutir à une théâtralité radicalement critique. Historiquement, ce discours s'est vite inscrit dans une polémique visant inlassablement les politiques culturelles des quarante ans que le théâtre et la théâtralité de C.B. ont traversés, ainsi que les témoins qui, d'une manière ou d'une autre, ont tiré profit de cet état des choses – dont C.B. eut à dire, à plusieurs reprises, qu'il s'agissait des choses de

---

1. L'histoire de *Lorenzaccio* en tant qu'œuvre théâtrale est de toute façon une histoire étrange, ce qui explique en partie, extérieurement, l'intérêt de C.B. pour ce texte, tant il semble être né sous la protection du « féminin ».

l'État. En premier lieu, à côté de l'État, le plus visé était le plus en vue des metteurs en scène de l'époque, Giorgio Strehler, avec sa visitation modernisante des classiques, et le classicisme formel dans lequel il enfermait son « héritage » brechtien ; ou encore Franco Zeffirelli et les clans issus des déformations viscontiennes ; mais aussi Vittorio Gassman et ses tentatives de mise en scène après une élaboration populiste de l'*Adelchi* de Manzoni, à la fin des années cinquante, œuvre que C.B. reprendra à sa manière dans les années quatre-vingt [1].

---

1. Rappelons à ce sujet un jugement de Pasolini : « Le théâtre italien, dans ce contexte (où le caractère officiel est la protestation), se situe culturellement au niveau le plus bas. Le vieux théâtre traditionnel est de plus en plus rebutant. Quant au nouveau – qui n'est rien d'autre que le long pourrissement du modèle du Living Theater (à l'exclusion de Carmelo Bene, indépendant et original) –, il a réussi à devenir aussi rebutant que le théâtre traditionnel. C'est la lie de la néo-avant-garde et de 1968. Oui, nous en sommes encore là : sans oublier le retour de la restauration rampante. Le conformisme de gauche. Quant à l'ex-républicard Dario Fo, on ne peut rien imaginer de plus affreux que ses écrits. Peu m'importe son caractère audiovisuel et ses mille spectateurs (fussent-ils en chair et en os). Tout le reste, Strehler, Ronconi, Visconti, n'est que pure gestualité, matériau pour magazines. Dans un tel contexte, il est naturel que mon théâtre ne soit même pas perçu. Ce qui (je le confesse) me remplit d'indignation impuissante. » P.P. Pasolini, préface à *Bête de Style*, p. 465-466. Trad. A. Spinette, *in* P.P. Pasolini, *Théâtre*, Paris, Babel, 1990.

La polémique, vive et retentissante dans la série d'écrits qu'inaugurait l'*Autographie d'un portrait*, se poursuit, pour ce qui est de ce volume, dans les *Propositions pour le théâtre* jusqu'à *La Recherche théâtrale dans la représentation d'État*. Ces interventions sont cependant bien plus importantes en nombre et en qualité et même débordent les interrogations spécifiques autour du simple fait théâtral, comme le montrent des inédits en France, tels la *Lettre ouverte au PCI*, *Vouloir et pouvoir*, l'ensemble des textes qui constituent *La Voix de Narcisse* ou *Je suis apparu à la Madone*[1]. Et une vaste part polémique est reprise dans les traitements particuliers de presque toutes les œuvres, à l'intérieur des didascalies de mise en scène, qui ne sont, la plupart du temps, que des commentaires d'intention, noués autour d'un réseau complexe de psychismes en acte mêlant la vie et la scène – ou la scène de la vie – en un seul geste indissociable, dans un jeu constant d'insoumission et de détournement.

★ ★ ★

Le cas le plus typique est celui des élaborations à partir de Shakespeare. Nous ne revien-

---

[1]. La plupart de ces textes feront l'objet d'une traduction dans le vol. III des *Œuvres complètes*.

drons pas, ici, sur les motivations d'ensemble, déjà largement développées [1], qui font que C.B., longtemps fixé sur *Hamlet*, reprend quelques grandes œuvres du répertoire shakespearien, *Roméo et Juliette*, *Richard III*, *Othello*, *Macbeth*, pour aboutir encore une fois à *Hamlet*. Le projet n'est en rien anthologique, il est purement polémique parce que re-créateur, dans ce voyage accompli par un Italien du XXe siècle sur le terrain linguistique d'un Anglais du XVIe [2]. Or, il fait passer d'abord la langue vers un acte tangible inhabituel – on avait bien vu des célébrités du Nord « descendre » en Italie, imitant des histoires d'armées, de lansquenets et de pillages, mais jamais un Italien « remonter » vers d'autres territoires que les siens – y apportant comme une sorte de guerre. Guerre du sens, d'abord, en détruisant l'organisation cognitive et sensitive du texte, en retournant par un jeu de « paradoxes » incroyables non seulement la « destination » apparente des textes, mais surtout leur « destinée » philologique et culturelle, en leur apportant, à l'une et à l'autre, un destin nouveau. Lorsque C.B. « réorganise » Shakespeare, c'est

---

1. Cf. J.-P. Manganaro, « Homo illudens », *in Œuvres complètes*, vol. I, Paris, P.O.L., 2003 ; et « Postface » à *Macbeth*, livret de Carmelo Bene, Paris, Dramaturgie, 1996.
2. Cf. G. Deleuze, « Un manifeste de moins », *in Superpositions*, Paris, Minuit, 1979, p. 92.

toujours à travers des lectures obliques qui conduisent celui-ci dans une attestation humoristique tantôt néoromantique – d'où le costume de scène de *Richard III* repris dans *Manfred* de Byron mixé par Schumann et dans *Egmont* de Goethe mixé par Beethoven – tantôt néogothique – d'où le jeu des armures successives qui « empêchent » tour à tour *Othello* et *Macbeth*.

La guerre est poussée plus loin encore lorsque ces grands moments du théâtre anglais sont accablés par les grands moments de l'opéra italien : car *Othello* et *Macbeth* sont, aussi, des chefs-d'œuvre de Verdi, à travers lesquels la langue anglaise est réélaborée par C.B. en une structure nouvelle qui tend, de plus, à désorganiser, par surprise et en la dérobant furtivement, la musique italienne du XIXe siècle. Dans la complexité de ces opérations quasi génétiques, loin de prêter attention aux procédés d'un commentaire, serait-ce poly-philologique, C.B. rend au présent sa multiplicité longtemps cachée dans des structures et des systèmes de redites et élabore de nouvelles matières scéniques qui appartiennent toutes au théâtre et ré-inscrivent le théâtre-mort-italien dans sa tradition la plus vivante, celle qui a déjà su, partant d'une œuvre, capter et formuler des sensations différentes. Ce n'est pas un panégyrique de Verdi contre Shakespeare, c'est plutôt le fait de capter furtivement des matières qui ne se rencontrent pas et de les faire s'organiser dans un acte créatif dont l'acteur devient, du coup, l'élément d'insoumission. C'est celle-ci, depuis toujours, qui le pousse à travailler critiquement l'ensemble des postures de scène : corps et voix de l'acteur entreprennent alors le travail d'une nouvelle « logique de la sensation ».

De ce point de vue, les Shakespeare de C.B. sont exemplaires car ils placent en avant d'autres processus : cet art de déplacer maniaquement, de replacer, de couper, de transférer, fabrique sa fiction en tant que « désécriture ». Elle écarte la masse scénique des descriptions et des rapports psychologiques pour n'en faire que de purs potentiels, des formes de choc, des vrombissements récupérés tantôt à partir d'une pure énergétique « futuriste », elle aussi en dehors de l'histoire, tantôt à partir d'une force de pure « situation à vif ». Le théâtre se déploie alors dans ce qui lui appartient en propre – non pas donner à voir un drame, mais le drame de donner à voir, ou d'avoir à donner à voir – ; les lumières qui « allument » ou « éteignent » les situations, les sons et les sonorités qui agissent comme des « spectres » – mot commun au voir et à l'entendre –, tantôt fantômes et revenants ou épouvantails, mais aussi variation de l'intensité de voir et d'entendre, de l'intériorité d'un corps, de ses organes hors d'eux, dans un état d'organes hors corps, ne captent et ne laissent transparaître que ce qui n'est pas là tout en y étant, le côté invisible que toute visibilité essaie de dérober à la vue et à la perception. Elles saisissent et placent sur la scène une distance qui n'a plus rien à faire avec les masses de réel; elles offrent une dimension spécifique au théâtre de C.B. dont l'acteur n'est plus, désormais, sous forme de spectre, que son propre spectateur, celui-là même qui le regarde de près.

La question n'est pas de mettre en « dérision », de s'approprier le texte de Shakespeare ou d'un d'autre pour le troubler ou le confondre, même si, au premier abord, cette tension n'est pas exclue; ce déploiement répété, inlassable à l'encontre des auteurs, cette continuité dans l'opération consistant à faire en sorte qu'il advienne encore quelque chose de l'œuvre et de l'auteur, contiennent en eux-mêmes un geste d'amour sadien. Ce qui ressort dès l'origine de ce projet de répétition, la continuité même qui en constitue l'enveloppe, se retourne d'abord contre ceux qui, tous pouvoirs mêlés, veulent s'en faire les garants par un travail de codification philologique et culturelle au moins aussi implacable que celui de C.B. Mettre alors en lambeaux cette matière théâtrale redéfinit par opposition la sensation comme l'expression d'un nouveau « théâtre de la cruauté », directement à l'œuvre, sur scène, où les variantes de son élaboration sont autant de gestes et de moments de précision de son travail de décortication.

Directement donné à voir sur scène, l'ensemble de ces « mises à vif » constitue ainsi la matière première de l'élaboration de cette cruauté à l'œuvre. Ce constat ne suffit pas, pourtant, à attester la rage et l'insoumission [1] qui installent cette matière. Comment cette cruauté, à elle seule, pourrait-elle s'élaborer, si elle n'avait une arme qui la rassemble en une masse, en un bloc qui lui donne sa violence ? Cette arme, c'est bien la voix de C.B. qui, surgissant dans le noir des détournements, réinvestit le théâtre : « Il est question d'éteindre la lumière et de "voir" ce qui bouge dans un théâtre fait d'obscurité », dit C.B. tout au début de son engagement public [2]. La voix, la puissance vocale de C.B., est cette puissance de voir dans le noir. Ce n'est pas seulement une très belle voix

---

1. Ces mots, par le biais de *La Rabbia*, rassemblent Pasolini et Bene en un même motif de volonté et de nécessité créative.
2. C'est le projet du « Teatro Laboratorio » de C.B. en 1962. Il ajoute : « Il faut surtout comprendre le rapport d'amour qui va de nous aux auteurs et savoir en reconnaître l'infidélité, non pas comme trahison puérile du thème, mais essentiellement comme analyse scientifique. L'improvisation n'est pas une lecture à première vue : c'est un jeu rythmique, un devenir toujours différent des significations (on n'improvise pas sur un thème sans avoir dépassé une suffisance philologique). C'est l'exigence hasardeuse qui fait pression lorsque même la manière risque de s'imposer. »

dont il suffirait de décrire l'ensemble des capacités de modulation : elle est belle d'emblée, certes, mais de façon terrible, parce qu'elle se radicalise en un bloc-voix qui va, à son tour, reprendre et refabriquer ce hors-de-soi constant de la langue ou des langues de C.B.

Et la question, encore une fois, n'est pas de trancher quant à la beauté et à la splendeur de la langue italienne de C.B., comme d'une langue à l'écriture parfaite. Elle est bien plus – y compris d'ailleurs dans les langues qu'il traduit et toute mise en scène devient alors un travail de traduction – ; elle est toutes ces variations et ces soustractions, ces omissions comme construction, qui n'ont plus rien à voir avec un régime linguistique, mais avec ce par quoi il se définit le mieux, la constance de cet « ôter de scène », de mise en ellipse, rejoignant ainsi la tension baroque de Shakespeare, où l'obscurité de ce qui est dit trouve son passage à travers l'acte vocal. C'est un travail de mise en tourment et en tumulte qui est accompli sur le texte à travers une oralité qui engage toute la cérébralité dans la rétention ou la re-tension et dans la redistribution de ses liens affectifs internes. Reprendre le texte ou le poème, l'attention et l'intention, en leur noyau originaire, les réélaborer à partir de ce moment désormais inexistant, le recréer en s'ancrant dans un lieu d'où être, au même instant, univoque et équivoque, comme enchaîné au fond et bariolé en surface. Où le traitement des indications scéniques devient désormais une partition à peine lisible : un sans-corps sans voix.

Jean-Paul Manganaro

Propositions pour le théâtre

Hamlet de W. Shakespeare

Si vous voulez l'habiller de noir, je vous l'accorde, à condition que vous considériez cette teinte comme une nécessité de rigueur, et non, certes, celle du deuil pour son père. Noir comment et pourquoi, alors ? Comme ça, de même qu'est noir un habit de gala porté par un auteur-metteur en scène renommé, enfin représenté à la cour. Le texte, à première vue, pourrait sembler une autobiographie, et ce n'est pas vrai. Ce serait une erreur de considérer comme autobiographique la fusion parfaite de l'auteur-acteur, parce que tel est Hamlet. À présent, je vais vous barbouiller le cerveau. Une action, vous pouvez l'accomplir en guerre, en justice, au bordel, mais une action pure, il n'y a pas de drapeau, de sentence, de baise qui puisse la réaliser. Alors, la question vache : Hamlet-Shakespeare, est-ce, oui ou non, un homme d'action ? D'accord, je veux être bon : parlons d'abord d'Hamlet en tant qu'homme de théâtre. Son discours aux acteurs, loin de la théorie, se veut un discours particulier pour le spectacle en question. Les acteurs de Shakespeare, ses compagnons de scène – *Hamlet* ne fut pas une expérimentation –, étaient désormais à la hauteur du théâtre qu'ils pratiquaient. Will était un nom déjà confirmé à Londres. Tiens, tiens... « accordez l'action à la parole, la parole à l'action », etc., mais Burbadge le savait et, avec Bibi dans le rôle du spectre et la disponibilité des femmes-garçons, dans une œuvre où Yorik ne parle pas, ni n'est vu, il n'y avait pas lieu de se faire de souci. Si au contraire Hamlet parlait à une bande de cabotins instinctifs et ataviques, c'est alors banal. Il voulait créer une obsession qui tendît sans aucun doute à dénoncer le roi. Sinon, il est bien dommage de gaspiller les gestes d'un acteur dans la même direction que la voix : ce serait comme de faire ramasser à Briarée une seule petite fleur avec tous ses bras en une seule fois. Mais la bêtise d'une utilisation aussi importante peut se révéler divine sur la scène : une obsession, sans aucun doute. Quand j'ai proposé *Hamlet* au Teatro Laboratorio, j'ai voulu que le protagoniste se souciât surtout de la salle, comme cela arrive dans un théâtre qui veut impressionner : Hamlet traînait le siège royal tellement près de l'action des acteurs que les yeux de Claude se perdaient sur les paillettes des gilets des récitants, sans d'ailleurs lui permettre de suivre l'action en panoramique. Une exaspération critique du concept d'obsession. Hamlet s'en rend compte et prévient lui-même le roi de l'accident sur la scène, comme l'on fait avec un aveugle : « Il l'empoisonne dans le jardin... son nom est Gonzague... l'histoire est rapportée dans les archives de Vienne, écrite en un bel italien... » Oui, d'accord, vous me direz que l'intervention d'Hamlet ne visait qu'à augmenter la dose. C'est ainsi, sans aucun doute, c'est clair à la lecture, mais vous découvrez toujours ce qu'il y a ! Ce qui nous intéresse ici – et c'est ce que j'ai fait – c'est de vicier un déroulement, de rater la loge royale, critiquer une évidence obtuse de la part d'Hamlet, faire comprendre aux dévots une erreur technique (pour que le mort puisse être content), faire face à un devoir, au père qui vous oblige à un théâtre réaliste, et même à la vie, à l'action engagée, en dépit d'un si grand nombre de beaux scénarios (et Laforgue les a vus) qui dorment dans les tiroirs.

Mais si toute la scène à Elseneur s'ouvre par un message, il est évident que le drame authentique d'Hamlet est, quoi qu'il en soit, celui de bien jouer dans un théâtre qui n'est pas fait pour lui. En dépit de l'évidence – la faute de Claude tout aussi évidente que la putasserie de sa mère –, il se prépare à un spectacle en allant assister à un autre, avec toute « l'allégresse frénétique de sa ruine future ». C'est bien autre chose que de venger le mort : pour cela, il aurait un texte déjà écrit où agir équivaudrait à exécuter. Il choisit le prétexte, tout en restant à Elseneur où l'on ne comprend que les romans policiers et où l'on subit l'Arcadie. Il veut rencontrer son épilogue par un autre chemin, convaincu, cependant – c'est surtout un classique –, de rencontrer à la fin l'autre épilogue, l'autre fil, celui des faits qu'il a évités et sauter en l'air avec tout le reste dans une grimace de fatalité droguée : « Il est beau pour le poseur de mine de sauter en l'air sur sa propre mine... Qu'il est doux lorsque deux intrigues différentes se rencontrent sur la même piste... » Avant de pourrir, il se confie à Horatio, il veut qu'on se souvienne de lui, non pas comme d'un beau vengeur, ni non plus comme d'un amant malheureux et encore moins comme de celui qui doute sur les scènes anglaises. Il se confie à Horatio, le seul collaborateur qui l'ait compris. Le roi, Polonius, Gertrude, Ophélie, Laërte, Guildenstern, Rosencrantz, ils sont tous morts dans une tragédie ainsi tachée de sang et tellement privée d'action. Mais sa mort, celle d'Hamlet, n'est pas une coïncidence historique, elle n'est pas un coup de théâtre pour arracher des larmes. Il ne meurt pas dans le rôle de fils, il meurt dans celui d'artiste. Il n'a jamais douté ni de lui ni des faits autour de lui. La presse danoise n'a jamais été admise à Elseneur. Clown en tant que philosophe, fou en tant qu'acteur, dénaturé en tant que fils, cruel en tant qu'amour (avec une Rosalinde enfermée dans sa chambre, éclose d'un géranium, assassinée et enterrée nuitamment), délinquant en tant qu'Artiste, on l'a taxé de rêve et de paresse, lui qui a écrit les quatre actes restants. C'est le prince des acteurs qui, devant la monarchie théâtrale, n'a pas voulu interpréter un drame héroïque (il haïssait les actes uniques, car c'eût été un acte unique) où le sacrifice est une insulte à l'imagination. Il libère les faits, comme des rats d'une souricière, et ils se multiplient jusqu'à devenir si nombreux qu'ils en meurent. Et ceci, dans sa chambre. Et lui, étendu en train de lire sur son lit (ce n'était pas un livre d'histoire ou de philosophie), meurt d'un mal que les médecins ignorent encore aujourd'hui, ou parce que son oncle n'a pas voulu lui donner l'argent pour emmener son spectacle à Paris.

« Il ne reste qu'à trouver la cause d'un tel effet ou, pour dire mieux, d'un tel défaut, car cet effet défectueux procède d'une cause et cela reste ainsi démontré, et maintenant, occupons-nous du reste. »

Premier acte au Teatro Laboratorio :

Scène en perspective sur trois étages. Escaliers sombres et manuscrits sur les pupitres (manuscrits d'*Hamlet* ou d'Hamlet ?). Au premier plan, Hamlet. En face de lui, Laërte. Au deuxième plan, en remontant : Ophélie, Guildenstern, Rosencrantz,

Polonius, des serviteurs, la reine, le roi. Au troisième plan, en remontant : Marcellus, Bernardo, Horatio, Francisco, le spectre, les créneaux, un ciel nocturne d'un vert indéfini.

Ensemble vocal d'Hamlet, Claudius, Marcel, François et Bernard. Hamlet qui feuillette un manuscrit et note mentalement et parle d'autre chose en lui-même : « Ô, si cette chair trop solide pouvait ainsi se fondre », etc., et Claudius dans son : « Bien que la mémoire soit encore verte de notre cher frère Hamlet roi... », etc. Horatio au spectre avec ses « Parle !... », etc.

Ainsi, au troisième acte : sur scène Hamlet, le roi, Polonius, Guildenstern, Rosencrantz.

HAMLET. – « Être... »

CLAUDIUS. – « Et ne pourriez-vous pas, indirectement, lui arracher de la bouche... », etc.

HAMLET. – « ...ou ne pas être....................
.... Rêver, peut-être. »

GUILDENSTERN. – « C'est un fou rusé, il se dérobe toujours...
....

CLAUDIUS. – « ...le poids que c'est pour ma conscience... »

HAMLET. – « ...la conscience nous rend tous lâches... »

Et nous avançons ainsi jusqu'à la catastrophe finale :
Duel d'Hamlet et Laërte. Échange involontaire de fleurets. Laërte, après un troisième assaut, va se remettre en garde lorsqu'il hésite, regarde autour de lui, laisse tomber le fleuret, s'assoit et meurt. La reine glisse de son siège en serrant une coupe et s'affaisse morte sur le sol. Hamlet monte les escaliers, en fermant les yeux, désespéré, et finit par disparaître de la vue du public. Le roi, replié sur lui-même, abandonne son trône et avance jusqu'au centre de la scène en cherchant du regard vers les coulisses. Hamlet, à la renverse, se jette sur lui d'en haut et ils s'écrasent tous les deux sur le sol. Claudius meurt sans un mot, comme d'ailleurs les autres avant lui. Hamlet se relève halluciné et se dirige dans un coin pour embrasser Horatio : il se serre fort contre lui comme contre la compréhension : « Je pourrais vous expliquer, mais passons... Le reste est silence. »

C'est alors qu'entre Fortimbras avec ses gens dans un vacarme assourdissant de tambours : il est entièrement couvert de son armure, y compris le heaume, la salade baissée, chargé d'armes comme un âne, masse d'armes, hache, estoc, hallebardes interminables, comme d'ailleurs ses soldats, tellement tous armés qu'ils causent des dégâts partout et qu'ils ne peuvent même pas tenir tous sur la scène. La lumière s'éteint par moments pendant quelques secondes sur les paroles de Fortimbras, d'ailleurs inintelligibles, parce qu'il les crie à l'intérieur du heaume, en faisant tomber involontairement avec une pique un manuscrit placé sur un pupitre proche. Là, obscurité totale. Coups de canon. Fortimbras continue à gémir – lumière dans la salle comme à la fin d'un spectacle – : « Car, s'il avait régné, et qu'il eût été mis à l'épreuve, ç'eût été un grand roi... »

Si je ne viens pas j'écris – dit l'oncle en s'ôtant la plume du...

Sales fous, qui ne comprennent pas la grandeur de cet idiot de saint Joseph de Copertino, comme si la recherche de Dieu n'était pas plus engagée que la scélératesse patriotique et l'économie de la famille. S'ils avaient, au moins, ces maudits, un passé profond : où ils n'auraient qu'à se tremper les pieds. À force de parler, un jour ou l'autre, je vais devenir stupide moi aussi. Et alors, à Rebours*[1], le dos au soleil et une bougie allumée à la main, au-delà de la mendicité des héros, vers les dieux, loin, loin, loin, vers les dieux qui vous font rougir d'intimité. Un

---

1. En français dans le texte comme dorénavant les expressions suivies d'un astérisque. (*N.d.T.*)

asile où chacun est fou de lui-même. L'humanité a fait son temps. Moi, je m'efforce d'être chaque jour plus crétin. Si tu prends mille pots de peinture bleue, et que tu les vides dans la piscine de ta villa, tu as fait une mer. Si tu ajoutes 200 pots de rouge, tu fais la mer au couchant. Nous en sommes à 1 200 pots. Et alors, qu'as-tu fait ? Et pourquoi ? Faut-il forcément faire quelque chose ? L'important, c'est de ne faire rien, mais de faire. En tout cas, ce que je viens de dire, moi, dans ma piscine, je ne le ferais pas. Allons, allons, aujourd'hui il n'y a plus de temps à perdre, il faut des télégrammes. Soyez bref, soyez bref, finissez-en avec cette pseudo-idiotie baroque. Et d'accord, moi, je vous fais un télégramme de crétineries.

> Les vers que tu dis, ô Fidentin, sont les miens,
> mais si tu les dis mal, voilà qu'ils deviennent tiens.

Certainement. Et pourquoi ? Même s'il les disait bien, ne seraient-ils pas toujours du Fidentin ? Je ne comprends pas, et il est inutile de le demander à ces malheureux. Pourquoi Martial les lui attribue-t-il quand il les dit mal et puis les veut de nouveau s'il les dit bien ? Qu'il se les dise, lui, Martial, ses vers, et qu'il ne reste pas là à se moquer du Fidentin qui, s'il veut apprendre à réciter, ira à l'académie. Mais Shakespeare était auteur, acteur, metteur en scène et directeur de troupe. Dans sa vie, il fut lui-même un spectacle. À présent, il est un texte. C'est une saloperie de lui refuser l'infidélité qui lui est due (et d'ailleurs, il résiste, il me résiste, à moi, pensez donc à vous), pour le tenter avec du sentiment : ce serait comme de plonger un bâton dans l'eau bleue de la mer avec l'illusion que même le bâton en ressorte bleu. Et même s'il y avait une mer capable de cela (nous avons les teintureries) soyez sûrs que vous ne vous y baigneriez pas.

Beaucoup de dévots se méprennent sur la « résignation infinie » comme présupposé de la foi ou paradoxe de la vie, je parle ici des prêtres et non du public. On n'a pas encore une idée du concept de fidélité. La chasteté de nos critiques est une chasteté de livret. Naturalistement immoraux, si tu Lui dis :

Ne pleure pas, Liù,
si en un jour lointain je t'ai souri[1].

de même qu'ils se montreront tes ennemis si tu Lui proposes :

Ne ris pas, Liù,
si en un jour lointain je t'ai fait pleurer.

---

1. G. Puccini, *Turandot*. (*N.d.T.*)

Ces apocryphes qui ont (mis au lit et) lu Giambattista Vico, ma chère, admettent un théâtre primé (allons-y contre l'auteur), ils te font saigner le cœur avec l'« histoire d'un personnage », parfaitement capables de tout, même de réduire la poésie en histoire, à condition que tu pleures pour des inepties. Rire pour des tragédies, jamais. Toi, « pure comme un ange », je suis certain que tu tomberas dans le péché. Je ne le permettrai pas, parce que c'est toi qui devras me sauver : ils te diront que les deux contraires cités plus haut s'équivalent. Et ce n'est pas vrai. Parce que, pour eux, la tragédie c'est le Texte. Et j'ajoute qu'ils ne considèrent pas cela comme une ineptie (c'est moi qui le considère ainsi). Alors, ils pleurent aux tragédies. Tu as vu ? (ne t'occupes pas du ton, quand tu es amoureux) : « L'auteur a voulu, etc. », ils vont te faire la cour avec des improvisations philologiques. Parler de Shakespeare, c'est comme parler de Dieu : il est beau parce qu'il n'existe pas. Qui était Hamlet avant le premier acte ? Comment était son père ? Quelle école avait-il fréquentée ? La scolastique ? Mais nous commençons tout à partir du sixième acte. Le passé c'est le passé : on l'admet dans la vie, imaginez donc sur la scène. Mais si « nous voulons la comédie », alors – toi qui veux t'amuser tu en conviens –, prends moi qui souris et non « celui qui ne sourit plus ». Ils pleurent parce qu'ils t'ont souri. Moi, je te souris parce que j'ai pleuré. Où est la mauvaise foi ? Chez eux, bien sûr, mon amour, parce que l'on naît en pleurant.

J'ai trouvé mon Eurydice *
que ferai-je sans mon amour ?[1]

Il La laissa quelque part et en vint à la fidélité. Il la dit analyse scientifique – fidélité, non pas sentiment – récit fidèle à lui-même et non aux faits.

(La caractérisation est un siège pour des acteurs paralytiques : si Gloucester devait prêter attention à sa difformité, il ne devrait penser qu'à se tenir debout.)

Richard III, que le sang illumine, peut se débarrasser de sa bosse comme d'un sac de plumes, en évitant de toute façon le personnage, bosse ou sac de plumes. Si son défaut c'est son cerveau (ici, défaut physique), la difformité est justement ce qui manque à Richard. Sa machination scénique est alors parfaite. Sa fiction difforme n'est autre chose que le choix de l'ambiance, la qualité des situations, un jeu solitaire aux échecs, sans polémique, metteur en scène de sa propre perte.

J'ai perdu mon Eurydice *
que ferai-je sans mon amour ?

---

1. C. W. von Gluck, *Orphée*. (*N.d.T.*)

(Ces deux vers, au contraire, sont identiques, Verdi n'a jamais été capable d'une telle justice.)

La musique de l'action n'est pas l'action – « que » et « comment », fait et méfait – je ne suis pas le premier à le dire.

Il est inutile que le Non-Acteur essaie de sauver la couronne dans le rôle de Richard. Nous savons très bien que Richmond aura le dessus. Il sauvera le spectacle. Sa faillite sera enviée par les plus beaux sorts.

> Que ferai-je sans Eurydice
> que ferai-je sans mon amour ?

(Encore pire.)

(N.B. On confond encore la cruauté et le Guignol.)

D'accord, c'est le « comment » qui compte.

Je signifie « comment ».

Donc le « mode ».

Signifier un « mode » = *modifier*.

(T'ai-je trahie ? Non.)

Que Des Esseintes ne puisse pas diriger un orchestre de liqueurs, n'est-il pas plus important, peut-être, qu'une exécution réussie de von Karajan ?

« (entre parenthèses) » (Ezra Pound)

Quand, il y a quelques années, on essaya la tour de Babel, le bordel, la stupeur était seulement celle des serviteurs de la scène. Chaque travailleur, chaque dévot était extrêmement sûr de ce qu'il disait, pour demander ou pour présenter cet outil ou cet autre. Dieu comprenait tout et le spectacle lui plut : il n'était pas obtus comme Jupiter. Spectateur bleuté, divinement désarmé, entouré de saints attentifs et non de satellites étalonnés par le jeu de l'*Iliade*, il assista à cette *Traviata* et fut satisfait du génie de Verdi. Il observait, lumineux, tout ce travail sans manuscrit – c'est lui qui l'avait voulu – et regretta quand, sur terre, les prêtres du festival le lui censurèrent, au nom de Dieu. Dorénavant, je ne dirai plus un seul mot sur l'« ensemble* ».

Rilke nous a laissé un des plus poétiques essais théâtraux dans la figure de Charles VI, le fou. La poitrine brûlée par un ulcère, le dément se penche à sa fenêtre. Mais la nature « a fait son temps ». Pas une seule fable qui amusât le prince. On lui offrit un livre illustré, mais les figures, serrées dans l'in-folio, ne pouvaient être vues de lui qu'une à la fois... Jusqu'au jour où quelqu'un lui rappela un jeu de cartes, oublié depuis longtemps. Lui, le fou, il pouvait les regarder toutes ensemble et les mêler et il était heureux... Maintenant, ça suffit vraiment.

Maintenant, ça suffit vraiment.

Et il arriva au Non-Acteur comme condition générale. Pour quelle raison avez-vous peur d'approcher les saints ? Je sais que le sacrifice ne vous effraie pas, au contraire vous le fréquentez, le

sacrifice, dans votre quotidienneté sentimentale, dans ce présent familial qui sera un autre futur (*amor patris*). Les saints vous scandalisent, leur idiotie systématique vous désarme. L'ignorance, qu'a-t-elle à partager avec les mathématiques de l'employé ? – je suis conscient du ton – tant pis pour vous –, je sais bien que, à condition de pouvoir éluder, vous vous engageriez dans une chicane – si je discute, c'est parce que je m'en fous.
– Veux-tu sanctifier un langage théâtral ?
– Voilà, je n'ai pas confiance dans la politique des bienheureux, mais dans la paix des saints, oui.
Le Durtal d'Huysmans, « *en route* », est étonné et prostré devant l'incapacité des saints. Seule la Madone l'excite. Mais l'histoire de saint Joseph de Copertino l'anéantit : « Il se faisait appeler Frère Âne. Incapable, on l'appelait mains de beurre parce qu'il cassait tout ce qu'il touchait, il s'en alla par le monde la bouche ouverte... »
(Moi, je vous l'ai raconté, mais vous ne devez pas en faire un personnage : vous seriez idiots sans être saints.) Regardez-le comme on regarde un jour (un spectacle) de situations, car seulement dans les mains de Dieu il deviendra théâtre, comme il en a été de Bloom dans les mains de Joyce.
Si tu ne trouves jamais le chemin de ta maison (c'est le dernier désarroi élémentaire d'Antigone), il serait stupide d'utiliser une Ariane quelconque (une fois arrivés, nous nous mettrions au lit) – quel dom-

mage de rentrer par une nuit pareille – Comme le roi insensé de Rilke, quand je me détache du bord de la fenêtre, (« nature idiote », même si j'habitais Venise) grand-mère Ambiguïté feuillette un livre pour moi, une page à la fois = je suis amusé, non par elle, mais par un ange invisible qui me raconte un tas de bêtises, de cartes françaises (« ton cœur ») avec lesquelles on peut jouer à cartes découvertes et on peut tricher et ce qui est bien c'est que les autres s'en rendent compte et te déclarent qu'ils veulent perdre pourvu que tu sois clair.

> Ambiguïté est la Raison rythmique
> Stupidité est la Religion rythmique.

(Les dévots, à la messe, ne comprennent rien au latin qu'on y administre, mais ébahis par le Pigeon, ils sont assouvis par leur état visuel.)

> Chacun porte sa croix
> moi je porte une plume*.

La stupidité est en même temps divine et visible.
Chrétien en valaisan veut dire Crétin.
(Mais vous enfoncez une porte ouverte.)
Ironie à part :
« J'étais comme un homme sur l'autre rive d'un fleuve qui voit passer les choses et au milieu

de ce passage des choses il voit l'eau qui passe éternellement... » (je le dis au Non-Acteur).

Comment justifier une répétition ? Aligi [1] raconte au troisième acte les faits que le public a déjà vus au premier. Son récit est romantique et l'histoire du premier acte est un développement classique. Quand Aligi raconte, est-ce que les faits nous intéressent ? Certainement pas : c'est sa transe qui fait spectacle – si je continue, j'ai honte.

Et alors ?

Comment justifier une représentation ?

Les mauvaises langues appellent encore analyse une sorte de fidélité conjugale, où la familiarité n'a rien à voir avec le danger : la trahison comme recherche, elles ne l'ont jamais imaginée. (Philologie comme magasin d'antiquités, cerveau-tombe, front blanc, propre, honnête en vertu des choses qui manquent, consacrés parce qu'ils ont éliminé le développement.)

« Jouer en étant pris par le délire... » c'est du cabotinage supportable. Mais « comme sur la tête du naufragé... », si j'y assiste, j'ai envie de tout aller raconter à Othello : je lui dis que Iago est un fils de pute, que Desdemona est honnête et je fais « tout comme il faut ».

---

1. Berger, personnage de *La Figlia di Jorio* de D'Annunzio. (*N.d.T.*)

Pour effrayer les doctes, il eût suffi que Shakespeare, au lieu d'écrire « Ordonnez aux soldats de tirer » ou bien « Battez, tambours ! », eût écrit « Merde à celui qui le lira ! ». Mais Will, pour les amis, était un acteur de Cour et il s'est limité à le sous-entendre. La seule chose, au fond, que Stanislavski, chien de sous-textes, n'a jamais dénichée.

En somme, venons l'un à la rencontre de l'autre : je me cite moi-même à partir d'un avertissement fondamental de *Cristo '63* que je recommande aux acteurs, aux dévots et aux prêtres : *Les acteurs doivent bouger comme la fleur déjà vigoureuse sur sa tige meurt en même temps que la petite fleur encore en bouton au passage de la faux qui égalise toutes les herbes du pré.*

– alors c'est un crétin.

« Oh Margherita, ce n'est plus toi »
(« poème lyrique » d'Ettore Petrolini)

Surfaire (comme cette fois-là au bordel) ou bien :

Fais-le par amour de moi, mon doux phallus[1]
(ça c'est du théâtre)

---

1. « Fallo per amor mio mio dolce fallo » : jeu de mots intraduisible, « fallo » signifiant en même temps « fais-le » et « phallus ». Ce que l'on entend est donc ceci : « Fais-le par amour de moi, mon doux phallus », ou bien, en ajoutant des virgules : « Fais-le par amour de moi, mon doux, fais-le » ; ces utilisations étaient très courantes dans le théâtre comique italien et servaient à contourner la censure fasciste. (*N.d.T.*)

Je fais le maestro pour survivre

Naturelle est cette chose
avec et par laquelle
on reste tel quel.

– C'est naturel !
– Tu as vu ?
– Ne te l'avais-je pas dit, moi ?
Nous parlions du Non-Acteur.
La carrière est la suivante :

Ce n'est pas un acteur
C'est un acteur
c'est finalement un Non-Acteur.

Pédant : ce n'est pas le rêve qui nous intéresse, mais le récit même du rêve. Sa position critique.
Comme dans un drapeau tricolore de la scène – *Pinocchio* – (et en Italie cela suffit) je vous le démontre, d'abord chez Collodi, puis selon Collodi, comme texte et comme ton :

Oui, oui, c'est moi, c'est vraiment moi ! Et vous m'avez déjà pardonné, n'est-ce pas ? Oh ! Mon petit papa, comme vous êtes bon ! Et quand on pense que moi, au contraire... Oh ! Mais si vous saviez tous les malheurs qui me sont tombés sur la tête et combien de choses sont allées de travers pour moi ! Imaginez que le jour où vous, mon pauvre petit papa, en vendant votre veston, vous m'avez acheté l'abécédaire pour aller à l'école, je me suis échappé pour aller voir les marionnettes, et le montreur de marionnettes voulait me jeter au feu pour que je rôtisse son mouton, lui, le même qui me donna ensuite cinq pièces d'or, pour que je vous les apporte, mais je rencontrai le Renard et le Chat, qui me conduisirent à l'auberge de l'Écrevisse Rouge où ils mangèrent comme des loups, et, parti seul de nuit, je rencontrai les assassins qui commencèrent à me poursuivre, et moi de courir avec eux derrière, jusqu'à ce qu'ils me pendent à une branche du grand chêne, là où la belle enfant aux cheveux bleus turquins envoya me chercher avec un petit landau, et les médecins, quand ils m'eurent examiné, dirent aussitôt : s'il n'est pas mort, c'est signe qu'il est toujours vivant, et alors un mensonge m'échappa et mon nez commença à grandir et il ne passait plus par la porte de la chambre, raison pour laquelle j'allai avec le Renard et le Chat enterrer les quatre pièces d'or, puisque j'en avais dépensé une à l'auberge, et le perroquet se mit à rire, et au lieu de deux mille pièces je ne trouvai plus rien, ce pour quoi le juge, quand il sut qu'on m'avait volé, me fit tout de suite mettre en prison, pour donner satisfaction aux voleurs, là d'où, en m'échappant, je vis une belle grappe de raisin dans un champ, et je restai pris dans un piège et le paysan raisonnablement me passa un collier de chien pour que je monte la garde devant son poulailler, et il reconnut mon innocence et me laissa partir, et le serpent, avec la queue qui fumait, commença à rire et dans sa poitrine une de ses veines éclata, aussi je revins à la maison de la belle enfant, qui était morte, et le pigeon en me voyant pleurer me dit : « J'ai vu ton papa qui faisait un petit bateau pour venir te chercher », et je lui dis : « Oh! si j'avais des ailes moi aussi », et il me dit : « Tu veux venir chez ton papa? », et je lui dis : « Bien sûr que si! Mais qui m'y mène? », et il me dit : « Moi, je t'emmène! », et je lui dis : « Mais comment? », et il me dit : « Monte sur mon dos », et nous avons volé toute la nuit...

Le Renard vaut mieux que sa maudite maman car lui il sait que le Chat joue à l'aveugle car, sinon, le merle il ne l'attrapait pas et ce perroquet malpoli qui ne comprend pas le théâtre et le fait chier au jeu des pièces – assez de cette sale vie tricolore – ils sont tous si vrais – qu'ils aillent tous se faire foutre – eux qui croient au rêve qu'il a inventé, lui, qui veut le rêver les yeux ouverts, eux qui, si lui ne les avait pas inventés, n'existeraient même pas, eux qui, s'ils étaient vrais, ne devraient pas faire les miracles, comme ce pigeon qui se prend pour un avion, eux qui tirent ensuite sur les moineaux – car mourir c'est plus beau que naître – et il vaudrait mieux que, de ce morceau de bois, on en eût fait un cercueil, au lieu d'une petite croix d'enfant qui ne sait même pas dire un mensonge, et c'est tant mieux s'il explose ensuite en un bouquet de fleurs – à la lombarde – parce qu'il a vu les Autrichiens...

– Tu as fini?
– Pour aujourd'hui, oui.
– Veuillez me suivre au poste de police!

Chacun porte sa croix
moi je porte une plume*.

À la place de la logique, laisser « le cul nu d'un rien » équivaut à représenter le gratuit.
Le gratuit n'est pas seulement « sur les ailes de la brise et pourquoi pas ? ».
Le gratuit est la plus parfaite Ambiguïté.
Mais pas un visage à la fois – mais tous les visages ensemble – mais toi.
Oh, le public !
Les dévots, au théâtre, devront imiter l'attention profonde que ses disciples rendaient à Esculape.
Quelle cruauté la qualité.
Le dévot qui pendant la fonction, ivre d'encens, vomit (comme celui qui, pour comprendre quelque chose au théâtre, veut entendre parler de lui), ce dévot qui ennuie Dieu avec ses péchés, l'élève choqué de voir les mains ensanglantées du maître, tout cela compromettra l'opération – cette histoire « d'en faire plus qu'Hérode lui-même » – Quels rires, la foule, quand elle veut être interprétée (car afin d'aimer ce en quoi l'on croit, nous ne croyons pas à ce que l'on aime).

Cette façon d'agacer le chirurgien avec votre nausée = appropriation indue – substitution de patient – (cette idiotie que le cœur soit le cœur de tous)

> Chacun porte sa croix
> moi je porte une plume*.

et dans les cas désespérés elle peut être fatale = hémorragie. Quand le cœur ne tient plus, Esculape étend le drap sur le cadavre, ou bien il feint de continuer.

> Il y a des cœurs qui ont tenu
> et il y a des cœurs qui n'ont pas tenu.

> Mais toi, généreuse...

...je me suis endormi sur un amas de violettes – j'ai compris que la beauté est l'enthousiasme – elle qui ne savait pas faire les petits bouquets – oh, ton incompréhension aristocratique, amas de violettes, si tu me dis oui.

Le courage qui en découle exige une communicative fiévreuse – « violenza », violence – deux noms de femmes : « viola » et « Enza » – j'arrive : Beauté : générosité enthousiasme violence communicative – demain je fais un mandat.

Je m'explique en noir : le Moine de Lewis, agenouillé dans sa cellule, devant une peinture de la Madone : « Si un jour, dans le grand monde qu'il m'est donné de fréquenter, je rencontrais une belle dame, belle comme toi, Madone ! »

Le moine Ambrosio aimait éperdument la démoniaque Mathilde. C'était elle, Mathilde, qui avait posé pour le diable dans ce tableau. Cette Madone, c'était elle. J'aurais voulu connaître Meyerhold (« le théâtre est à la vie comme le vin au raisin ») pour lui parler des puits de mélasse de la « Merveilleuse Alice ». J'aurais voulu lui demander comment il aurait résolu le Lièvre de Mars. L'information du Chapelier lui aurait-elle suffi : « Ça s'est passé au mois de mars dernier, juste avant qu'il devienne fou, la reine de cœur donnait un grand concert... » ? Mais si c'était Toutsurlescaractères, Théophraste, lui aussi serait devenu fou. Tu parles d'un vin ! - un vin d'oignons, peut-être *.

J'aime me souvenir de cette autre année à Milan, une chaleur monstrueuse quand toute l'aile gauche du château Sforza s'écroula, et s'il n'y avait pas eu la caboche d'un platane pour nous sauver, la fillette et moi... Ce fut en 1959. À l'époque tous les journaux s'en avisèrent. Les experts dirent ensuite qu'il s'était agi de fissures élémentaires du crépi. De cette histoire, rien n'est vrai. Pas un seul mot. C'est moi qui ai tout inventé. Il est inutile de protester. Faites attention, plutôt. Merde à celui qui le lira. Mais vous enfoncez une porte ouverte.

L'Historia Anglica nous rend tous rêveurs en nous transmettant une Dame Brune, patronne de beaucoup de beaux sonnets. Mais William Shakespeare vécut « ce » qu'il vécut et chanta « comme » il chanta. James Joyce a parlé de lui comme de quelqu'un qui vécut deux fois séparément. Grande est la différence entre le Bibi amoureux en elle et le William qui la chanta. Sa grâce telle qu'elle lui apparut – c'est-à-dire toute amour – partagée ou non, telle quelle elle serait restée s'il ne lui avait pas attribué sa grâce à lui – *cor cordis sui* – son cœur à lui s'adressant à elle sans cœur. « Mais avec de pareilles pensées, presque de mépris de moi-même, j'ai soudain une pensée de toi. »

(ne t'en vas pas)
N.B. Ou moi ou elle ou bien : moi, amour ?
Adieu.
(mais vous ne comprenez pas que je l'ai perdue ?)

Arden of Feversham

*Réélaboration
d'un anonyme élisabéthain*

Les personnes

ARDEN
ALICE
MOSBIE
CLARKE
FRANKLIN
GREENE
SUZANNNE
DEUX ASSASSINS

Le décor

Comme dans un miroir, chaque élément matériel (tables, chaises, portes, rideaux, etc.) correspond à une peinture.

Ce qu'il faut d'abord remarquer, c'est le peintre Clarke qui, s'inspirant de la peinture d'une table, est en train d'en peindre (ou plutôt est en train d'en teindre) une autre, vraie.

Alice, très jeune et très belle. Tous les autres ont un âge qui n'est pas inférieur à quatre-vingt-dix ans.

...nous ne pouvons pas éviter de tenir compte aussi de l'usure qui a lieu en ce qui concerne le vaste patrimoine symbolique dont l'art, surtout visuel, s'est toujours servi... Je pourrais citer des exemples, tout à fait négatifs, où l'ingérence sociale conduisit à une aggravation de l'art réglé et dirigé par des régimes dictatoriaux, comme cela est récemment arrivé sous le fascisme et le nazisme, dans leurs nombreuses incarnations internationales. L'épisode célèbre de l'art dégénéré, auquel appartenaient, selon Hitler et son apologiste Alfred Rosenberg, quelques-uns parmi les meilleurs artistes modernes, comme Klee, Kandinsky, Picasso, etc., montre encore une fois le danger pour l'art d'aujourd'hui de toute intervention de l'état et de la politique. Mais les « causes sociales » ne sont pas seulement ces ingérences banales de l'état et de l'organisation politique qui agissent de l'extérieur pour violenter le déroulement normal d'une civilisation artistique ; nous devons aussi considérer comme causes sociales les transformations que l'art rencontre à cause des changements de l'attitude et du comportement humains en fonction du stade d'évolution auquel il est parvenu à une époque donnée... Nous ne pouvons pas éviter de considérer les périodes dites de décadence ou de floraison d'une civilisation seulement comme une distinction de facilité.

G. Dorfles, *Le oscillazioni del gusto*[1].

---

1. G. Dorfles, *Le oscillazioni del gusto*, Milano, Lerici, 1958. (*N.d.T.*)

J'ai connu hier soir un peintre qui est vraiment le peintre le plus habile de la chrétienté...

FRANKLIN. – ... Le duc de Somerset t'a librement concédé à toi ainsi qu'à tes héritiers toutes les terres de l'abbaye de Feversham... voici les actes...

ARDEN. – Des lettres d'amour sont échangées entre Mosbie et ma femme, et ils se donnent des rendez-vous en ville. J'ai même vu au doigt de celui-ci l'anneau que le prêtre passa à ma femme le jour de nos noces... Qui est ce Mosbie ? C'est un genre de tailleur ! Un ravaudeur, rien de plus !...

FRANKLIN. – Ne sois pas jaloux, ne lui demande jamais si elle t'aime et combien, mais prends sur-le-champ ton cheval, comme si tu avais confiance en elle. Viens à Londres avec moi !

ARDEN. – Alice ! Alice ! Alice !

ALICE. – Mon époux !

ARDEN. – Cette nuit je t'ai entendue appeler Mosbie dans ton sommeil...

ALICE. – C'est justement que je dormais...

ARDEN. – Oui, mais ensuite tu as tressailli et tu t'es serrée contre moi...

ALICE. – C'était toi, c'était toi !...

ARDEN. – Alors je vais à Londres !

MOSBIE (*à Alice*). – J'ai connu hier soir un peintre qui est vraiment le peintre le plus habile de la chrétienté : il sait délayer le poison avec l'huile, et si on regarde ce qu'il a peint, on meurt !

ALICE. – Oui, mais c'est dangereux, n'importe qui peut mourir ! Si toi, tu le regardes !...

MOSBIE. – Oui, mais nous le recouvrirons d'un tissu et nous l'accrocherons dans son bureau, pour lui tout seul...

ALICE. – Non, non, non, ça ne va pas, ça ne va pas... quand ce tableau sera peint, Arden voudra me le montrer !

MOSBIE. – Tu vas voir que non ! Eh, Clarke !

... des peintres qui, tout en ayant des qualités techniques de premier ordre, sont d'une valeur artistique très discutable. Considérons la musique d'un Gian Carlo Menotti, ou la peinture d'un Annigoni. Eh bien, ces artistes et les œuvres qu'ils produisent, où le talent est largement présent et où le génie (ou le goût) est entièrement ou presque absent, sont une autre preuve banale du divorce, plus aigu de nos jours qu'il n'a jamais été, entre vrai et faux style, entre vrai et faux art.

G. Dorfles, *Ibidem*.

CLARKE. – Eh bien, mon seigneur, je vous servirai toujours de la même façon, pourvu que vous me donniez votre sœur en mariage suivant notre accord ; car nous aussi, comme les poètes, nous devons avoir un amour : oui, l'amour est la muse du peintre qui guide sa main quand il donne forme à ce qui émane d'une apparence, à un œil qui pleure, témoignant de peines de cœur. Me la donnez-vous, seigneur Mosbie ?

ALICE. – Ce serait dommage qu'il ne l'eût pas : il la traitera bien !

MOSBIE. – Clarke, tope là : ma sœur sera à toi !

CLARKE. – Et alors tu pourras disposer de ma vie, de mes pensées, de moi tout entier !

ALICE. – Ah, si tu pouvais être discret !

CLARKE. – Il me suffit de savoir que vous l'aimez de tout votre cœur. Il me suffit de savoir que vous désirez vous libérer de votre mari ; que, plutôt que de vivre avec celui que vous haïssez, vous voudriez mourir avec celui que vous aimez ! Je ferais de même pour ma Suzanne !

ALICE. – Mosbie, si je pouvais jouir de toi librement, Arden ne mourrait pas : mais qu'il meure, puisque cela n'est pas possible !

MOSBIE. – Je t'en prie, Alice... (*À Clarke :*) Ton astuce du tableau empoisonné ne nous plaît pas : un poison, ça suffirait !

ALICE. – Oui, dans la soupe...!

CLARKE. – J'ai bien compris. Voici ! (*Il leur tend un petit tube de couleur.*) Mettez-en une once dans sa soupe et il mourra en une heure !

ALICE. – Et toi et Suzanne vous vous marierez, aussi vrai que je suis une dame !

MOSBIE. – Et je lui donnerai une dot, Clarke, dont je ne peux pas te dire pour l'instant l'importance.

...se servant d'un genre de communication qui saute à pieds joints la barrière de la rationalité, qui circonvient l'esprit, qui fait abstraction même de notre raison, l'art est en mesure d'agir en profondeur, en réalisant un genre d'information qui s'exerce surtout sur notre sentiment...
G. Dorfles, *Ibidem.*

(*Ils sont maintenant à table : Mosbie, Arden, Franklin, Alice. Seul Arden mange. Les autres le regardent, non sans quelque appréhension.*)

Dans cette cuisine, la catégorie substantielle qui domine, c'est le nappé : on s'ingénie visiblement à glacer les surfaces, à les arrondir, à enfouir l'aliment sous le sédiment lisse des sauces, des crèmes, des fondants et des gelées. Cela tient évidemment à la finalité même du nappé, qui est d'ordre visuel, et la cuisine d'*Elle* est une pure cuisine de la vue...
R. Barthes, *Mythologies* [1].

ARDEN. – Pour ce qui est des terres, Mosbie, elles sont à moi ! Je sais que tu veux me voler ma

---

1. R. Barthes, « Cuisine ornementale », *in Mythologies*, Œuvres complètes, vol. 1, Paris, Seuil, 2002, p. 770-771.

femme... Qu'est-ce que tu fais avec elle, vil domestique ?!

MOSBIE. – Ce n'est pas à elle que je pense ; je suis venu pour toi ! Mais plutôt que de me faire insulter...

FRANKLIN. – Que feriez-vous ?

MOSBIE. – Vengeance !

ARDEN. – Tu n'as aucun droit : les lois l'interdisent aux artisans ! Sers-toi de ton poinçon, de ton aiguille d'Espagne, de ton fer à repasser, tu n'es rien d'autre qu'un ravaudeur de fonds de culotte !

MOSBIE. – Ah, monsieur Arden, vous m'offensez !

Elle est un journal précieux, du moins à titre légendaire, son rôle étant de présenter à l'immense public populaire qui est le sien [...] le rêve même du chic ; d'où une cuisine du revêtement et de l'alibi, qui s'efforce toujours d'atténuer ou même de travestir la nature première des aliments, la brutalité des viandes ou l'abrupt des crustacés...
R. Barthes, *Ibidem.*

FRANKLIN (*à Mosbie*). – Tu veux peut-être nier avoir été autrefois un ravaudeur ?

MOSBIE. – Je suis ce que je suis et non ce que j'ai été!

ARDEN. – Et qu'est-ce tu es, sinon un rustre habillé de velours?

MOSBIE. – Écoute-moi, Arden, aussi vrai que je veux vivre en paix avec Dieu et avec tous les saints au ciel, je ne voulais plus lui faire la cour. Je l'ai aimée autrefois, mon bon Arden, pardonne-moi, je n'avais pas le choix : sa beauté m'avait ensorcelé. À présent, c'est fini. Puisses-tu en jouir longtemps. Que je meure, si je la déshonore!

Mais surtout, le nappé prépare et supporte l'un des développements majeurs de la cuisine distinguée : l'ornementation. Les glacis d'*Elle* servent de fonds à des enjolivures effrénées : champignons ciselés, ponctuation de cerises, motifs au citron ouvragé, épluchures de truffes, pastilles d'argent, arabesques de fruits confits, la nappe sous-jacente [...] veut être la page où se lit toute une cuisine en rocaille (le rosâtre est la couleur de prédilection). L'ornementation procède par deux voies contradictoires dont on va voir à l'instant la résolution dialectique : d'une part fuir la nature grâce à une sorte de baroque délirant (piquer des crevettes dans un citron, rosir un poulet, servir des pamplemousses chauds), et d'autre part essayer de la reconstituer par un artifice saugrenu (disposer des champignons meringués et des feuilles de houx sur une bûche de Noël, replacer des têtes d'écrevisses autour de la béchamel sophistiquée qui en cache les corps). [...] C'est qu'ici, comme dans tout art petit-bourgeois, l'irrépressible tendance au vérisme est contrariée – ou équilibrée – par l'un des impératifs constants du journalisme domestique : ce qu'à *L'Express* on appelle glorieusement *avoir des idées*. La cuisine d'*Elle* est de la même façon une cuisine « à idées ».

R. Barthes, *Ibidem*.

ARDEN. – Mosbie, oublie les injures que je t'ai dites. J'avais raison de t'insulter puisque tout le monde n'arrête pas de parler de vous deux...

MOSBIE. – La calomnie est un vent léger...

FRANKLIN. – Justement. Il vaut mieux que tu quittes cette maison...

ARDEN. – Mais vous êtes fous ! Quitter cette maison ?! Il doit rester ici ! Comme ça, tout le monde le voit et se tait !

MOSBIE. – Ohhhh ! Je ne m'en vais plus, s'ils n'arrêtent pas !

ARDEN. – Et moi, je m'en vais à Londres, pour leur démontrer que je ne pense pas à eux !

Il s'agit ouvertement d'une cuisine de rêve, comme en font foi d'ailleurs les photographies d'*Elle*, qui ne saisissent le plat qu'en survol, comme un objet à la fois proche et inaccessible, dont la consommation peut très bien être épuisée par le seul regard...
R. Barthes, *Ibidem*.

ARDEN. – Il y a quelque chose dans cette soupe qui me semble mauvais... C'est toi qui l'as faite, Alice?

ALICE (*pleurant de colère*). – Tu ne l'aimes pas parce que c'est moi qui l'ai faite?! (*Elle renverse alors la soupe sur le sol.*) Tu n'aimes rien de ce que je fais! Tu aurais mieux fait de dire que je voulais t'empoisonner! Je ne peux même pas bouger qu'il imagine n'importe quoi... Il est là! (*Elle indique Mosbie.*) Pourquoi ne le lui dis-tu pas?, toi qui voudrais me voir pendue! Qu'est-ce que je t'ai donné, moi, sinon un baiser quand tu partais et rentrais au village?!

MOSBIE (*en la priant*). – Il n'est pas jaloux...

ARDEN. – Mais quoi, alors, je ne peux même pas me sentir mal?!... Franklin, donne-moi un contrepoison, on ne sait jamais...

FRANKLIN (*il lui donne l'antidote*). – Si nous partons, vous irez bien!

ALICE. – Donnez-moi une cuillère ! Je veux en manger ! Dieu veuille qu'elle soit empoisonnée... Jamais une femme ne fut aussi torturée !?

ARDEN. – Un peu de patience, mon amour, ce n'est pas que je n'ai pas confiance en toi...

ALICE. – J'aimerais bien voir ! Aucune femme n'a aimé son mari plus que moi je t'aime !

ARDEN. – Je le sais, je le sais, arrête de pleurer, car tu me fais pleurer...

FRANKLIN. – Partons, partons...

ALICE (*héroïque*). – Arden ira à Londres mais dans mes bras ! Tu voudrais t'en aller et me laisser ici seule ? Ah, mais si tu m'aimes, tu dois rester !... Et si tu as vraiment des choses à régler, pars... mais écris-moi, écris-moi, une fois par semaine... non, non... plutôt, tous les jours...

ARDEN. – Je t'écrirai toutes les vingt-quatre heures, avec la marée... Adieu !

ALICE. – Adieu ! (*Elle embrasse Franklin.*) Dans l'espoir que vous me le rameniez à la maison...

(*Dès qu'Arden et Franklin sont sortis, un long baiser entre Alice et Mosbie. Puis Mosbie se dégage.*)

MOSBIE. – On ne peut pas, on ne peut pas, j'ai juré de ne plus te faire la cour...

ALICE. – C'est moi qui te la fais... (*C'est Mosbie qui l'embrasse longuement sur la bouche. Alice se dérobe.*) J'ai juré, moi aussi, sur l'autel quand je l'ai épousé, mais qu'est-ce que ça veut dire?! (*Un autre baiser.*) Ah, Mosbie, les serments sont de simples mots et des mots dits au vent et le vent est changeant!

MOSBIE. – D'accord, mais je veux respecter mon serment, tant qu'il vivra...

ALICE. – Tu dois le respecter! (*Mosbie sort diligent.*) Le respecter fidèlement, d'ailleurs il vivra peu de temps. On le fera assassiner à Londres quand il se promènera dans les rues... (*Entre Greene.*)

GREENE. – Oh, madame Arden, je vous salue! Pardonnez-moi, mais je dois exposer mon affaire. Ma propriété est toute ma vie, mais votre mari est toujours si avide de nouveaux gains, peu lui importe que les jeunes gens doivent demander l'aumône, pourvu qu'il puisse, lui, piquer des bien et gonfler sa bourse. Maintenant qu'il a pris mes terres, il m'importe si peu de vivre que... que... que...

ALICE (*compréhensive*). – Faites-le assassiner... Voici dix livres pour les frais et quand il sera mort je vous en donnerai vingt autres, en plus des terres... (*Dick Greene est une vieille surprise. En se laissant aller à pleurer :*) ...Ah, messire Greene..., je n'ai jamais passé une journée en paix avec lui : quand il reste à la maison, c'est alors pour moi des froncements de sourcils, de dures paroles et des coups pour arranger l'affaire ; et bien qu'on ne puisse pas dire que je ne sache pas satisfaire un tel brave homme, il n'en entretient pas moins une putain dans chaque recoin ; et, quand il s'est fatigué, ici au village, de ses putasses, il court alors en vitesse à Londres, où, ma foi, il se paie du bon temps avec de pareilles sales filles qui lui conseillent même de se délivrer de sa femme. Je vis de la sorte tous les jours dans la peine et la peur, et je désespère à tel point d'obtenir réparation, qu'il ne se passe pas un seul jour sans que je demande, avec des prières ardentes, que lui ou moi soyons enlevés à ce monde.

GREENE (*lui baise la main, ému*). – ...avec tout ce que vous lui avez apporté en dot...

(*Clarke est, de quelque façon, en vêtement de peintre. Il est en train de faire le portrait de la belle Suzanne, assise, immobile, digne et extrêmement habillée. Le système de Clarke est extravagant : il travaille avec son pinceau sur le visage et le corps de*

Suzanne, en prenant comme modèle le portrait de celle-ci : il lui passe du rouge sur la bouche, du vert sur les yeux, et, mécontent, il essaie à plusieurs reprises la couleur des cheveux. La peinture appuyée au chevalet représente Suzanne un peu dénudée. Aussi cherche-t-il à lui découvrir un sein. Elle ne veut pas, se rebelle, s'abandonne enfin au chef-d'œuvre.)

CLARKE (*qui l'aimerait plus dénudée, s'agenouille extasié à ses pieds, en embrassant sa robe et en tentant d'arracher celle-ci avec ses dents*). – ... Car nous aussi, comme les poètes, nous devons avoir un amour : oui, l'amour est la muse du peintre qui guide sa main quand il donne forme à ce qui émane d'une apparence, à un œil qui pleure pour témoigner des peines de cœur... (*Mosbie et Alice entrent en chuchotant.*)

ALICE. – Ce matin est venu maître Greene. Je lui ai donné dix livres pour tuer Arden...

MOSBIE. – Quoi? Alice, je regrette que tu sois si oublieuse de notre situation au point que tu la révèles au premier venu. Quoi? Faire part de nos desseins à n'importe quel étranger, surtout quand il s'agit d'un assassinat, c'est vraiment la manière la plus expéditive pour le faire connaître à Arden lui-même et causer notre perte. Quoi? Un homme averti en vaut deux!... (*Puis à Clarke :*) Alors, à quand les noces?

CLARKE. – ... le peintre prend à présent ses couleurs du vivant, son pinceau ne représente plus d'ombre dans son amour. Suzanne est à moi ! (*Comme il la préfère rougissante à l'idée brutale du mariage, il lui peint deux rougeurs sur les pommettes.*)

ALICE. – Vous la faites rougir !

MOSBIE (*prend Clarke à part*). – Je me souviens qu'une fois, au cours d'une entrevue secrète, vous m'aviez dit comme vous seriez capable de construire, avec votre art, un crucifix empoisonné, de telle sorte que quiconque se trouverait le regarder fixement serait suffoqué et aveuglé par ses exhalaisons, et que celui qui s'obstinerait à le prier mourrait en peu de temps empoisonné. Je voudrais que vous m'en fassiez un uniquement pour moi.

CLARKE. – Bien que cela me déplaise, parce que cela touche la vie, je le ferai. À qui est-il destiné ?

ALICE. – Ça, ce sont nos affaires. Mais dites-moi plutôt : comment le peignez-vous avec des couleurs empoisonnées sans qu'il ne vous arrive rien ?

MOSBIE. – Oui, comment cela ?

CLARKE. – Je porte des lunettes si ajustées que rien ne peut plus léser ma vue, et de la même manière que je glisse une feuille de tabac dans mon nez, j'y applique de la rhubarbe pour dissiper l'odeur. Ainsi je fais ce que je veux.

(En scène, Greene et deux assassins soudoyés.)

GREENE. – Messieurs, j'ai besoin de votre aide pour quelque chose de très important. Si vous êtes discrets, je vous donnerai vingt angelots [1].

UN ASSASSIN. – Même si tu voulais qu'on tue ton père pour que tu hérites de ses terres...

L'AUTRE ASSASSIN. – Oui, ainsi que ta mère, ta sœur, ton frère et tous tes parents...

GREENE. – Voilà : Arden de Feversham a pris mes terres à l'abbaye. Il doit mourir. Voulez-vous le tuer ? Voici les angelots et voilà le plan...

UN ASSASSIN. – Pas de plan. Donnez-moi l'argent et rien d'autre. Dès qu'il s'arrête pour pisser contre un mur, je le poignarde.

---

1. « Angel », ancienne pièce de monnaie anglaise, primitivement appelée « Angel-Noble » ; on y voyait représenté le combat de l'archange saint Michel et du dragon. Cf. *Arden de Feversham*, étude critique, traduction et notes par F. Carrère, Paris, Aubier, 1950, n. 8, p. 249. (*N.d.T*)

L'AUTRE ASSASSIN. – Il est mort !

(*Pendant tout le reste du spectacle, les assassins s'acharnent à accomplir leur dessein, toujours pris dans leur propre glu, comme par exemple :*
UN ASSASSIN (*à l'autre*). – Feignons d'être un couple de pèlerins aveugles... (*Et ils tombent dans un fossé.*)
Etc., *avec tant de fidélité, tant de zèle, qu'ils essaient de s'éliminer entre eux, etc.*)

MOSBIE. – Depuis que j'ai grimpé à la cime de l'arbre, mon lit est en danger ! Arden n'est pas mort et madame Arden vit. Je ne peux pas me fier à toi, Alice. Tu as remplacé Arden par amour pour moi. Tu sauras me remplacer par un autre. Tu dois mourir toi aussi ! (*Alice entre.*) Je dois lui faire la cour ! Oh, cruelle Alice, ta douleur est ma douleur. Tu le sais et tu fais semblant d'être triste pour blesser un cœur qui se meurt. Ce n'est pas de l'amour ce qui aime mortifier l'amour !

ALICE. – Ce n'est pas de l'amour ce qui aime assassiner l'amour !

MOSBIE. – Que veux-tu dire ?

ALICE. – Tu sais combien Arden m'a aimée tendrement...

MOSBIE. – Et alors ?

ALICE. – Et alors, n'en parlons plus ! Je t'en pris, Mosbie, laissons flétrir ainsi notre printemps : la récolte ne nous donnerait que des mauvaises herbes nauséabondes. Oublie tout ce qui s'est passé entre nous...

MOSBIE. – Quoi ? Tu as donc changé ?

ALICE. – Oui, pour revenir à ma vie heureuse d'autrefois, pour être à nouveau la femme honnête d'Arden et non pas la femme de l'honnête Arden ! Ah, Mosbie, c'est toi qui m'a dépouillée de cet honneur, qui as sali ma réputation : un vil artisan, un nom plébéien ! J'ai été ensorcelée : maudite soit l'heure où j'ai été envoûtée !...

MOSBIE. – Moi aussi, je regrette la considération que j'ai perdue. J'ai négligé mes affaires, je n'ai pas épousé une jeune fille honnête, plus riche que toi, plus vertueuse et plus belle que toi, putain ! Et ce bien certain, je l'ai troqué contre un mal changeant, et j'ai entièrement perdu toute ma considération en ta compagnie. J'ai été ensorcelé, c'est toi qui m'a envoûté ! Mais je briserai tes charmes et tes exorcismes et j'appliquerai une autre vue à mes yeux qui ont fait voir à mon cœur une colombe là où il n'y avait qu'un corbeau ! Tu n'es pas belle : je ne t'avais pas bien vue jusqu'à présent. Tu n'es pas bonne : je ne t'avais pas bien connue ! Et maintenant que la pluie a lavé ta dorure, le cuivre sans valeur montre que tu étais contrefaite. Je n'ai pas de peine à voir maintenant combien tu es répugnante, mais la pensée de t'avoir crue belle me rend fou ! Putain ! Je suis dans une position trop élevée pour être ton favori !

ALICE. – Ah, tu m'aimais pour mon argent ! Je ne voulais pas le croire ! Écoute-moi, Mosbie ! Regarde-moi, Mosbie, sinon je me tue ! Je ferai pénitence pour t'avoir offensé, et je brûlerai ce livre de prières. J'arracherai les pages, toutes les pages et sous cette reliure dorée demeureront en revanche toutes tes plus douces phrases et tes lettres. Tu ne veux pas regarder ? Tu ne veux pas entendre ? Pourquoi ne parles-tu pas ? Tu as eu un œil d'aigle...

MOSBIE. – Oh, non, je suis un vil artisan...

Ici, Clarke est en scène. Mais Clarke est en scène partout, parce que la scène est de Clarke. Né peut-être peintre, il a fini comme décorateur, il erre éberlué au milieu de ses réalités : la table, les chaises, le fond de la scène, le tableau de Suzanne. Le nu de celle-ci peinte fait naître en lui des soupçons. Il cherche tout autour l'original auquel il a travaillé, s'inspirant d'un résultat, obligé par l'époque ingrate à la réalité de lui-même. Clarke a subi son grand métier ; le siècle qui lui rappelait continuellement qu'il devait se rendre utile l'a fait chanter. Nous lui devons les décors. Et, en tout cas, quand il a peint une maison, il y a habité, il s'est reposé sur ses chaises, il a mangé à sa table ; il est entré et sorti par ses portes. Il a dévoré des paniers de fruits, il s'est saoulé de bon vin, le vin et les fruits achetés, avec les idées qu'il avait lui-même vendues, idées de fruits et de vin, peints. S'il avait persévéré dans ces exercices de nature morte, on en saurait aujourd'hui davantage sur lui. Cette circonstance, celle d'être tombé amoureux de Suzanne, hélas ! – Suzanne est la réalité d'une de ses idées –, qui peut s'en aller parce qu'elle est humaine et ne pas exister puisque c'est une idée, le met dans tous ses états. Il la cherche dans sa robe, abandonnée sur une chaise, en face de la peinture qui l'a inspirée. Suzanne est partie. Le peintre, en serrant la robe, sent que son chef-d'œuvre manque. Le problème de Clarke, instrumentalisé comme artisan par la petite industrie, n'est pas tant de pleurer l'absence de Suzanne, que, comptant sur le fait qu'elle est alors nue, de la faire sienne, coûte que coûte. Il essaie de se la rappeler avec le souvenir de son propre talent. Les yeux fixés sur la peinture de celle-ci, il tente en vain une esquisse sur une autre toile blanche. Mais dans la nouvelle toile, elle se laisse déshabiller sans objections et sa complaisance le déçoit – lui qui a consenti à de telles compromissions et qui a trouvé dans l'art la seule résistance.

CLARKE (*commence à dialoguer avec lui-même, en se moquant de lui-même*). – Mais qui est-ce, celui-là ? Le peintre, mon rival, celui qui voudrait conquérir mademoiselle Suzanne... Holà, Michael ! Comment va ma dame et tous les autres de la maison ? (*Il dialogue avec le serviteur Michael, que nous avons supprimé parce qu'il était inutile.*) Qui ? Suzanne Mosbie ? Elle est aussi votre dame ? Oui, comment va-t-elle, elle, et tous les autres ? (*Ses mains tremblent et dans ses mains la robe et elle n'est pas là tremblante dans sa robe.*) Tout le monde va bien, sauf Suzanne. Elle est malade d'une grande agitation... Une crainte de quoi ? De la fièvre ! Une fièvre ? Qu'à Dieu ne plaise ! Et d'un bubon aussi gros que vous ! (*En se maltraitant :*) Oh, Michael ! (*il s'appelle Michael quand il se maltraite*) que la bile vous transperce ! Allez-vous-en, vous avez jeté l'œil sur mademoiselle Suzanne !

Pour la protéger du peintre !

– Et pourquoi d'un peintre plutôt que d'un valet comme vous ?!

– Parce que vous autres, les peintres d'une belle fille, vous ne savez rien faire d'autre qu'une palette et vous l'abîmez à force de coups de pinceau !

(*Sa rage naît de s'être à tel point embourgeoisé qu'il ne parvient plus à être peintre ni domestique.*)

– Qu'est-ce que tu veux dire ?

– Que vous, les peintres, vous peignez des agneaux sur la doublure des jupes des filles et que nous, les domestiques, nous leur mettons des cornes pour les changer en moutons !
(*Là, il se casse volontairement un escabeau sur la tête.*)

On peut être indulgent à l'égard d'un homme qui a fait quelque chose d'utile, pourvu qu'il n'admire pas cette chose. Mais celui qui a fait une chose inutile ne peut être excusé que s'il admire cette chose énormément.
Tout l'art est complètement inutile.

Excité par cette situation, il devient l'excitation de lui-même – sa dynamique de scène est le prisme de sa vie ratée et compromise.

Il se précipite pour une révision totale des décors, en éliminant tout ce qui est fonctionnel : il dégage brutalement la porte peinte comme si elle était vraie, la table, les chaises, les escabeaux, en proposant *à leur place d'autres décors*, avec les mêmes éléments, mais peints, placés pour tromper l'entourage sur des chevalets appropriés. Au regard, la scène ne change pas – le regard n'utilise pas les choses. C'est la même maison, mais inhabitable, en l'honneur d'un art qui s'était fait honneur dans l'ameublement.

Le feu revient factice dans la cheminée. Les personnages, si c'est l'hiver quand ils reviendront, mourront de froid.

Clarke, devançant la catastrophe générale, avant de s'éclipser, se crée un alibi : tout à fait décidé désormais à représenter le faux à partir du vrai, il *fait son autoportrait*, appuyé par toute une spéculation littéraire à ce sujet. Tant et si bien que nos acteurs croiront qu'il est présent et encore utile.

(En scène Arden, Franklin et Alice.
Ils essaient, confiants, de s'asseoir à table. Après plusieurs tentatives…)

ARDEN. – Comme je te l'ai dit hier soir, nous allons dîner chez lord Cheiny…

ALICE. – La maison est toujours un chat sauvage pour un vagabond… Il y eut tout de même un temps, et Dieu veuille qu'il ne soit pas entièrement passé…

FRANKLIN. – Je vous en prie, emmenons-la avec nous…

ALICE. – Non, il vaut mieux que je reste à la maison… avec tous les voleurs qu'il y a… *(Arden et Franklin sortent. Entre Mosbie. Alice, parlant au portrait de Clarke :)* Dis-moi, Clarke, as-tu fait ce que tu devais faire ? *(Puis à Mosbie :)* C'est Arden qui doit abandonner la vie, pour que nous puissions nous aimer, pour que nous puissions vivre et donc nous aimer ; car, qu'est-ce que la vie sinon amour ? Et l'amour doit durer autant que la vie, et la vie devra finir avant que mon amour me quitte. Feignons-nous amoureux. Voilà que mon mari est de retour. Avançons vers lui bras dessus bras dessous comme deux amants et défions-le ouvertement : comme ça il se cabre, il te provoque et nous le tuons...

ARDEN. – Putain, détache-toi de cette étreinte !

ALICE. – Qu'elle soit défaite par un baiser caressant ! (*Elle embrasse Mosbie.*)

ARDEN. – Mosbie ! Parjure...

MOSBIE. – Parjure, mais pas cocu ! Les cornes sont pour toi ! (*Dans la rixe Mosbie est blessé.*)

ALICE. – Au secours ! Au secours ! On assassine mon époux ! (*Après un silence, à Arden :*) Ah, Arden, quelle folie t'a rendu si aveugle ? Hélas !, époux jaloux et écervelé, qu'as-tu fait ?! Alors que nous venions à ta rencontre affectueusement pour te souhaiter la bienvenue, en plaisantant, tu tires ton épée, fou de jalousie, et tu blesses ton ami dont les pensées étaient loin de t'offenser : et tout cela pour un baiser innocent et parce que nous nous embrassions, des choses faites pour rire, juste pour mettre ta patience à l'épreuve...

FRANKLIN. – Mais allons donc... Sainte Vierge...

ALICE. – Mais n'as-tu pas vu que nous te souriions aimablement, alors même que nous nous étions pris par le bras, quand je lui ai donné ce baiser sur la joue ? N'as-tu pas vu combien j'ai fait de progrès en bonté et gentillesse ces derniers temps ? N'as-tu pas entendu quand je me suis mise à crier qu'on était en train de t'assassiner ? Ah, que je puisse être maudite pour m'être liée à un tel fou ! Dorénavant, que je sois ton esclave, non pas ta femme... Ah, pauvre femme que je ne suis pas, injustement traitée par ton mauvais comportement !

ARDEN. – Mais c'est bien vrai ?...

ALICE. – Je le jure !

ARDEN. – Alors, pardonne-moi, ma douce Alice...

L'espace est devenu plus grand maintenant sur la scène. Tout le monde est là, y compris les assassins. On attend Arden qui arrive tout de suite. Inutile de décrire la panique générale, non pas tant au moment où il apparaît, mais parce qu'ils sont obligés de porter jusqu'au fond leur intrigue en n'ayant plus de moyens à leur disposition. Les assassins essaient de s'éclipser derrière un rideau, mais le rideau est peint et ils restent donc à découvert. Mosbie et Arden commencent à jouer aux cartes, mais la table est factice et la partie se déroule dans le vide.

Alice apporte une soupe à son mari, mais l'écuelle, ne trouvant pas de surface, se brise par terre. Etc.

Tous, indistinctement, avaient toujours été si factices dans une ambiance vraie. À présent, ils sont vrais dans une ambiance factice, inactuelle, toile de fond d'une époque, imaginée par l'ironie d'une époque suivante. Ainsi les armes, les poisons, le crucifix mortel, autrefois instruments de l'intrigue, représentés maintenant sur les murs, désorientent les acteurs qui, abandonnés par la tradition, sans maison ni auberge, n'ont plus que leur âge de vieillards, injustement prolongé. Leur histoire est accrochée aux murs. Ils ne peuvent pas la résoudre en costume. Comme des poissons hors de l'eau, ils ne font appel qu'à leur condition humaine : l'évolutionnisme ou la mort. Quand la fin n'est pas soudaine, le trait dominant des vieillards est la désolation. Mais la situation humaine est éternelle : à ce point dépaysés, férocement extraits de leur littérature, ils ne sont plus que des comparses dans la scène finale d'une comédie anonyme. Les peintures disent qu'elle est du XVIIe siècle anglais. Mais cet indice n'arrive pas à les rassembler, et il arrive encore moins à les sauver de ce vide de scène qui est le leur.

Alice, désespérée, en criant, étrangle Arden de ses propres mains, rentrant, à travers le crime, dans une tradition constante de l'histoire humaine.

Un juge les appelle tous hors de la scène.

Il ne reste que le cadavre d'Arden, contemplé par le portrait de Clarke (portrait d'inconnu d'anonyme du XVIIe siècle).

Le Rose et le Noir

Invention à partir de **Le Moine**
de **M.G. Lewis**

concernant les lumières

L'éclairage ne prévoit aucun projecteur dans la salle. Ici la lumière est distribuée à travers les soupiraux de deux portails placés en face, comme si chaque scène était *espionnée par quelqu'un*. (Il y a un discours que je garde pour moi, profitant du fait que le temps me manque.)
L'essentiel est de comprendre que des faisceaux de lumière peuvent examiner, fouiller des silhouettes («...je suis venu pour que ceux qui ne voient pas voient et ceux qui voient ne voient plus...»).

à propos des costumes

Il serait temps que non seulement dans ce *Moine*, mais dans tout autre spectacle, les acteurs n'endossent pas des *costumes* préconstitués.
Pour commencer à raisonner (exagérer) dans *Le Rose et le Noir* les acteurs se couvriront unique-

ment d'étoffes disponibles dans tous les coins pensables et non de l'époque de leur cœur – en appelant « cœur » l'interférence d'une *situation particulière* (dite aussi « personne ») dans une *situation générale* ou *conscience du spectacle*.

Nous avons répété Le Moine sans bouger la langue, en l'appuyant uniquement sur les « démarches » de costume, et cela a fonctionné : seule l'impréparation des acteurs peut dégrader une recherche pareille.

Mais l'art dramatique en tant que saison folle doit encore venir (et nous n'avons pas, comme Ambroise, un « passé-tradition » à trahir, mais, tout au plus, un *futur inoubliable*). Il faut en finir avec la crèche avalisée par un résumé d'histoire (tant pis si c'est d'« une seule » histoire). Il vaut mieux préférer un certain type de patience à l'obstination habituelle. Nous souscrivons humblement.

une note diabolique sur Mathilde

Il suffit d'un rien : que *Mathilde*, par exemple, fasse, fasse faire, conseille au moine de faire tout ce que le moine a déjà accompli *un instant plus tôt*.

Si elle est transcrite sur une portée, la mise en scène du *Moine* équivaut à un opéra hors registre.

En tant que psychodrame, c'est une situation de cobayes que personne ne tourmente.

En tant que réalité, c'est un fantôme interprété par un acteur en province.
À un examen technique, c'est la technique d'un examen.
Théâtralement, c'est de la musique (musicalement, c'est du théâtre).
En chirurgie, c'est une intervention obstinée sur le cœur d'un patient malade du cancer.
Si c'est criminel, c'est le monstre d'une victime.
Textuellement, c'est une trahison fidèle.
De pathologique, elle a tout l'humour qui manque à un spectateur.
Du spectateur, elle n'a rien.
Éthiquement, c'est tout ce que l'on veut, en excluant ce qui précède.
En amour, elle est Rome sans le « e » d'économie [1].
En harmonie, c'est avec soi-même.
D'« oriental », c'est la Chine exclue.
De vulgaire, elle a la langue italienne.
De « noir », elle a les cheveux.
Ce matin, c'est seulement combien nous sommes fatigués.

C.B.

---

1. Jeu de mots entre Roma et amore, le deuxième étant, sans le e (amor), l'acrostiche de Roma. (*N.d.T*)

Mise en scène de Carmelo Bene; costumes de Carmelo Bene; décors de Salvatore Vendittelli.

Musiques.

Bande sonore de Carmelo Bene; partitions pour Maria Monti de Sylvano Bussotti; collaboration électronique à la bande sonore de Vittorio Gelmetti; *synket* de Paul Ketoff; son : Elia Jezzi; réalisation technique : Remo D'Angelo.

Les chansons *Il re dell'acqua, Ninna nanna, Serenata spagnola* sont de Silvano Spadaccino.

Les situations :

Carmelo Bene : Ambrosio; Maria Monti : Agnès; Lydia Mancinelli : Mathilde; Silvano Spadaccino : Don Lorenzo de Medina; Ornella Ferrari : Antonia; Max Spaccialbelli : Don Raymond de las Cisternas; Rossana Rovere : Elvire, mère d'Antonia, et Mère Sainte-Agathe.

> *...la pâle chandelle qui luit*
> *à travers les antres fumeux de tes cavernes*
> *aux bords bas revêtus de moisissures humides*
> *et de visqueuses baves de boue*
> *révèle une horreur superflue*
> *et ne sert qu'à rendre plus pénible*
> *ta nuit...*
> Blair, *in* Lewis

LES SITUATIONS

AMBROSIO, dit le saint (prieur du couvent des capucins ?)
MATHILDE, madone, puis un novice de nom Rosario, puis encore Mathilde et enfin le démon
AGNÈS, De Villanegas (clarisse ?)
ANTONIA, Dalfa
LORENZO, Don
RAYMOND, Don
ELVIRE, mère d'Antonia
MÈRE SAINTE-AGATHE (supérieure des clarisses de Sainte-Claire ?)

Prologue plus ou moins

La Nonne sanglante

Une femme d'une taille supérieure à la normale, habillée des vêtements de quelque ordre religieux : son visage est voilé. Un chapelet est suspendu à son bras. Sa robe est tachée de sang qui tombe goutte à goutte d'une blessure à sa poitrine. D'une main elle porte une lampe. Dans l'autre, elle a un grand couteau.
La scène résonne d'imprécations blasphématoires. La nonne (?) pleure et se lamente, elle débite des pater noster, elle hurle d'horribles jurons pour entonner ensuite le De profundis de façon aussi ordonnée que si elle se trouvait dans un chœur...

... elle semblait un être très capricieux. Mais qu'elle priât ou qu'elle maudît, qu'elle fût impie ou dévote, elle parvenait toujours à terrifier son public, jusqu'à lui faire perdre la raison...

PREMIER TEMPS

SCÈNE I

Toutes les situations : par ordre de mise en lumière Antonia, Elvire, Mère Sainte-Agathe, Agnès, Don Raymond, Don Lorenzo, Rosario, le moine est exclu.

LORENZO (*à Antonia*). – Vous êtes sans doute arrivée à Madrid récemment... Il est impossible que de telles grâces eussent pu rester longtemps inaperçues... Et si ce n'était pas là votre première apparition en public, la jalousie des femmes et l'adoration des hommes vous auraient déjà rendue suffisamment illustre... Est-ce que je me trompe en vous croyant nouvelle à Madrid ?

ANTONIA. – No, señor.

LORENZO. – Je m'estimerais heureux s'il m'était consenti de contribuer à rendre votre séjour agréable... Si je peux vous être utile en quelque manière, vous ne pourriez que m'honorer encore plus en me permettant de vous servir...

ELVIRE. – Je crois vraiment que même si j'avais vécu mille ans, ce vieux et gras père Dominique n'aurait pas du tout été à mon goût... Mais il était franc, amical et plein de bonnes intentions...

ANTONIA. – Ah, ma chère mère, ce sont des qualités si ordinaires !

LORENZO. – C'est certainement parce que vous êtes étrangère et encore peu familière des usages d'ici, que vous continuez à porter le voile. Permettez-moi de l'enlever...

ANTONIA. – Je n'ôte jamais mon voile en public, señor...

ELVIRE. – De grâce, señor, voulez-vous me renseigner sur la raison du rassemblement d'une si grande foule aujourd'hui dans cette cathédrale...

LORENZO. – Est-il possible que vous ne sachiez pas qu'Ambrosio, le supérieur de ce monastère, prononce un sermon chaque jeudi ? Tout Madrid retentit de ses louanges. Il n'a prêché jusque-là que trois fois, mais ceux qui l'ont entendu exaltent tellement son éloquence que trouver une place à l'église est tout aussi difficile que d'en trouver une à la première d'une nouvelle comédie. Sa renommée a dû parvenir jusqu'à vos oreilles.

ANTONIA. – No, señor...

LORENZO. – À Madrid il est sur toutes les bouches. Il semble qu'il ait ensorcelé les habitants. Le tribut d'adoration avec lequel les jeunes et les vieux, les hommes et les femmes le saluent n'a pas de précédents. Les grands le comblent de présents. Leurs femmes refusent tout autre confesseur. Il est connu dans la ville sous le nom de saint.

ELVIRE. – Il doit certainement pouvoir se vanter, señor, de nobles origines...

LORENZO. – On ne le sait pas. Il a été trouvé sur le seuil de l'abbaye. Tous les efforts pour découvrir qui l'avait abandonné furent vains. Et l'enfant lui-même ne put donner aucune information sur ses parents. Il fut élevé dans le monastère où il est resté.

RAYMOND. – Agnès!... Agnès... Agnès... Agnès... Agnès... Agnès... Qu'est-ce que c'est cette histoire de la nonne sanglante?

AGNÈS (*chantant comme dans un chœur, se laisse distraire*). – Rien. On n'a jamais su.

RAYMOND. – Qu'est-ce qu'on n'a jamais su?

AGNÈS. – On n'a jamais su…

RAYMOND. – Qu'est-ce qu'on n'a jamais su ?

AGNÈS. – On n'a jamais su qu'elle a vécu jusqu'à ce qu'elle mourût. Alors oui…

RAYMOND. – Qu'as-tu dit ?

AGNÈS. – J'ai dit qu'elle ne dormait peut-être pas bien. Mais c'est une vieille histoire. Pourquoi t'intéresse-t-elle ?

RAYMOND. – Veux-tu me la raconter ?

AGNÈS. – Le 5 mai, tous les cinq ans, dès que minuit a sonné…

RAYMOND. – Qu'arrive-t-il ?

AGNÈS. – La porte d'une chambre ensorcelée s'ouvre…

RAYMOND. – Et puis ?…

AGNÈS. – Le fantôme de la nonne sort, avec sa lampe et son couteau…

RAYMOND. – Et où va-t-elle ?

AGNÈS. – Au ciel, que sais-je ?

RAYMOND. – Et tu le crois ?

AGNÈS. – Ah Ah Ah !!!

Entre alors Ambrosio, marchant à reculons, les mains jointes derrière le dos. Il tombe amoureux d'Antonia... puis avance vers la chaire... en prenant appui sur ses mains, il soulève ses pieds à un empan du sol. Il est applaudi...

AMBROSIO – Qui, qui en dehors de moi, a dépassé les épreuves de la jeunesse sans se découvrir une seule tache sur la conscience ? Qui a étouffé la violence de fortes passions et un tempérament impétueux et s'est soumis dès les premières lueurs de la vie à une retraite volontaire. Je cherche en vain un homme semblable ! Je ne vois personne d'autre que moi-même !

LORENZO (*à Antonia*). – Il montra précocement une forte inclination pour les études et la vie cloîtrée, et dès qu'il parvint à l'âge requis, il prononça les vœux. Personne n'est jamais venu le réclamer ou éclaircir le mystère qui cache sa naissance. Les moines qui trouvent partout leur avantage n'ont pas hésité à répandre la rumeur qu'il est un don de la Vierge. Il a maintenant trente ans, et

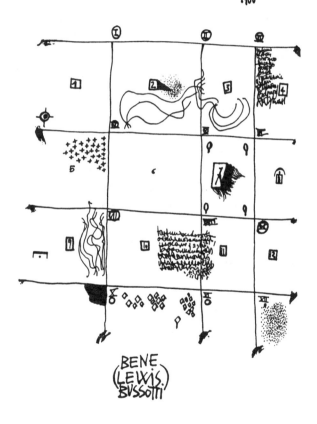

chacune de ses heures a été passée dans l'étude, dans l'isolement total du monde et dans la mortification de la chair. Et l'on raconte que son observance de la chasteté est si rigoureuse qu'il ne connaît pas ce en quoi consiste la différence entre l'homme et la femme. C'est pour cette raison que les gens du commun le croient un saint.

ANTONIA. – Et cela rend saint? Alors je suis, moi aussi, une sainte!

Ambrosio traverse la scène. Lorenzo prend la main d'Antonia et la porte à ses lèvres. Au même moment, Antonia, amoureuse, baise la main du moine. Ambrosio disparaît en les entraînant avec lui.

RAYMOND (*il lit un billet d'Agnès*). – « ...Je serai à minuit dans la serre du couvent. Ne manque pas d'y être. Nous aurons l'occasion de nous concerter sur nos plans futurs, Agnès. »

SCÈNE II

Ambrosio, seul devant un grand tableau de la Madone.

AMBROSIO. – Que de temps perdu.

... que me reste-t-il maintenant à faire ? Rien !... Les plus belles et les plus nobles dames de Madrid se montreront au monastère. Elles ne prendront pas un autre confesseur, etc.

Rosario, habillé en novice, entre dans la cellule du moine, en embrassant une gerbe de fleurs diverses qu'il dispose partout.

AMBROSIO. – Si je rencontrais une belle dame, belle comme toi, sainte Madone !... Si pareille créature existait et qu'elle n'existait que pour moi... Ne donnerais-je pas trente ans pour une caresse ? (*À Rosario, encapuchonné :*) Qui es-tu ?

ROSARIO. – Seulement Rosario...

AMBROSIO (*fixant la Madone*). – Comme elle est belle !... Tu es fou !... Ta tentation c'est toi... Une femme comme celle-là ne peut pas exister... ce serait un ange... (*En criant comme un fou :*) Ce soir je ne t'ai pas vu à l'église, Rosario !!!

Rosario éclate en sanglots.

AMBROSIO (*au milieu des larmes de Rosario*). –
Ces roses ne sont plus des roses
car elles ne sont pas celles de tes joues...
Ces lys ne sont pas des lys

car ils ne sont plus sur tes mains.
Ces violettes ne sont pas tes yeux...
(*En baisant un à un les œillets rouges de tout un bouquet :*)
...Ta bouche n'est aucun de ces œillets...

Rosario continue à pleurer.

AMBROSIO (*contemplant extasié un bouquet de roses blanches et l'inondant de larmes*). – Celles-ci, oui, mais elles ne sont pas ton sein... (*En effeuillant une marguerite :*) ...on meurt... on meurt... Jusqu'où vais-je permettre que m'entraîne mon admiration pour ce tableau...?! insensé que je suis! La femme, je l'ai perdue à jamais... Je suis inébranlable devant les tentations. J'ai dit tentations. Pour moi, elles n'existent pas. Ce qui m'enchante dans l'idéal me dégoûterait s'il se faisait femme... (*Rosario pleure tout bas.*) Ce n'est pas la beauté de la femme qui m'enflamme. C'est l'art du peintre que j'admire... (*Ambrosio hume une poignée de pétales et regarde soupçonneusement l'image.*)

ROSARIO. – Pourquoi Dieu n'a-t-il pas voulu que j'expire avant de vous connaître, père... J'ai renoncé à tout... Je ne peux pas vivre sans votre affection...

AMBROSIO (*fixant Rosario complètement encapuchonné comme pour le dessiner*). – Qu'il me soit permis encore une fois de contempler un de mes semblables. Parle-moi... Parle-moi...

Rosario. – Ce n'est pas possible... vous me haïriez... vous me chasseriez... vous me mépriseriez...

Ambrosio. – Mon fils, je t'en prie, si je t'en prie...

Rosario. – Il eût mieux valu pour moi que je passe ma vie parmi les vicieux et les libertins... que jamais je n'entende prononcer le nom de vertu... que jamais je ne voie les murs de ce monastère...

Ambrosio. – Si tu n'avais jamais vu les murs de ce monastère, tu ne m'aurais jamais vu...

Rosario. – Si j'avais pu ne jamais vous voir... Pourquoi Dieu n'a-t-il pas voulu que la foudre brûle mes yeux avant de vous avoir vu... Que Dieu fasse que je ne vous voie jamais plus et que je puisse oublier de vous avoir jamais vu...

...tous les deux gardèrent pendant un certain temps un silence profond. Le rossignol était venu se poser sur un oranger. Rosario leva la tête et se mit à l'écouter attentivement...

ROSARIO. – Ce fut ainsi... Ce fut ainsi que pendant le dernier mois de sa vie malheureuse, ma sœur avait pris l'habitude d'écouter le rossignol, pauvre Mathilde... !

AMBROSIO. – Tu avais une sœur ?

ROSARIO. – ... Je ne l'ai plus. Détruite par un amour malheureux...

AMBROSIO. – Je la plains, je la plains...

ROSARIO. – Alors, plaignez-moi... Car je souffre encore plus...

AMBROSIO. – Je te plains, je te plains... (*Retrouvant dans ses mains la tige d'une rose effeuillée :*) Ces roses ne sont plus des roses...

ROSARIO. – Ma sœur avait un ami, un vrai ami qui la plaignait... Moi, je n'ai pas d'amis.

AMBROSIO. – Tu n'as pas d'amis ? Et moi, qui suis-je ? Tu crains la religion de mon habit ? Oublions le moine... ainsi... (*Il ôte un vêtement.*)

ROSARIO. – Comme je voudrais... (*Ambrosio enlève un autre vêtement*) ... vous dévoiler... (*Ambrosio enlève un autre vêtement encore*) ... mon secret...

J'ai peur... (*Ambrosio se libère d'encore quelque autre chose*) ... J'ai peur... que vous en éprouviez de l'horreur... (*Ambrosio est maintenant en chemise*) ...Vous me haïriez... vous me chasseriez... vous me mépriseriez...

AMBROSIO (*il a enlevé sa chemise*). – Mais non, mais non, non, non, je te le jure sur cet habit...

ROSARIO (*à voix basse, dans un souffle à l'oreille d'Ambrosio*). – Père... je suis une femme.

Un grand vent se lève sur un tempo de valse. Les portes qui laissaient la lumière sabrer la scène se ferment au lieu de s'ouvrir en grand. Tout plonge dans le noir. Le moine et Mathilde se précipitent pour les rouvrir, comme condamnés à une tâche inutile, coupés eux aussi par les lames occasionnelles de lumière qui se croisent entre l'obstination des portes. Tous deux essaieront de ne pas rester un instant seuls dans le noir. On entend leurs voix...
La scène est à présent vide et éclairée. Le vent est tombé.
On entend leurs voix comme si elles étaient portées par l'écho qui se superpose au prêche d'Ambrosio, celui du début, et aux paroles qu'il a dédiées à sa belle madone.

AMBROSIO. – Je ne peux m'exposer aux tentations. Ai-je dit tentations ? Pour moi, elles n'existent pas !

MATHILDE. – Je suis ma sœur, je suis Mathilde…

AMBROSIO. – Je suis inébranlable face aux tentations…

MATHILDE. – Oubliez que je suis une femme et ce ne sera plus une tentation.

AMBROSIO. – Ces roses ne sont plus des roses…

MATHILDE. – Je suis ma sœur, je suis ma sœur…

AMBROSIO. – Je ne m'en rends pas compte, je ne m'en rends pas compte… Mathilde, vous devez quitter ce couvent dès demain…

MATHILDE. – Demain, Ambrosio ?

AMBROSIO. – Demain, je vous plains…

MATHILDE. – Restez…

AMBROSIO. – Laissez-moi…

MATHILDE. – Un seul mot, un seul, un seul mot et j'ai fini…

La lumière commence à s'éteindre lentement.

AMBROSIO. – Demain, laissez-moi...

Mathilde rentre avec un poignard dans la main, poursuivie par le moine qui essaie de le lui arracher.

AMBROSIO. – Attendez, attendez...

MATHILDE. – Je ne quitterai jamais ces murs vivante...

AMBROSIO. – Attendez, Mathilde, attendez...

MATHILDE. – Si vous m'abandonnez...

AMBROSIO. – Mathilde, êtes-vous vous-même ?! Vous perdriez le droit au salut éternel...

MATHILDE. – Ça ne m'importe pas, ça ne m'importe pas... Ou votre main me guide au paradis ou de ma propre main je me vouerai à la perdition... Parlez-moi, Ambrosio !

Ce corps à corps fait découvrir au moine la femme en Mathilde.

AMBROSIO. – Oh, ce sein, je ne résiste plus davantage, reste, enchanteresse, reste, pour ma destruction...

La lumière s'éteint complètement au centre de la scène, et, ardente, se rallume à l'avant-scène. Ambrosio, tenant Mathilde par la main, s'approche du tableau de la Madone et justifie Mathilde devant son image préférée.

AMBROSIO. – Ne puis-je donc pas l'autoriser à rester ? Ne puis-je pas la croire tranquillement ? Ne puis-je peut-être oublier son sexe, la considérer comme mon ami et mon disciple ?
Son amour est pur... tel qu'elle me le décrit... Elle s'est efforcée de me cacher son sexe...
Elle me l'a montré parce que j'ai insisté... Elle n'est pas moins religieuse que moi... Elle ne m'a jamais parlé d'amour. Si jamais elle avait voulu conquérir mon cœur et non mon estime, elle n'aurait pas caché sa beauté si soigneusement... Je n'ai jamais vu son visage, je ne l'ai jamais vu... Elle doit être belle !

MATHILDE (*à voix basse, l'appelant*). – Ambrosio...

AMBROSIO. – Rosario ! Notre séparation est inévitable, mais nécessaire. Je ne peux pas t'ignorer. Tu ne peux plus rester ici...

MATHILDE. – Mon Dieu...

AMBROSIO. – Rosario !

MATHILDE. – Oui, père, mais vos promesses... je n'ai pas fini mon noviciat...

AMBROSIO. – Tu veux me délier de ce serment ?... Que décides-tu ?... Tu ne veux pas parler, Rosario ?... tu ne veux pas me le dire ?

MATHILDE. – Que je me sens mal, je n'ai que votre volonté...

AMBROSIO. – Tu me le dis ?...

MATHILDE. – D'accord. Je quitterai le monastère aujourd'hui même. J'ai une parente, abbesse d'un couvent en Estrémadure... Adieu, mon ami, mon Ambrosio... Me donneriez-vous un gage de votre estime ?...

AMBROSIO. – Que puis-je te donner ?...

MATHILDE. – Quelque chose... N'importe quelle chose... Une de ces roses suffira... Je la cacherai dans mon sein et quand je serai morte les sœurs la trouveront fanée sur mon cœur... (*Ambrosio se penche pour ramasser une rose. Il lance un cri aphone et laisse tomber la fleur. Mathilde, anxieuse :*) Qu'y a-t-il ? Que s'est-il passé ?

AMBROSIO (*à la Madone, en minimisant*). – Rien. Un serpent... caché parmi ces roses...

Mathilde embrasse et suce la main d'Ambrosio qui ne détourne pas les yeux de la Madone. Le moine est en extase. Mathilde se libère lentement de son capuchon.

MATHILDE (*enviant l'image, appelle doucement le moine*). – Ambrosio... (*Le moine se retourne comme éveillé et tressaille.*) Oui, Ambrosio, je suis l'original! (*Elle est en effet la copie parfaite de la peinture.*) J'ai fait exécuter mon portrait par Martin Galuppi, un peintre vénitien très connu qui résidait alors à Madrid. La ressemblance était extraordinaire. Le Juif auquel vous l'avez acheté était un de mes émissaires. Parlez, Ambrosio, dites-moi que je peux rester ici...

AMBROSIO (*aphone*). – Laisse-moi seul, reste la compagne de ma solitude, restes-tu?!

Mathilde lance un cri déchirant. Le moine l'embrasse comme s'il voulait en comprendre la raison.

MATHILDE. – Trop tard, nous devons nous séparer pour toujours, trop tard, adieu...

AMBROSIO. – Tu te sens mal, Mathilde, tu te sens mal?

MATHILDE. – Souvenez-vous de moi demain dans vos prières et je me souviendrai de vous au ciel ! Je ne veux pas guérir !

AMBROSIO. – Qu'as-tu fait ?

MATHILDE. – J'ai sacrifié une petite pierre pour sauver un diamant ! Oui, je suis empoisonnée ! Mais sachez que ce poison circulait autrefois dans vos veines...

AMBROSIO. – Mathilde ! Et tu as sacrifié ta vie pour moi ? Tu meurs et tu meurs pour avoir préservé Ambrosio ? Et il n'y a pas de remède, Mathilde, il n'y a pas d'espoir ? Parle-moi, oh, parle-moi ! Dis-moi que tu as encore le moyen de vivre !

MATHILDE. – Je ne veux pas guérir, à moins qu'il ne me soit accordé de vivre pour vous !

AMBROSIO. – Alors, vis pour moi, Mathilde ! Pour moi et pour ma gratitude... Oublions la distinction des sexes ! Vis, Mathilde, vis pour moi !

MATHILDE. – Je ne veux pas, je ne veux pas, Ambrosio, je ne veux pas ! Je ne t'aime plus avec la dévotion que l'on rend à un saint ! Je ne t'apprécie plus pour ton âme ! Je veux jouir de toi ! Assez de l'amitié ! Ne me laisse pas, je vais bientôt mourir.

AMBROSIO (*ensorcelé*). – Je ne peux je ne dois mais vis, Mathilde, oh, vis !

MATHILDE. – Écoute ce cœur, mon père ! Laisse-moi mourir aujourd'hui, je veux mourir ainsi... Et tu penseras à moi quelquefois... Ne verseras-tu pas une larme sur ma tombe ?!... Oui oui oui, ce baiser me le dit... Ambrosio, mon Ambrosio...

AMBROSIO. – À toi éternellement à toi !

Un long baiser. Entre Antonia voilée. Le moine abandonne la bouche de Mathilde, Mathilde est près du tableau de la Madone. Antonia admire Mathilde et le tableau. Mathilde s'immobilise comme si elle était de cire. Antonia se retrouve face à une œuvre d'un seul artiste : deux madones, une peinture et une sculpture ; et elle se signe. Le moine, afin de détourner définitivement les soupçons de la jeune intruse, va jusqu'au tableau et embrasse sur les lèvres la Madone peinte.

ANTONIA (*relevant son voile*). – Révérend père, vous voyez en moi une malheureuse menacée par la perte de sa plus chère, peut-être de sa seule amie, ma mère ! Elle est au lit, malade. Un malaise soudain et épouvantable l'a saisie la nuit passée. Les médecins désespèrent de la sauver. Le secours des hommes est impuissant ! (*Elle pleure.*) Il ne me reste qu'à implorer la miséricorde du ciel! Père, tout Madrid résonne de louanges de votre piétié et de votre vertu! Daignez vous souvenir de ma mère dans vos prières. Je m'engage à illuminer la chapelle de saint François tous les jeudis pendant trois mois... J'ai une autre faveur à vous demander : nous sommes nouvelles à Madrid et ma mère a besoin d'un confesseur et elle ne sait pas à qui s'adresser. Nous savons que vous n'abandonnez jamais le monastère et malheureusement ma pauvre mère ne peut se rendre jusqu'ici. Si vous voulez avoir la bonté, révérend père, de donner le nom d'une personne adéquate, vous ferez une faveur impérissable à des cœurs qui ne sont pas ingrats...!

AMBROSIO (*à voix basse, à Antonia*). – L'adresse, l'adresse. Ce soir même. (*Antonia lui donne un billet et elle sort.* Il lit :) Doña Elvire Dalfa, rue de San-Jago, cinquième porte après le palais d'Albornos...
Ahhhh, si je pouvais être relevé de mes vœux! Déclarer mon amour à la face du ciel et de la terre! Tandis que je m'efforcerais d'être son ami, comme les heures passeraient sans troubles et tranquilles!
Écouter des jours des années durant cette noble voix! Oh, un baiser arraché à ces lèvres rouges! Oui, s'il existe sur terre une béatitude parfaite, elle appartiendra seulement au mari de cet ange! (*Il pleure.*) Je ne pourrai jamais l'avoir! Elle ne pourra jamais être mienne dans le mariage...!

(*Il regarde Mathilde en la haïssant ; puis l'image, la haïssant encore plus.*)

Il s'élança pour l'arracher du mur : c'était une fresque et non une peinture. Il ne parvint à arracher que le cadre. Il le lança par terre et sauta dedans, piétinant en une danse blasphématoire la peinture manquante...

AMBROSIO. – Prostituée !

Mais qu'est-ce que le cadre *sinon la vanité d'Ambrosio ? Vanité de saint : ni fenêtre ni porte ni réalité, ornement inutile d'une peinture, nature extraordinaire d'un talent religieux aux dépens de l'*idéal *de Madone.*
Puis Mathilde s'est révélée au moine comme modèle *dans cette affaire. Lorsque Ambrosio a tenté dans un mouvement de colère de détruire le tableau de sa Madone bien-aimée, haïe à présent, il s'est retrouvé avec un cadre dans les mains. Et cela veut dire que c'était là sa foi. Et sa foi est sa vanité. La destruction à travers la femme et le péché, perpétrée pendant une course effrénée et vicieuse, dans une galerie de* tableaux *de plus en plus fatigués, conduira le moine à la décomposition de son cadre et donc de sa vie. L'histoire d'une âme est l'histoire d'un cadre. Même si le « cas Lewis » est d'un vénitien d'auteur.*

Dorénavant, le cadre sera déplacé continuellement (par Mathilde), placé comme cadre de tous les tableaux (au sens théâtral) éclairés au fur et à mesure.

Scène III

Raymond et Agnès.
Ils sont embrassés, serrés et comme enveloppés dans du papier dans leurs manteaux nocturnes respectifs. Ils se touchent frénétiquement dans un bruit croissant de papier. Ils sont faits de papier, de cet amour dont on ne jouit qu'en écrivant sur lui, quitte même à rater le rendez-vous nécessaire. Puis ils se fouillent, en extrayant et échangeant des billets, en se lisant, amoureux de ce lien entre eux, dangereux *dans le meilleur des cas.*

RAYMOND (*en lisant un billet, qui lui est soufflé, un billet qu'Agnès lui a confié*). – « Raymond, il n'y a pas de temps à perdre, les minutes sont précieuses. La fuite est la seule ressource contre les horreurs d'un couvent et mon imprudence doit être justifiée par l'urgence du danger. Voici le plan par lequel j'espère réaliser la fuite. C'est aujourd'hui le 30 avril. Dans cinq jours devrait apparaître la nonne sanglante, prévois une voiture et trouve-toi avec celle-ci pas trop loin de l'entrée du couvent. Dès que douze heures sonneront à l'horloge, je quitterai ma cellule, habillée des mêmes vêtements que porte le spectre, d'après ce que l'on dit. Ceux qui me rencontreront seront trop terrifiés pour s'opposer à mon évasion. Je gagnerai facilement la sortie et je me mettrai sous ta protection. En toi seul reposent tous mes espoirs. Agnès. »

AGNÈS (*lisant un billet que Raymond lui a confié*). – « Je t'attends le 5 mai à minuit devant l'entrée principale. Ton Raymond. »

RAYMOND (*en relisant*). – « Souviens-toi qu'il n'y a pas de temps à perdre. Souviens-toi que les minutes sont précieuses. C'est aujourd'hui le 5 mai. Ce soir devrait apparaître la nonne sanglante. Souviens-toi qu'il faut te procurer une voiture et te trouver avec celle-ci pas trop loin de l'entrée du monastère. Dès que douze heures sonneront à l'horloge... »

SCÈNE IV

Douze heures sonnent à l'horloge. Raymond se promène enveloppé (dans le papier) d'un manteau noir. Un mouvement de la lumière...

À la fin je vis Agnès. Vêtue exactement comme elle avait décrit le spectre. À son bras était suspendu un chapelet. Sa tête était enveloppée dans un long voile blanc. Son habit monacal était taché de sang. Elle avança vers l'endroit où je me trouvais. Je volai à sa rencontre et je la pris dans mes bras...

RAYMOND. – Agnès ! Agnès, tu es à moi !

Terrifiée et hors d'haleine, elle ne parvint pas à parler. La lampe et le couteau tombèrent de ses mains et, en silence, elle s'abandonna contre sa poitrine...

AGNÈS. –
Raymond, Raymond, tu es à moi ;
Raymond, Raymond, je suis à toi !
Tant que le sang coule dans tes veines, je suis à toi !
Tu es à moi ! À toi mon âme, mon corps t'appartient !

Raymond, préoccupé, lève lentement le voile de la feinte nonne et

... il se trouva devant un cadavre inanimé. Son visage était émacié et défait, ses joues et ses lèvres exsangues. La pâleur de la mort envahissait ses traits. Et les yeux qui me fixaient intensément étaient éteints et atones. Je regardai le spectre avec une horreur indescriptible. Mon sang se glaça dans mes veines. J'aurais voulu crier au secours, mais tout son mourut dans ma gorge avant de dépasser mes lèvres. Les nerfs paralysés par l'impuissance, je restai dans la même attitude, inanimé comme une statue...

Scène V

Antonia, Elvire, Lorenzo qui a changé de costume : celui-ci était rouge, il est vert à présent. Voilà tout.

Lorenzo (*à Antonia*). – Vous êtes sans doute arrivée à Madrid récemment... Il est impossible que de telles grâces puissent rester longtemps inaperçues... Et si celle-ci n'était pas votre première apparition en public, la jalousie des femmes et l'adoration des hommes vous auraient déjà suffisamment rendue illustre... Je me trompe peut-être en vous croyant nouvelle à Madrid ?

Antonia. – No, señor.

Lorenzo. – Je m'estimerais heureux s'il m'était consenti de contribuer à rendre votre séjour agréable... Si je peux vous être utile en quelque chose, vous ne pourriez que m'honorer encore plus en me permettant de vous servir.

Elvire (*à Antonia*). – Je crois vraiment que même si j'avais vécu mille ans, ce vieux et gras père Dominique n'aurait pas du tout été à mon goût... Mais il était franc, amical et plein de bonnes intentions...

ANTONIA. – Ah, ma chère mère, ce sont des qualités si ordinaires !

LORENZO. – C'est certainement parce que vous êtes étrangère et encore peu familière des usages d'ici, que vous continuez à porter le voile. Permettez-moi de l'enlever...

ANTONIA. – Je n'ôte jamais mon voile en public, señor...

ELVIRE. – De grâce, señor, voulez-vous me renseigner sur la raison du rassemblement d'une si grande foule aujourd'hui dans cette cathédrale...

LORENZO. – Est-il possible que vous ne sachiez pas qu'Ambrosio, etc.

La scène continue dans les coulisses, tandis qu'à l'avant-scène Agnès et Raymond, l'un contre l'autre et s'embrassant, se soufflent dans les oreilles.

Scène VI

AGNÈS (*dans un craquement de papier*). – Il est désormais trop tard. Les dés sont jetés ! J'ai prononcé les vœux, je suis consacrée au service du ciel.

Je me suis résignée. Je me rends compte que je suis peu faite pour le couvent... Mon dégoût pour la vie monastique croît chaque jour davantage, mais nous devons nous séparer. Nous ne nous reverrons jamais plus sur la terre !

RAYMOND (*l'enveloppant fortement dans un embrassement de papier*). – ...Je m'efforce de te démontrer que notre union n'est pas impossible comme tu le crois... Le cardinal, le duc de Lerme, peut tout à la cour de Rome. Il obtiendra facilement une dispense des vœux...

AGNÈS. – Tu ne connais pas mon père ! Libéral et courtois, mais superstitieux : il sacrifie ses intérêts les plus chers à ses scrupules religieux...

RAYMOND (*en la feuilletant*). – ...admettons, admettons...

AGNÈS (*en s'écartant*). – ...Don Raymond ! J'aime mon père ! Son affection est indispensable à ma vie. Nous ne nous reverrons jamais plus sur la terre !

Sérénade espagnole
(en mexicain)

tus besos lleva
ahora a quien amas
besos que comprendistes por mi
en el tiempo
dedicado a nuestro amor
y las caricias
que descubristes

quando este cuerpo hacias vibrar
ve !
llevale el sueño
si esta voz mia
no la sientes mas

Lorenzo, entre-temps, a chanté une sérénade à Antonia encadrée comme à sa fenêtre dans le cadre du moine. Puis Antonia se retire et Lorenzo, l'épée à la main, agresse Don Raymond.
C'est une critique de l'abus du récit-confession perpétré dans tant de romans. Don Raymond, entre deux estocades, racontera, en l'appuyant, tout un roman d'amour à Don Lorenzo.

RAYMOND (*tout en se battant en duel*). –
...j'essayai d'écarter ces scrupules infondés Nous étions encore en train de discuter lorsque les cloches du couvent appelèrent les nonnes à matines Agnès était obligée de participer à la cérémonie mais elle ne me quitta pas avant que je l'oblige à me promettre que la nuit suivante elle se trouverait au même endroit à la même heure Ces rencontres se prolongèrent pendant plusieurs semaines de façon ininterrompue et maintenant Lorenzo je dois implorer ton indulgence Considère la situation notre jeune âge notre longue affection Pèse toutes les circonstances de nos rendez-vous et tu admettras que la tentation a été irrésistible Tu me pardonneras même quand je reconnaîtrai qu'en un moment d'abandon l'honneur d'Agnès a été sacrifié à ma passion...

C'est ici que le duel dégénère.

… La première ardeur de la passion était à peine passée qu'Agnès se reprenant s'arracha à mes bras avec horreur Elle m'appela séducteur infâme elle m'accabla des reproches les plus amers et se frappa la poitrine avec toute l'impétuosité du désespoir Plein de honte pour mon imprudence je trouvai péniblement les mots pour m'excuser Je m'efforçai de la consoler je me jetai à ses pieds la suppliant de m'accorder son pardon Agnès délivra la main que j'avais prise et que j'aurais portée à mes lèvres Ne me touche pas s'exclama-t-elle avec une violence qui m'atterra monstre de perfidie et d'ingratitude comme je me suis trompée sur toi Je te considérais mon ami mon protecteur je me suis remise avec confiance en tes mains et en comptant sur ton honneur je pensais que le mien ne courait pas de danger Et c'est justement toi toi que j'adorais qui me couvres d'infamie C'est justement toi tu m'as incitée à rompre les vœux contractés avec Dieu À cause de toi je suis descendue au même niveau que les plus viles de mon sexe Honte à toi canaille Tu ne me verras jamais plus Elle se leva brusquement du banc sur laquelle elle était assise Je cherchai à la retenir mais Agnès se révolta violemment contre mon étreinte et se réfugia dans le couvent Je me retirai plein d'inquiétude et de confusion Le jour suivant je ne manquai pas de paraître comme d'habitude dans le jardin mais Agnès ne se fit pas voir Le soir je l'attendis à l'endroit où nous avions coutume de nous rencontrer Je n'eus pas plus de chance Quelques jours et quelques nuits passèrent ainsi À la fin j'aperçus ma dame indignée traverser l'allée au bord de laquelle je me trouvais Elle était accompagnée par la même jeune pensionnaire et sa faiblesse semblait la contraindre à se tenir à son bras Elle me fixa un instant Puis tourna aussitôt la tête de l'autre côté J'attendis qu'elle revînt Mais Agnès passa et entra dans le couvent sans s'occuper de moi ou des regards repentants par lesquels j'implorais son pardon Environ deux semaines plus tard une violente maladie qui avait frappé mon père m'obligea à partir pour l'Andalousie Je me précipitai vers le château et comme je le prévoyais je trouvai le marquis mon père sur le point de mourir Je suis revenu à Madrid et j'ai trouvé cette...

Don Raymond s'affaisse, prostré par la fatigue, il s'appuie n'importe où ou bien tombe par terre, tendant une lettre à Lorenzo qui la lui arrache des mains et...
Il aura été opportun que, au cours du duel, seul Don Lorenzo ait pu jouir de l'initiative dynamique, par exemple : en attaquant et en parant en même temps – s'agissant d'épée et de poignard, il suffira, à l'occasion, d'avoir attaché les deux poignards et les deux épées ensemble. Il ne restera à Don Raymond que le récit, etc.

LORENZO (*lit, dans l'essoufflement qui suit le duel, la lettre de Raymond*). –
...Dans quel abîme de misère m'as-tu plongé Raymond Tu m'obliges à devenir aussi criminelle que toi J'avais pris la résolution de ne plus te voir si possible de

t'oublier et de me souvenir de toi avec haine Mais une créature pour laquelle j'éprouve déjà une tendresse maternelle m'invite à pardonner à mon séducteur et à m'adresser à son affection passée Raymond Ton fils vit dans mon sein Je tremble à l'idée de la vengeance de la Mère supérieure Je tremble pour moi et encore plus pour l'être innocent dont la vie dépend de la mienne Si mon état est découvert nous serons tous les deux perdus Ma situation est cruelle Obligée d'embrasser une profession inadaptée à ma personne Consciente de la sainteté pour laquelle je me sens refusée je suis contrainte de choisir entre la mort et le parjure Je suis prête à fuir Agnès.

Lorenzo, compréhensif, tend une main à Raymond pour l'aider à se relever. Par solidarité. Ils sortent en se soutenant l'un l'autre.

Scène VII

Coucher de soleil. Dans le cadre est inscrit un confessionnal. Ambrosio y prend place comme dans une icône.
N.B. Le moine entre toujours en scène en marchant à reculons, les mains jointes derrière le dos.
À la droite d'Ambrosio, agenouillée en train de se confesser, se trouve Agnès. L'actrice est donc en dehors du cadre. Le moine sort de l'icône et contemple Agnès.

À part lui, il se plaint de ne pas la trouver encadrée. Puis il rentre. Il s'assoit. Il prend un des poignets d'Agnès et, lui faisant place tant bien que mal, il l'oblige à s'asseoir près de lui dans le confessionnal.
Tous les deux sont maintenant encadrés. La lumière est un peu ensorcelée. Cela ne ressemble plus à un confessionnal, mais à l'intérieur d'un carrosse. Confesseur et pénitente, deux amants en fuite. Ils se disent tout à l'oreille avec religion et précaution.
Simultanément Lorenzo, cette fois habillé de jaune, Antonia et Elvire.

LORENZO (*à Antonia*). – Vous êtes sans doute arrivée à Madrid récemment... Il est impossible que de telles grâces eussent pu rester longtemps inaperçues... Et si ce n'était pas là votre première apparition en public, la jalousie des femmes et l'adoration des hommes vous auraient déjà rendue suffisamment illustre... Est-ce que je me trompe en vous croyant nouvelle à Madrid ?

ANTONIA. – No, señor.

LORENZO. – Je m'estimerais heureux s'il m'était consenti de contribuer à rendre votre séjour agréable... Si je peux vous être utile en quelque manière, vous ne pourriez que m'honorer encore plus en me permettant de vous servir...

AGNÈS. –
... elle laissa tomber sans s'en rendre compte une lettre cachée dans son sein. Elle allait se retirer, ne sachant pas ce qu'elle venait de perdre... Ambrosio... la ramassa...

L'acteur doit accomplir un seul geste en deux temps très rapides : rejoindre Agnès comme pour lui rendre son billet et au moment même où Agnès l'a dans la main, le lui arracher.

AMBROSIO. – Attendez, ma fille... Je dois lire cette lettre!!! (*Lisant :*) «... Tout est prêt pour ta fuite, ma très chère Agnès!... » Cette lettre doit être remise à la Mère supérieure!

AGNÈS. – Restez, restez! (*En se jetant à ses pieds :*) Père, ayez de la compassion pour ma jeunesse!

AMBROSIO (*en lui donnant un coup de pied qui la fait s'étaler*). – Le couvent de Sainte-Claire devrait donc devenir un refuge de prostituées? Indigne, malheureuse, une indulgence de ma part serait de la complicité, la miséricorde un crime... Vous vous êtes abandonnée à la luxure d'un séducteur... et vous pensez encore mériter ma compassion?!... Assez! Où est la Mère supérieure?!!!

Ne perdons pas ici l'occasion d'affronter un discours complexe sur l'acteur, illustré pour l'instant dans la réplique suivante d'Agnès :

AGNÈS. – Attendez, père, attendez! Bien longtemps avant que je prisse le voile, Don Raymond était le maître de mon cœur... Par désespoir je me suis réfugiée au convent. Le sort nous a réunis. Je ne pouvais pas me refuser à moi-même le plaisir mélancolique de mêler mes larmes aux siennes. Nous nous rencontrions la nuit dans les jardins de Sainte-Claire. Dans un moment d'imprudence j'ai violé les vœux de chasteté. Je serai bientôt mère. Révérend Ambrosio ayez pour moi de la compassion! Grâce, très révérend père! Rendez-moi cette lettre!

Le moine est victime de ses victimes, etc.

Face à la putasserie d'Ambrosio, il est bien que l'actrice (situation) y donne suite en le surclassant grâce à une virtuosité qui la montre maîtrisant parfaitement son préjudice au préjudice d'Ambrosio. Le spectateur est en train de découvrir qu'Agnès n'est plus la victime d'un monstre, mais un monstre de victimisme. Celui qui en souffre le plus, c'est le moine, abasourdi non par l'intrigue du récit d'Agnès, mais par le désespoir de celle-ci devenu rythme pur. Il y a au fond une seule façon de se venger du mal reçu : celui d'en jouir – c'est avec cette clé qu'il faut entendre tout le spectacle.

Exemple illustrant ce propos :

AGNÈS (*terrifiée*). – Attendez, père, attendez!

(*séductrice :*) Bien avant que je prisse le voile
(*perdue :*) Don Raymond était le maître de mon cœur
(*méprisante :*) Par désespoir je me suis réfugiée au couvent
(*en riant :*) Le sort nous a réunis
(*épileptique :*) Je ne pouvais pas me refuser à moi-même le plaisir mélancolique de mêler mes larmes aux siennes
(*en pleurant :*) Nous nous rencontrions la nuit dans les jardins de Sainte-Claire. Dans un moment d'imprudence j'ai violé les vœux de chasteté
(*horrifiée :*) Père, je serai bientôt mère
(*joyeuse :*) Ayez pour moi de la compassion !
(*dégoûtée :*) Grâce, très révérend père ! Rendez-moi cette lettre !

ou ainsi

Partition de Sylvano Bussotti

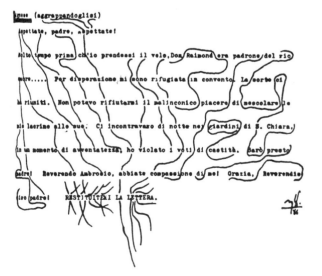

par exemple, que l'on peut lire aussi de cette manière

Attendez beaucoup cœur réunis à l'instante révérend cœur a miennes un mère père attendez ses imprudences Ambrosio père désespoir pouvais-je nous imprudence prisse rencontrions violé compassion vœux nuit mélancolique réfugiée Don Raymond au couvent plaisir jardins chasteté...

Et en effet, le moine ne peut que balbutier...

AMBROSIO. – ...votre audace me laisse stupéfait... ... Je devrais, moi, cacher votre crime?... Moi, que vous avez trompé en confession? Non, ma fille, non! Je vous rendrai un service plus essentiel! Je vous arracherai à la perdition malgré vous! La mortification et la pénitence expieront votre faute et la sévérité pourra ainsi vous conduire sur le chemin de la sainteté! Mère Sainte-Agathe, dis-je!

Devant la farce magique toute aux dépens de la psychologie que lui sert Agnès si imprévisible, le moine perd le contrôle de la situation *pour se dégrader en des instants de* personnage. S'y identifiant, *il se cache derrière le tout petit mouchoir de l'autorité qui lui est destinée par sa situation* historique.
Spectateur incapable de jouir de sa propre défaite, il se cramponne aux valeurs que les autres lui attribuent, sans pourtant en être étonné.

Si Agnès s'était limitée à une justification désespérée, il se serait limité lui aussi à la dénoncer, et nous n'aurions pas fait le spectacle. Mais, puisqu'il s'est laissé surprendre par le spectacle d'Agnès, la meilleure vengeance est le pardon.

Redevenu pleinement maître de ses moyens scéniques, il en est au point de lui rendre la lettre. Mais Agnès, qui se trouve aujourd'hui vraiment en état de grâce, dès qu'elle reçoit la lettre d'Ambrosio, la tend à la Supérieure qui est entrée, sans savoir.

AMBROSIO (*pour se distraire*). – J'ai fait mon devoir !

Et Mère Sainte-Agathe, équipée et stupide comme l'histoire, sortant d'on ne sait où un poignard et une coupe, se prodigue, avec un art consommé, au chevet déjà à moitié céleste d'Agnès, absente.

MÈRE SAINTE-AGATHE. – Bois ! Et dans une heure tu seras passée au nombre des morts.

Agnès, inspirée et gourmande, tente de porter la coupe à ses lèvres, mais Ambrosio, vindicatif, la lui arrache. Mais Agnès, frénétique, sort un autre billet et le donne à la Supérieure. Ambrosio, en profitant, est sur le point de boire à la coupe, mais...

LA SUPÉRIEURE (*en le tranquillisant à ce sujet*). – ...Ce n'est pas un poison !!! C'est un narcotique. Je veux qu'elle éprouve les tourments d'une conscience coupable, comme si elle avait été frappée d'une mort soudaine sans qu'elle ait eu le temps de se repentir et d'expier ses crimes. Tout Madrid doit la croire morte.

Agnès boit enfin. Ambrosio la contemple. C'est bon. Étrangement, une fois le liquide ingéré, Agnès a des convulsions. Le moine la fixe, envieux et s'approche menaçant de la Supérieure qui...

MÈRE SAINTE-AGATHE (*qui le jure*). – Ce n'est pas un poison ! Ce n'est pas un poison !

SCÈNE VIII

C'est là qu'est entré Lorenzo en chantant à l'adresse du cadre contenant Antonia comme si elle était au balcon.

Le roi de l'eau

LORENZO (*chante avec la guitare*). –
L'œil mauvais du roi de l'eau
vit ses pas le long de la rive
vola vite chez sa maman sorcière
et la suppliant parla ainsi

Oh maman maman dis-le-moi toi
comment surprendre celle-là là-bas
oh maman maman dis-le-moi à présent
comment puis-je en prendre possession

La sorcière lui donna une cuirasse blanche
et la forme aussi d'un grand chevalier
d'eaux limpides ensuite sa main
fit un destrier tout de sable

Oh maman maman dis-le-moi toi
d'où vient donc ce beau chevalier
oh maman maman dis-le-moi à présent
comment puis-je en prendre possession

Le prêtre unit leurs deux mains
oh si quelqu'un l'avait bien avertie
elle part à cheval avec le roi de l'eau
et ils vont là où le sable est jaune

Oh maman maman aide-moi toi
elle perd pied déjà dans l'eau bleue
oh maman maman aide-moi toi
l'eau monte de plus en plus vers moi

Elle hurle en vain les vagues débordent
et recouvrent la malheureuse
oh belles averties par cette histoire
faites attention à qui le cœur donnez…

Entre alors Raymond et, tombant sur Agnès et la prenant pour la nonne sanglante, il sort épouvanté en hurlant.
    Le cadre est devenu la porte d'entrée de la chambre d'Antonia. Le moine place le cadre en un point X de la scène, en exigeant qu'il reste debout tout seul. Il voudrait ensuite reculer comme pour réfléchir, contrôler le numéro d'une rue. Il aura à la main une inutile petite branche de myrte d'argent. Il ne serait pas prudent de frapper, surtout parce qu'il n'y a pas de porte. Il faut alors forcer la difficulté par elle-même. Se libérer de la branche de mythe et la mettre dans la poche, si par hasard on y parvient.

L'acteur, de son côté, fera l'impossible, s'appliquant en tout cas à soutenir le cadre que, à son tour, Mathilde (peu importe si elle est entrée maintenant en scène ou que la lumière la découvre) va pouvoir maintenir, assurée, cette seconde fois, de leur amour.
Le moine se frappera plus de trois fois la tête dans le vide encadré, imaginant des suites, jusqu'à ce que, en en trouvant une enfin dans une porte, il entre.
Antonia sera là en train de l'attendre, habillée uniquement en son magnifique XVIe siècle.

AMBROSIO. – Dis-moi, ma belle enfant, as-tu connu ce qu'est l'amour ? Réponds-moi avec sincérité. Oublions le moine. Oublie mon habit. (*Il ôte son habit.*)

ANTONIA. – Ce qu'est l'amour ? Oh oui, certes, j'ai aimé beaucoup de personnes...

AMBROSIO. – Ce n'est pas ce que je veux dire... L'amour dont je parle ne peut s'éprouver que pour une seule personne... As-tu jamais rencontré l'homme dont tu désirerais qu'il fût ton mari ?

ANTONIA. – Oh, non, vraiment...

AMBROSIO. – Et ne désirerais-tu pas rencontrer cet homme, Antonia ? Ne sens-tu pas un vide dans ton cœur... que tu comblerais volontiers ?... (*Le *moine ôte ses sandales.*) Ne soupires-tu pas à cause de l'absence de quelqu'un qui t'est cher, mais tu ne sais pas qui est ce quelqu'un ? (*Le moine ôte sa chemise.*) Ne sens-tu pas que tout ce qui autrefois te plaisait n'a plus à présent de charme pour toi ? Que mille et mille nouveaux désirs, nouvelles idées, nouvelles sensations germent en ton sein et que tu les éprouves mais ne peux les décrire ? Est-il possible, alors que tu ressens de l'amour, que tu ne sois pas amoureuse ?

ANTONIA. – Vous m'étonnez, père. Qu'est-ce que cet amour ? Je n'en sais rien...

AMBROSIO. – N'as-tu jamais rencontré, Antonia, aucun homme qu'il te semble avoir longtemps cherché, bien que tu ne l'aies jamais vu auparavant ? Dont l'aspect, bien que ce fût celui d'un étranger, te fût familier ? Une personne dont le son de la voix te pénétrât jusqu'au fond de l'âme, te caressât : une personne en la présence de qui tu te sentisses jouir et dont l'absence t'affligeât ? Ne l'as-tu pas éprouvé ?

ANTONIA. – Certainement, oui. Je l'ai éprouvé la première fois où je vous ai vu...

AMBROSIO (*tressaillant, lui saisissant la main et la portant extatique à ses lèvres*). – ... Moi, Antonia... Moi, Antonia ? Tu as éprouvé cela pour moi ?

ANTONIA. – Plus que cela... plus que cela. À l'instant même où je vous ai vu... votre voix... si douce... semblait me dire les mille choses que je désirais entendre... j'ai pleuré quand je ne vous ai plus vu...

AMBROSIO. – Antonia ! Ma délicieuse Antonia, redis-le-moi !

ANTONIA (*derechef*). – À l'instant même où je vous ai vu, votre voix si douce semblait me dire les mille choses que je désirais entendre... j'ai pleuré quand je ne vous ai plus vu !

AMBROSIO. – Dis-le-moi encore...

ANTONIA. – À l'instant même où je vous ai vu, votre voix si douce semblait me dire les mille choses que je désirais entendre... j'ai pleuré quand je ne vous ai plus vu !

AMBROSIO. – Encore... encore...

ANTONIA. – À l'instant même où je vous ai vu, votre voix si douce semblait me dire les mille choses que je désirais entendre... j'ai pleuré quand je ne vous ai plus vu !

Il est fondamental que pendant toute cette séquence

Antonia et le moine accomplissent les mêmes gestes et simultanément. Par exemple, ils s'embrassent : il ne faudra jamais savoir duquel des deux vient l'initiative. Il ne faut pas comprendre quel est celui des deux qui se dégage des bras de l'autre. L'un et l'autre sont victimes du rien.

AMBROSIO. – Encore...

ANTONIA. – À l'instant même où je vous ai vu, votre voix si douce semblait me dire les mille choses que je désirais entendre... j'ai pleuré quand je ne vous ai plus vu !

Et ainsi de suite, jusqu'à un baiser. Ambrosio est en train de déshabiller Antonia. Entre Elvire qui s'assoit tranquillement sur le sofa.

Le moine commence à se rhabiller avec désinvolture. Elvire le suit attentivement, les bras croisés, raide. Peu à peu et par pitié la lumière s'éteint.

SCÈNE IX

Ensemble : Lorenzo, habillé de violet, Antonia, Elvire, Mathilde, Ambrosio.

LORENZO (*à Antonia*). – Vous êtes sans doute arrivée à Madrid récemment... Il est impossible que de telles grâces eussent pu rester longtemps inaperçues... Et si ce n'était pas là votre première apparition en public, la jalousie des femmes et l'adoration des hommes vous auraient déjà rendue suffisamment illustre... Est-ce que je me trompe en vous croyant nouvelle à Madrid ?

ANTONIA. – No, señor.

LORENZO. – Je m'estimerais heureux s'il m'était consenti de contribuer à rendre votre séjour agréable... Si je peux vous être utile en quelque manière, vous ne pourriez que m'honorer encore plus en me permettant de vous servir...

ELVIRE. – Je crois vraiment que même si j'avais vécu mille ans, ce vieux et gras père Dominique n'aurait pas du tout été à mon goût... Mais il était franc, amical et plein de bonnes intentions...

ANTONIA. – Ah, ma chère mère, ce sont des qualités si ordinaires !

MATHILDE. – Pardonne-moi, Ambrosio, il est nécessaire que je ne t'obéisse pas. Pour ton bien, vraiment ! Ne crains rien ! Je ne suis pas venue te faire des reproches ! Je te pardonne du plus profond de mon cœur ! Je ne demande plus ton amour ! Je veux ton amitié ! Pourquoi m'évitestu ?... Ton secret, Ambrosio, n'en est pas un pour moi. Tu aimes, pourquoi me le cacher ? Ne crains pas la jalousie mesquine qui empoisonne la plupart des femmes ! Tu aimes, Ambrosio ! Antonia Dalfa est ta flamme ! Je le sais je le sais, je connais ta tentative de jouir de son corps ! Je sais que l'on t'a chassé de la maison d'Elvire ! Ne désespère pas ! Je vais t'aider !... Rien n'est impossible !

Te souviens-tu de la nuit que j'ai passée dans le sépulcre de Sainte-Claire ? Entourée de corps putréfiés, j'appelai à mon secours un ange déchu. Veux-tu savoir toute ma joie ? Je vis le démon obéissant à mes ordres. Je le vis trembler et je découvris qu'au lieu de vendre mon âme à un maître, mon courage m'avait acquis un esclave... Est-ce impardonnable ? C'est impardonnable !

Mais que signifie alors ton éloge continu de la miséricorde divine. Tu l'insultes, Ambrosio, ton Dieu, tu auras le temps de te repentir et lui aussi, il aura tout le temps pour te pardonner. Laisse-lui une occasion glorieuse d'exercer sa miséricorde ! Allons au cimetière...

AMBROSIO. – Non, je ne veux pas venir au cimetière !

MATHILDE. – Honte à toi, Ambrosio, honte à toi ! Alors Antonia ne sera jamais tienne. Sa mère a ouvert les yeux... Et même je vais t'en dire plus :

Antonia en aime un autre, jeune, un gentilhomme de mérite. Et à moins que tu n'interviennes, dans quelques jours elle sera son épouse... Cette nouvelle m'a été transmise par mes serviteurs invisibles...

...EDRAGER...

...le lieu de la scène était une petite chambre de son appartement...

AMBROSIO. – Non, non, je ne veux pas venir au cimetière !

MATHILDE. – Vois-tu, c'est le moyen de jouir de ton amante. Tant que tu tiendras dans ta main ce myrte, toute porte s'ouvrira. Il te permettra d'entrer demain la nuit dans la chambre d'Antonia. Tu dois souffler trois fois dessus. Prononce son nom et laisse-le sur son oreiller. Un assoupissement, semblable à la mort, s'emparera d'elle et la privera de la force de résister à tes assauts. Elle sera plongée dans le sommeil jusqu'à l'aube. Ainsi tu pourras en jouir sans danger. Quand elle se réveillera, elle se rendra compte de son déshonneur mais elle ne saura pas qui l'a violée. Réjouis-toi, Ambrosio, tu vois combien mon amitié est pure et désintéressée !

AMBROSIO. – Non, non, je ne veux pas venir au cimetière !

Il est indispensable que dans cette scène Mathilde chausse des bottes : sens démesuré de l'autorité, de l'initiative, etc.

Dans cette scène Mathilde propose, exorcise, projette, suggère ce qu'Ambrosio a subi un instant plus tôt. Le succès du moine n'a rien à voir avec le résultat, justement parce qu'il est sans conséquence. Tout est anticipé, joui, non jouisseur, consommé avant par on ne sait qui, comme lorsqu'une étoile tombe et qu'on exprime un désir, et que l'étoile ne tombe pas, ou tombe « avant que le désir ne trouve les mots ». C'est pourquoi si Mathilde lui révèle, si elle invente Antonia nue qui se baigne dans le cadre il est fatal qu'Ambrosio l'ait vue ainsi un instant auparavant. Si Mathilde lui promet un baiser inespéré, Ambrosio doit s'ennuyer s'il est désespéré par ce même baiser. Être – avoir eu demain peut-être, mais oui, c'est fini (?).

Si Mathilde lui parle de philtres, l'acteur Ambrosio embrassera l'actrice Antonia.

Mathilde actrice lui propose la jouissance comme à quelqu'un qui, déjà saturé par une étreinte précédente, n'a plus qu'envie de dormir (maladresse classique du démon). À trompeur et demi, trompeur. Est-il question d'argent ?

Berceuse

« BERCEUSE » de S. Spadaccino, selon S. Bussotti.

Dors / Bel enfant / Dans les bras de maman / dors dors dors / Dors mon enfant / Dors / Car tu bois déjà du lait empoisonné / Car tu as déjà une vie marquée / Dors / Dors / Dors dors dors / Mais pour être comme les autres / Ne te réveille plus / Dors / Mieux vaut te pleurer mort que vivant ainsi / Dors / Dors

"NINNA NANNA" di S. Spadaccino
scritta S. Bussotti.

╱ Dormi

┼┼┼┼ ⎨ Figlio bello

↓ ╲ Tra le braccia della (mamma)

⎧ dormi / dormi / dormi /

PP ⎨ Dormi / figlio /

⎩ Dormi

⎧ Che già bevi latte avvelenato

ff ⎨ Che già hai una vita segnata

⎩ Dormi

⎧ Dormi (vocale)

tutto ⎨ Dormi dormi dormi iii
normale
⎨ Ma per esser come glialtri

⎩ Non svegliarti più

⎧ Dormi

pppp ⎨ Meglio piangerti morto che vivo così

⎩ DORMI , DORMI

147

Scène X

Agnès dans le cadre, ou bien la Madone qui feint de porter l'enfant.
Ambrosio prie et ne prie pas, Ambrosio n'est pas Ambrosio. Le moine ne prie pas pour l'acteur. L'acteur feint de prier pour le moine.
Le cadre encadre Agnès, enfin madone, maigre non à cause de l'art, ni à cause de la faim, mais à cause de l'essentialité de la scène. L'abondance du drapé suggère qu'elle est enceinte.
Ambrosio la contemple.
Agnès hurle et gémit. Petit à petit, ses cris se précisent comme étant le travail de l'accouchement. Le moine la regarde épouvanté et impassible. Comme distrait pour toujours, il s'efforce inutilement de prier, en la priant de s'efforcer. Son recueillement n'a pas de résultat. Sa madone provisoire s'égosille à perdre haleine. Le moine ne se concentre pas pour réussir. Le déchirement d'Agnès devient frénésie puis long râle, un halètement fort d'accouchement ou mieux l'accouchement d'un fort halètement.
Ambrosio tente le miracle d'être présent.
Agnès se replie sur elle-même, et cache son visage dans les draperies du ventre : si c'est un garçon, c'est le pardon, si c'est une fille, c'est la vengeance. Avorter signifie bien jouer cette scène.

Les gémissements se transforment en vagissements.
Ambrosio est le moine qui n'est plus là.

La madone émerge de son giron drapé, se penche en dehors de la peinture comme poussée par un dieu, chassé du paradis de son « Annigoni » [1].

Agnès se traduit sans expression dans sa fresque, vaniteuse, berçant (bercer c'est se laisser bercer), vindicative dans ce cas, ouvrant son giron à la curiosité épuisée d'Ambrosio. Des roses tombent. Ambrosio, en désaccord, a les yeux clos.

Un temps de la fin.

---

1. Peintre italien de la moitié du XXe siècle, très académique, peignant des sujets pieux et surtout des Madones, ainsi que les portraits, féminins, de la grande bourgeoisie de l'époque. (*N.d.T*)

Deuxième temps

A casa sono andato. Mi ha detto la comare
—A casa sono andato—che in corte c'era il mare.
A casa sono andato—e in corte c'era il mare.

Ho detto:questa è bella—cioic'è una barchetta
Ti caschin le budella—chec'entra la barchetta?
Ho detto:questa è bella – andrò sulla barchetta.

La bara_a èra vetro – la porta èra di legno
La sala stava dietro – e lei mi fece un sogno.
La sala èra un salone – paffuto e riverito
Il culo èra un culone – e il dito un solo dito.

Il dito alzò le mani – e disservieni avanti
I cibi sono sani – e i vermi sono tanti.

I vermi erano rossi – il capo era d'argento

I vetri erano grossi – il capo stava attento,

La merda avevo sotto – ma indietro non tornavo

La barca andava al trotto – e sempre in corte stavo.

Ma poi la portinaia – aprì la porticina

E fino all'inguinaia – nuotavo nell'orina.

Poi esce la comare – è tutto il vicinato

Si mettono a nuotare – è il giorno se n'è andato.

La guardia in motoscafo – suonava la trombetta

Di vetro era lo scafo – di legno la bouletta

La porta era d'abete – i vermi erano polli

Buttarono la rete – pescarono tre polli.

Il primo alla comare – un'altro al capitano

E il terzo li è pensare – col cardellino in mano

Ho detto questa è bella – il mare è nel cortile

Io canto a budella – e gli altri fan la bile.

Comare va in cantina – porta del vino buono

Se Marte sta in vetrina – non sentiremo il tuono.

E bevi e bevi e bevi – il giorno è già spuntato

E bevi e bevi e bevi – il verme si è ammalato.

151

Comare andiamo a casa – la barca se ne va

Facciam tabula rasa – la porta eccola li.

La porta era d'abete – di vetro la barchetta

La vecchia aveva sete – il verme aveva fretta.

Lo sai cosa facciamo? Nel mar versiamo il mosto

E il verme lo mangiamo – col sugo dell'arrosto.

E fu così che il vetro in mille pezzi andò

E il verme rosso è tetro – nei vetri si frullò.

Il mare fu bevuto – la trappa fu mangiata

Ma il verme è troppo astuto – la porta è qui restata.

Il legno ha fatto i tarli, i tarli han fatto l'ali

E i tarli a ben guardarli, son vermi tali e quali.

A casa sono andato. Ma, dice la comare,

Il verme è ritornato, la barca è in mezzo al mare.

Il mare è nella corte, di vetro è la barchetta

Di legno son le porte – e chi la fa l'aspetta.

ALDO BRAIBANTI
(da "il Circo" –1959)
articolazione di *ryl*.

Je suis allé à la maison. M'a dit la commère
Je suis allé à la maison – dans la cour y a la mer
Je suis allé à la maison – dans la cour y a la mer
J'ai dit, voilà qui est beau – et elle : il y a une barque
Que les boyaux t'en tombent – pourquoi une barque ?
J'ai dit, voilà qui est beau – j'irai sur la barque.
La barque était en verre – la porte était en bois
La salle était derrière – et elle me fit un signe.
La salle était un salon – dodu et révéré
Le cul était un gros cul – et le doigt n'était qu'un seul
Le doigt leva les mains – et dit : avance par ici
La nourriture est saine – et les vers sont nombreux.
Les vers étaient rouges – et leur tête d'argent
Les verres étaient gros – et leur tête attentive.
Sous moi j'avais la merde – mais je renonçais pas
La barque allait au trot – j'étais encore dans la cour.
Puis la gardienne ouvrit la petite porte
Jusqu'à l'aine je nageais dans l'urine
Puis la commère et tout le voisinage
Commencent à nager – le jour s'en est allé
Les gardes sont en vedette – la trompette jouait
La coque était en verre – et en bois l'échelle
La porte, du sapin – les vers étaient tout mous
Ils ont jeté les filets – et pêché trois poulets.
Le premier à la commère – un autre au capitaine
Le troisième reste là et pense – un chardonneret dans la
                                                            main
J'ai dit, voilà qui est beau – la mer est dans la cour
Je chante les boyaux – d'autres se font de la bile.

La commère va dans la cave et porte du bon vin
Si Mars est en vitrine – y aura pas de tonnerre.
Et bois et bois et bois – le jour s'est bien levé
Et bois et bois et bois – le ver tombe malade.
Commère, allons chez nous – et la barque s'en va
Faisons table rase – la porte la voilà
La porte est en sapin – et la barque est en verre
La vieille avait soif – le ver était pressé.
Sais-tu ce qu'on va faire ? – Le moût jetons à la mer
Et nous mangeons le ver – avec le jus du rôti.
Ce fut ainsi que le verre en mille se brisa
Et le ver rouge, c'est triste, dans le verre fut roulé.
La mer fut bue – la troupe fut mangée
Mais le ver est trop rusé – la porte est là restée.
Le bois a fait des vers – les vers ont pris des ailes
Les vers à bien y voir – sont eux aussi des mites.
Je suis allé à la maison. Mais, dit la commère,
Le ver est revenu – la barque est dans la mer
La mer est dans la cour – en verre est la barque
Les portes sont en bois – à trompeur, trompeur et demi.

Scène I

En scène Ambrosio et Agnès qui jouit d'elle-même en qualité de madone autant que, femme, elle avait souffert au premier acte.

Agnès et Ambrosio chantent, chacun d'un côté,

quelque chose qui est plus ou moins chanté. Agnès une laude, la même qu'au début ; et...

AMBROSIO. – Vere dignum et justum est aequum et salutare, etc., *dicentees...*

La scène est soudainement coupée par Lorenzo qui est entré enveloppé d'un drap autour de la taille. Antonia et Elvire ne sont pas là. Il divague à l'avant-scène...

LORENZO. – Vous êtes sans doute arrivée à Madrid récemment. Il est impossible que de telles grâces eussent pu rester longtemps inaperçues. Et si ce n'était pas là votre première apparition en public, la jalousie des femmes et l'adoration des hommes vous auraient déjà rendue suffisamment illustre. Est-ce que je me trompe en vous croyant nouvelle à Madrid ?

No, señor.

Je m'estimerais heureux s'il m'était consenti de contribuer à rendre votre séjour agréable. Si je peux vous être utile en quelque manière, vous ne pourriez que m'honorer encore plus en me permettant de vous servir.

C'est certainement parce que vous êtes étrangère et encore peu familière des usages d'ici, que vous continuez à porter le voile. Permettez-moi de l'enlever... Est-il possible que vous ne sachiez pas qu'Ambrosio, le supérieur de ce monastère, prononce un sermon chaque jeudi ? Tout Madrid retentit de ses louanges. Il n'a prêché jusque-là que trois fois, mais ceux qui l'ont entendu exaltent tellement son éloquence que trouver une place à l'église est tout aussi difficile que d'en trouver une à la première d'une nouvelle comédie. Sa renommée a dû parvenir jusqu'à vos oreilles.

No, señor... À Madrid il est sur toutes les bouches. Il semble qu'il ait ensorcelé les habitants. Le tribut d'adoration avec lequel les jeunes et les vieux, les hommes et les femmes le saluent n'a pas de précédents. Les grands le comblent de présents. Leurs femmes refusent tout autre confesseur. Il est connu dans la ville sous le nom de saint.

On ne le sait pas. Il a été trouvé sur le seuil de l'abbaye. Tous les efforts pour découvrir qui l'avait abandonné furent vains. Et l'enfant lui-même ne put donner aucune information sur ses parents. Il fut élevé dans le monastère où il est resté. Il montra précocement une forte inclination pour la vie cloîtrée, et dès qu'il parvint à l'âge requis, il prononça les vœux. Personne n'est jamais venu éclaircir le mystère que cache sa naissance. Les moines qui trouvent partout leur avantage n'ont pas hésité à répandre la rumeur qu'il est un don de la Vierge. Il a maintenant trente ans. Chaque heure de ces années a été passée dans l'étude, dans l'isolement total du monde et dans la mortification de la chair, et l'on raconte que l'observance de la chasteté est telle chez lui qu'il ne connaît pas ce en quoi consiste la différence entre l'homme et la femme.

C'est pour cette raison que les gens du commun le croient un saint!

Cinq secondes de silence. Partition n° 1 de S. Bussotti. Entre Don Raymond, terrifié, appelant « Agnès! ». Entrent Lorenzo et la Supérieure; puis Mathilde.

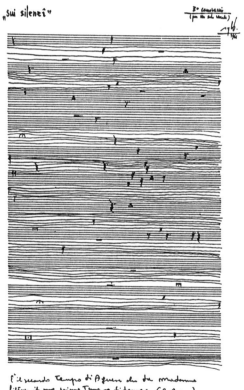

C'est le deuxième temps d'Agnès qui en Madone filtre son premier temps de femme (C. Bene).

Dominante, amplifiée, la voix de Lorenzo au magnétophone : « Vous êtes sans doute arrivée à Madrid récemment, etc. »

Ensemble :

LA SUPÉRIEURE. – L'état de la chère enfant devient de plus en plus grave. Les médecins désespèrent de la sauver. La seule possibilité de guérison consiste en ce qu'elle reste tranquille. Personne ne doit l'approcher.

LORENZO (*mettant dans ses mains une bulle papale*). – C'est une bulle papale : malade ou saine, vous devez me remettre ma sœur immédiatement !

LA SUPÉRIEURE. – L'injonction est très claire et j'obéirais. Malheureusement ce n'est pas dans mon pouvoir : par égard envers les sentiments d'un frère, je vous aurais fait part de la triste nouvelle graduellement. Votre sœur est morte vendredi dernier.

LORENZO. – Vous mentez ! Il y a cinq minutes, elle était vivante... Montrez-la-moi ! Je dois la voir et je la verrai !

La Supérieure. – Vous vous emportez, señor. Vous devez du respect à mon habit. Votre sœur n'est plus ! Si je vous ai d'abord caché sa mort, cela a été par crainte qu'une nouvelle inattendue ne produisît sur vous un effet trop violent... Je vois que mon attention est mal payée de retour... Quel intérêt aurais-je à la retenir ? Elle a été saisie de malaise jeudi dernier, en revenant de la confession dans la chapelle des capucins. Agnès n'est plus sur cette terre. Elle a été enterrée il y a trois jours... adieu, señor...

Mathilde (*à l'avant-scène*). – ... Sinon, administre-lui ce philtre ce soir. Dans trois jours Antonia doit être morte pour le monde mais vivante pour toi, à toi pour toujours... Il y a un liquide extrait de certaines plantes, peu connu, qui fait prendre à qui le boit exactement les traits de la mort... Administre-le à Antonia... quelques gouttes dans ses médicaments : une heure de convulsions... le sang cessera graduellement de circuler et le cœur de battre... une pâleur de mort couvrira son visage... elle ressemblera à un cadavre aux yeux de tout le monde... elle n'a pas d'amis... tu pourras t'occuper toi-même de son enterrement... tu la feras inhumer sous les voûtes de Sainte-Claire... quarante-huit heures après elle reviendra à la vie, à toi pour toujours !

Au cours de cette réplique, Mathilde changera de registre selon la proximité ou non du moine qui va et vient, scandalisé sans raison.

N.B. Quant au rôle de la Supérieure, s'agissant d'un sujet particulièrement délicat et difficile, on conseille une actrice le plus possible démunie afin de réaliser l'« étrangification » historique au-delà de la technique de l'étrangification. Peut-être la purger à tel point qu'elle bouge avec le plus de précaution possible, comme inspirée par une diarrhée.

Don Raymond, en nageant, s'est approché d'Agnès qui se souvient combien elle a souffert sans jouir, maintenant que, plus madone que jamais, elle jouit désormais sans souffrir.

Nous n'avons nous-mêmes jamais compris pourquoi Don Raymond s'obstine tellement à faire la cour d'abord à Agnès et, le moment venu, la peur qu'il en a.

Scéniquement c'est ainsi : elle est démente au niveau céleste, lui, victime d'une condition anémique, entièrement faite des suites de ce qui n'a pas été dit de lui dans le prologue : elle parce qu'elle a été engagée, lui parce qu'il a été renvoyé « scéniquement ».

Don Raymond est celui qui, ayant été une fois effrayé par une plaisanterie, se punit en plaisantant avec la peur. Dommage qu'il n'ait pas eu une belle voix, parce que de toute façon nous ne l'aurions pas fait chanter. C'est l'âme de celui qui a peur du corps. Il est léger, très léger, avec le seul tort de peser malgré tout plus qu'elle qui ne pèse rien. Impossible d'établir lequel des deux amants est le plus insignifiant : ils signifient l'un comme l'autre l'impossibilité de l'établir. La différence finale est au fond celle-ci : Agnès est céleste, cantatrice pour la seule raison qu'elle sait chanter. Lui, Don Raymond, est un acteur par le fait de n'avoir jamais joué. On ne comprend jamais si le rapport entre sainte Agnès et lui se résout en un fait de pollen ou de foi, puisque le désespoir ne lui convient pas.

Leur relation est tellement candide que si elle devait jamais renaître, il ne lui resterait, à lui, qu'à l'annoncer : immortels sans l'espoir d'un cinquième acte – Capulets et Montaigus qui pleurent avant que Roméo et Juliette ne soient nés. S'ils étaient en mesure d'exagérer, elle lui ferait la grâce de se laisser oublier pour toujours et lui la prierait sous le prétexte de revoir Antonia. Mais ils sont, l'un et l'autre, deux exagérations, sans plus sans moins, plus ou moins à la disposition d'un contrat signé par deux acteurs complètement en dehors du rôle. Si ce n'est pas compréhensible, c'est clair.

Scène II

Ambrosio franchit le cadre-fenêtre d'Antonia endormie. Mathilde, complice, soutient pour lui tout le palais. Le moine se penche sur Antonia en lui administrant un philtre : il lui donne un baiser. Entre Elvire, comme si elle se trompait de scène, hurlant comme une folle.

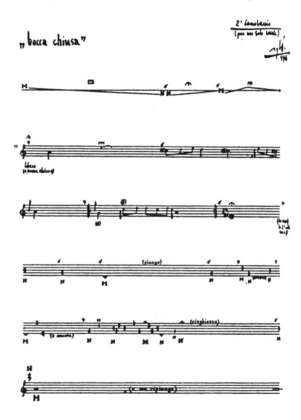

ELVIRE. – Oh Ciel !!! Je ne me trompe pas !!! L'homme qui a dans tout Madrid la réputation d'un saint !!! Antonia !!!... Antonia !!!...

Le moine voudrait l'étrangler ou se promener un peu, Elvire étouffe en proie à ses convulsions hystériques.

Ambrosio est en paix, soulagé par le fait d'avoir été exaucé par elle avec empressement et non par son envie homicide. Il transforme la menace de son geste en une récupération alpine, en un sauvetage de maître nageur au chômage, au-delà des montagnes, au-delà de la mer, au cœur de sa réputation, il simule tout un secours américano-pontifical, en se prodiguant dans le ridicule de son soulagement...

AMBROSIO (*changeant son geste de Mau-Mau en geste de pompier, retardataire officiel comme par devoir,* Ubi dolor ibi vigiles, *en la secourant comme s'il appelait des gens en témoignage, indescriptible...*). – Madame... madame...

Elvire était morte. Antonia se réveille comme si elle naissait orpheline.

... le matin du vendredi, après que toutes les cérémonies appropriées et requises eurent été exécutées, le corps d'Antonia fut confié à la tombe...

La scène se déroule dans la cellule du moine, comme si Antonia était inhumée au centre. En réalité elle reste simplement immobile, étendue.

On voit Ambrosio qui, insensé, parcourt la scène, traînant derrière lui l'énorme cadre. Il ne sait où l'accrocher. Plusieurs fois, de temps en temps, épuisé, il s'arrête, se tenant au cadre comme s'il voulait reprendre son souffle. Plusieurs fois, de temps en temps, Ambrosio essaie de tout remettre en place : il s'efforce de soulever le cadre jusqu'à réencadrer la fresque de sa madone autrefois bien-aimée, encore coloriée sur le mur.
Il n'y parvient pas.
Enfin, abattu, il traîne le cadre au centre de la scène, en encadrant à la perfection la figure d'Antonia. Puis, assis, il la veille à l'infini...

ANTONIA (*se réveillant*). – ... où suis-je ? Comment suis-je là ? Où est ma mère ? Il m'a semblé la voir... Allons chez moi...

L'air du réveil le plus naturel est nécessaire...

AMBROSIO. – Calme-toi, belle Antonia, personne ne te menace ! Fais-moi confiance ! Fais-moi confiance ! Pourquoi me regardes-tu ainsi ? Ne reconnais-tu pas ton ami Ambrosio ?

Antonia lui tourne le dos...

ANTONIA. – Mon ami Ambrosio ? Oh, oui, oui, je me souviens... Allons chez moi... J'ai rêvé que j'étais ici... morte... allons chez moi... (*Elle lui jette alors les bras autour du cou, passionnée, décidée à l'embrasser.*)

AMBROSIO (*il est étrangement terrorisé*). – Pourquoi ces craintes, Antonia ?... (*Évitant les baisers de celle-ci...*) Que crains-tu de moi, de quelqu'un qui t'adore ? Que t'importe l'endroit ? Cette tombe me semble un paradis ! Cette obscurité... Vois-tu cette obscurité ?... c'est la nuit, sais-tu... amie du mystère... c'est la nuit... (*Il pleure.*)

ANTONIA (*indignée, hors de propos*). – Pourquoi ici ! Allons chez moi...

Ambrosio est maintenant immobile, les bras abandonnés le long de son corps. Antonia le délivre de son embrassement, mais en luttant et en gémissant comme si c'était elle qui devait s'en délivrer... C'est elle qui recommence soudainement à lui jeter les bras autour du cou...

AMBROSIO (*en se débattant*). – ... Reprends-toi, Antonia, il est inutile de me résister... il est inutile de mentir ! On te croit morte... et tu es seulement à moi... sinon c'est moi qui meurs... je préférerais te devoir mon bonheur... Antonia Antonia Antonia, laisse-moi faire ! Allons ! Se débattre de la sorte est puéril !... Ni la terre ni le ciel ne te sauveront de ton embrassement ! Et à quoi bon refuser de si doux plaisirs ? Personne ne nous observe... Nos amours seront un secret pour le monde entier ! (*S'il le pouvait, il voudrait s'en aller.*) ... l'amour et les circonstances propices t'invitent à libérer tes passions... favorise-les, Antonia, favorise-les... (*Il se libère enfin des bras d'Antonia.*) ... passionnément... (*Évitant de se faire embrasser :*) ... Tes lèvres sur les miennes... ainsi... Tu n'es pas si insensible, n'est-ce pas ? (*Il est pris d'un haut-le-cœur.*) ... Non non non non non non non non... regarde regarde regarde... comment puis-je abandonner ces chairs si tendres blanches délicates ? Ces seins ? Ces lèvres ?! Comment pourrais-je les abandonner pour qu'un autre en jouisse !... (*La conjurant de le laisser aller :*) Je suis inébranlable face aux prières ! Je ne suis je ne suis je ne suis... je te le jure sur ce baiser (*évitant sa bouche*) et sur celui-ci et celui-là encore...

ANTONIA (*au comble de l'excitation*). – ... chez moi... allons chez moi...

AMBROSIO. – Chez toi ?! Chez toi ?! Pour que tu puisses me dénoncer... comme un hypocrite, un profanateur, un traître, un monstre de cruauté, de luxure, d'ingratitude... ! (*Il fait comme s'il voulait s'en aller mais Antonia le retient vivement.*) ...Non non non, tu ne partiras pas d'ici pour raconter à Madrid que je suis un scélérat... Malheureuse, tu dois rester ici avec moi, au milieu de ces tombes solitaires... ces corps défaits, répugnants, corrompus... Tu resteras là, tu seras mon témoin! Et tu verras... Magicienne funeste! N'est-ce pas la faute de ta beauté? N'est-ce pas toi qui as fait de moi un hypocrite, un parjure, un assassin? En ce moment même, ton regard d'ange ne me fait-il pas désespérer du pardon de Dieu? (*Antonia alors, en tenant avec force une des mains d'Ambrosio, tourne autour de lui et s'éclipse derrière son dos. Ambrosio semble être seul en scène.*) ...Oh, quand je serai en face de la cour céleste, ce regard suffira à me condamner! Tu diras à ton juge que tu étais heureuse jusqu'à ce que je t'aie vue, que tu étais innocente jusqu'à ce que je t'aie corrompue... Tu viendras avec ces yeux pleins de larmes (*les siens, à lui*), ces mains jointes, comme quand tu as cherché, en me suppliant, de m'arracher la pitié que je t'ai refusée... alors viendra le spectre de ta mère... C'est toi qui m'accuseras, malheureuse... toi toi toi! (*Antonia réapparaît de l'autre côté d'Ambrosio et, en l'embrassant à nouveau, elle lui donne un baiser pour la première fois.*) ...tout s'arrête ici... tout s'arrête ici...

Scène III

Ambrosio, Antonia, Elvire morte. Mathilde fait irruption en hurlant. Agnès, folle, chante. Antonia proclame une nouvelle : un chœur furieux de sympathie. Le moine, dément, soulève les jupes de Mathilde.

MATHILDE. – Je ne suis pas ta prostituée, Ambrosio !!!

La Sainte Inquisition devrait alors faire irruption dans les souterrains du monastère, conduite par Don Raymond de las Cisternas et Don Lorenzo de Medina. Ce n'est pas que cela n'ait pas lieu ; au contraire, dans le but de la rendre actuellement dans son déprimant envahissement primordial, nos héros apparaissent privés de continuité, flegmatiques, des touristes américains, bouche bée devant la fontaine des Naïades.

ANTONIA (*se laissant choir*). – … Trois… heures… je viens… ma… mère… (*Elle meurt.*)

Antonia meurt ainsi, sans raison, sans la bénédiction d'un poignard, sans vie future, ni paradis, ni résurrection, sans le moine qui l'aurait tuée allant en enfer. C'est un Roncevaux où tous ont la fin de Roland et où le moine joue le rôle du cor. Antonia meurt parce qu'il est trois heures, comme une horloge qui sonne les heures et non comme celui qui entend sonner les heures. C'est la mort de l'heure, parce qu'elle ne peut pas mourir de vieillesse, pour des raisons de durée du spectacle ; parce que, enfin, elle est plus jeune qu'Agnès, moins expérimentée que sa mère qui a profité de son indignation pour mourir. C'est comme quand on meurt, avec en plus le côté exceptionnel d'avoir été ponctuel pour les buts du spectacle. Et cependant la fin « n'est pas tout de suite après ».

Il faut imaginer une journée de soleil : Don Raymond est l'ombre de Don Lorenzo.

Don Lorenzo est extasié, hébété à l'intérieur d'un musée de cires, incompétent, diplômé d'un lycée de village, enduit de cire, c'est-à-dire oublieux, bien plus stupide que Don Lorenzo, il contemple Antonia comme quelqu'un qui ne se laisse pas impressionner par la vraisemblance, même si c'est une trouvaille, pas plus que quelqu'un qui ne se laisserait pas duper par le marbre à Florence, convaincu que le palais des Offices n'est pas un bordel, amusé comme quand les poètes disent que le printemps sourit, attentif au plus haut point comme si c'était lui l'objet d'attention des statues qui ne sont pas des statues, mais Antonia, Agnès et Mathilde, Elvire, immobilisées. C'est lui qui est Don Lorenzo. Quant à Antonia, s'il la considérait comme un monument tant qu'elle était vivante, en tant que morte il la respectera plus en découvrant qu'elle est une œuvre de maître. Il trouve tellement que ce bronze d'Antonia ressemble comme par hasard à une jeune fille qu'il connut à Manhattan, que si cela était possible, il le lui offrirait. Il pourrait éventuellement écrire à celle-ci pour qu'elle vienne en Italie pour se revoir. Il pourrait lui écrire, mais il n'est pas Don Raymond.

En dépit de l'actualité de l'irruption inquisitoriale, le moine a des attitudes étranges, comme s'il était entouré, découvert, annihilé sur le fait, tentant à plusieurs reprises de prendre la porte, se croyant surveillé, prenant le néant pour un groupe d'archers, au lieu de se sentir à son aise, il se feint à son aise, jusqu'au point de déplacer, mécontent, le cadre comme s'il emménageait chez lui, soucieux comme un décorateur, encadrant Mathilde, lui-même, le public, Don Lorenzo est ravi car il croit que c'est un balcon, et erre dans tout un appartement inexistant.

Don Lorenzo est arraché à cette équivoque touristique, il suit Ambrosio, entièrement en proie à une estime sans fondement, digne d'un apprenti, ensorcelé par quelqu'un à son tour ensorcelé par autre chose, comme un enfant qui, par le seul fait d'être le fils de quelqu'un, amuse le tapis. Ambrosio traîne avec lui tout et tous, il enchante, enchanté par le charme d'un autre spectacle. Il y a en tous une prochaine saison avec au moins plus d'argent pour la publicité. S'il y a un défaut, c'est un défaut de fond : le roman de Lewis.

Le moine dépose enfin le cadre en encadrant Antonia morte. Lorenzo, qui regardait toujours vers le haut, car ce n'est pas lui qui a fait les balcons, rappelé par Ambrosio, commence à hacher de sanglots la chanson qu'il avait commencée : comme lorsqu'il commence à pleuvoir sur une sérénade au clair de lune. Il pleut en effet sur Antonia. Mais ce ne sont que les pleurs de Lorenzo qui enfin *la reconnaît*, qui *peut enfin l'embrasser*. Mais il la pleure pour ne pas l'oublier, inconsolable non parce qu'il n'en a pas besoin, mais parce que tous les autres ne sont que des touristes.

Scène IV ou De l'Inquisition

Arrivé à ce point, il suffirait d'une boîte d'allumettes suédoises. Allumées et éteintes par le vent : cela suggère le bûcher, raté à force de le craindre et d'en parler, ou comme vous voulez. Ici, mourir, se damner, équivaut à ne pas parvenir à allumer une cigarette.

Scène V

Quant à Mathilde...

...le décor ressemble à un magasin d'articles religieux de la Piazza della Minerva à Rome. C'est un

laboratoire chimique de prières, supplications pour les confessions, anticipant l'avenir : mourir en magicienne sur le bûcher, en profitant de l'autodafé de minuit pour se retrouver le lendemain sainte Mathilde. Et comme Mathilde avoue tout de suite, elle a déjà été immédiatement recouverte d'or, d'ex-voto, etc.

N.B. Mathilde entre en scène en tenant un énorme paquet de voile blanc. Elle sort et rentre et sort à l'infini, en bandant de ce blanc-néant-transparent le tout qui entoure Ambrosio... Elle épuise dans cette apparition-disparition toute sa réplique : « Ambrosio, regarde ! », etc.

MATHILDE. – Ambrosio, regarde !... (*Ambrosio ne dit rien.*) Ambrosio, j'ai esquivé les forces de l'Inquisition. Je suis libre ! Je m'en vais, tu sais ?! Dans quelques instants, entre moi et ces cellules souterraines il y aura l'espace de plusieurs mondes. Pourtant j'acquiers cette liberté à un prix horrible. Aurais-tu le courage de le faire toi aussi, Ambrosio ? Oserais-tu dépasser d'un bond les limites qui séparent les hommes des anges ? Tu ne parles pas ! Tu ne parles pas et tu me regardes ! Je lis dans tes pensées !!! Oui, Ambrosio, j'ai tout sacrifié pour la vie et la liberté ! Je ne suis plus candidate au ciel ! J'ai renoncé à servir Dieu... Mon ami, mourir dans des tourments pareils, mourir couverts de jurons, supporter les insultes d'une foule exaspérée...

Laisse-moi exulter de mon troc!!!!!! j'ai vendu un bonheur lointain et incertain pour un autre présent et sûr... j'ai conservé une vie que j'aurais perdue... les esprits infernaux m'obéissent comme à une reine... je passerai mes jours entre les raffinements de la volupté et du luxe... je m'abandonnerai à toutes les passions jusqu'à la nausée... puis j'ordonnerai à mes serviteurs d'inventer de nouveaux plaisirs pour raviver mes appétits désormais rassasiés... j'ai hâte... Ambrosio, je continue à t'aimer... la faute et le danger commun t'ont rendu à mes yeux plus cher que jamais... je voudrais te sauver... décide-toi... abandonne un Dieu qui t'a déjà abandonné...

AMBROSIO. – Mathilde, quel prix... quel prix as-tu payé?!...

MATHILDE. – Mon âme, Ambrosio...

AMBROSIO. – Qu'as-tu fait, qu'as-tu fait!... Laisse passer quelques années et tu verras combien tes tourments seront atroces...

MATHILDE. – Lâche!... laisse passer cette nuit et tu verras combien les tiens seront horribles!... À minuit, tu seras conduit au bûcher. Qu'en sera-t-il de toi?! Ouvre les yeux, Ambrosio... L'enfer est ton destin! Veux-tu embrasser cette perdition avant qu'il ne le faille?!... Veux-tu te damner avant l'heure ? Quelle folie ! Non, non, Ambrosio ! Fuyons encore pendant quelque temps la vengeance divine ! *Pense au présent ! Oublie l'avenir !*

AMBROSIO (*songeant à Calderón*). – « ... il n'y a pas autant d'étoiles au ciel, ni d'atomes dans le vent, qu'il y a de péchés que Dieu sait pardonner... »

MATHILDE. – Adieu...

AMBROSIO. – Reste encore un peu, Mathilde ! Tu commandes aux forces infernales... Sauve-moi, je t'en conjure... emmène-moi loin...

MATHILDE. – Il m'est interdit de secourir un homme d'Église... Renonce et je t'obéirai...

AMBROSIO. – Je ne veux pas vendre mon âme...

MATHILDE. – Tu te repentiras sur le bûcher. Je te laisse, mais je te laisse ce livre... Avant que l'heure de la mort n'arrive, si la sagesse devait t'illuminer, lis à l'envers les quatre premières lignes de la page sept... si tu as du bon sens, nous nous rencontrerons, sinon, adieu pour toujours...

...elle fit tomber le livre à terre. Un nuage de feu l'enveloppa. Mathilde agita la main vers Ambrosio en signe d'adieu et disparut...

AMBROSIO (*lisant à l'envers les quatre premières lignes à la page sept du petit livre*). – « TANTO GENTILE E TANTO ONESTA PARE LA DONNA MIA QUAND'ELLA ALTRUI SALUTA, ETC [1]. »

MATHILDE (*réapparaissant*). – ... UT SA'M EÉLEPPA?

AMBROSIO. – SAUVE-MOI! CONDUIS-MOI LOIN D'ICI!

MATHILDE. – SNESNOC-UT ERTÊ NEIM EMÂ TE SPROC?

AMBROSIO. – UN PRIX MOINS FORT NE TE SUFFIRAIT PAS? SEULE MA RUINE ÉTERNELLE PEUT TE SATISFAIRE?
TU DEMANDES TROP!
MAIS EMMÈNE-MOI LOIN DE CETTE PRISON ET JE SERAI À TOI PENDANT MILLE ANS, CELA NE TE SUFFIT PAS?

MATHILDE. – NON ALEC EN EM TIFFUS SAP EJ SIOD RIOVA NOT EMÂ! EJ SIOD AL ERIAF ENNEIM TE ENNEIM RUOP SRUOJUOT!

---

[1]. Vers célèbres d'un sonnet de Dante consacré à Beatrice : « Si gentille et honnête semble ma dame quand elle salue les autres... » (*N.d.T*)

AMBROSIO. – DÉMON !...

MATHILDE. – SNAD EL ERVIL UD NITSED TSE TIRCÉ EUQ UT-SNEITRAPPA'M TE UT-SARDNEITRAPPA'M...

AMBROSIO. – C'EST FAUX C'EST FAUX...

MATHILDE. – UT SIARERÉPSE EUQ SEL SERÈIRP SED SELLIEIV SETOGIB TE SED SENIOM STNAÉINAF TNESSIUP RECAFFE SET SESNEFFO ? OISORBMA, UT SIOD ERTÊ NEIM ! TU ENTENDS ? ON VIENT TE CHERCHER !

Ambrosio accepte et signe avec son sang ou non, ou ne signe pas. Il est resté étrangement encastré dans son cadre, encadré dans le sens vertical. On ne comprend pas bien l'effort du moine : s'il s'accroche à son cadre ou si, au contraire, il le soutient. Mathilde commence à le délivrer de son encastrement doré, mais avec habileté...

MATHILDE (*travaillant à démonter le cadre*). – ÉCOUTE, AMBROSIO, ÉCOUTE, TU AS VERSÉ LE SANG DE DEUX INNOCENTES.

ANTONIA ET ELVURE SONT MORTES DE TA MAIN... (*Démontant le premier morceau du cadre :*) CETTE ANTONIA QUE TU AS VIOLÉE ÉTAIT TA SŒUR. (*Démontant un deuxième morceau du cadre :*) CETTE

Elvire que tu as assassinée était ta mère. (*Écartant du pied un troisième côté du cadre :*) Tu as eu tort de me céder.

Si tu avais résisté une seule minute de plus tu aurais sauvé ton âme et ton corps. (*Le moine est resté attaché au côté supérieur du cadre, étrangement, parce que manquent les supports latéraux, le dernier morceau doré ne peut plus soutenir Ambrosio. Il s'agit donc exactement du contraire. Mathilde le lui prend avec douceur, en lui remettant en échange un billet...*) ...Les gardes que tu entendais a la porte de ta prison venaient t'annoncer la grâce.

Ambrosio déchiffre le billet...

Ambrosio. – ...Tanto gentile e tanto onesta pare la donna mia...

...et privé par Mathilde du dernier trucage d'un soutien...

Ambrosio. – La donna mia... La donna mia...

...il meurt (?)...

Richard III

ou l'Horrible nuit
d'un homme de guerre

Les situations principales

LE DUC DE GLOUCESTER, plus tard Richard III
La DUCHESSE D'YORK, mère de Richard, Clarence et du roi actuel Édouard IV
MARGUERITE, ex-reine, veuve de feu Henri VI
ELISABETH, reine et femme d'Édouard IV
LADY ANNE WARWICK
UNE FEMME DE CHAMBRE (que Richard appelle BUCKINGHAM)
MADAME SHORE, d'abord maîtresse d'Édouard IV, puis de Hastings

Le duc de Gloucester, en habit noir de circonstance.
Lady Anne Warwick, ensorcelée sous l'outrage des événements, pleure près du cercueil d'Henri VI.
Madame Shore dort, retenue et pourtant relâchée, dans un grand lit d'un blanc couleur de trône.
Un crâne sur un plateau.
Funèbre est tout le décor : *des cercueils et des miroirs partout.*

Partout des tiroirs : ils contiennent de la gaze, des bandes blanches et des accessoires déformants dont pourrait bien tirer gloire un beau Richard III traditionnel...

L'horloge, comme chez Poe, scande son tic-tac ; sur le tapis, beaucoup de fleurs, fraîches et flétries, mais en si grand nombre que l'on trébuche – tout est parsemé des roses blanches et rouges des York et des Lancaster, si l'on veut...

Première partie

Gloucester, accoudé à la commode et tournant le dos au public, sembler pleurer, excité cependant. Il attrape la femme de chambre par le poignet, l'attire à lui et se permet des privautés à peine remarquées par le public, mais intolérables en ces circonstances funèbres. Il la palpe légèrement en avalant un verre de vin.

GLOUCESTER. – Regarde, regarde mon sang, regarde le sang des Lancaster (*il fait allusion au défunt Henri VI*), comme il coule par terre!... Je pleure, est-ce que tu le vois? vois-tu comme je pleure la mort de mon père?!... Ne vois-tu pas comme pleure mon épée?... Ne vois-tu pas que je veux les faire tous pleurer?! (*L'assistance, qui prie ou dort ou veille le mort, le fait taire. La femme de chambre, qui voudrait se soustraire à cette étreinte pour le moins inopportune, est retenue à grand-peine par Richard.*) Moi qui n'ai ni pitié ni amour ni peur... Henri a dit vrai sur mon compte!... Et ma mère, que dit-elle, sinon que je suis venu au monde les pieds d'abord. (*La palpant de nouveau :*) Ainsi,

ainsi je revois la sage-femme toute stupéfaite et les femmes criant : « Jésus, Jésus, prends garde, il est né avec ses dents... » Et c'est vrai ! Et cela annonçait clairement que je gronderais et mordrais et agirais comme un chien ! (*Il hurle justement parce qu'on veut le faire taire.*) Et si l'enfer m'a estropié l'esprit, que le ciel me rende difforme en proportion ! (*Richard, on ne sait comment, glisse, et il est soutenu par la femme de chambre qui à cette occasion se laisse embrasser. Il la secoue dans le silence et la ranime, lui serrant le poignet en pleurnichant.*) Je n'ai point de frère, je ne ressemble à personne, moi... Et que le mot « amour » que l'on dit divin s'en aille avec tous ceux qui sont faits l'un pour l'autre... Moi... Moi, je suis différent !

Richard s'embellit en vain, puisque tel qu'il est, dans sa petite normalité, personne n'est prêt à l'entendre, pis encore : ses grognements de mauvaise humeur troublent la veillée funèbre déjà exténuante.

Il y a un mort, des mourants dans cette chambre : que veut-il, que prétend cet élégant en noir ? Il réclame l'attention ? Quel impudent... Ou alors il a bu. Il a importuné une femme de chambre, il a interrompu le silence funèbrement las des autres – y compris la salle. Qu'attend-il du royaume des morts et des non-morts ?

Et, de fait, plutôt qu'une récitation (ou un essai), sa diction (tentative de dire) se réduira à des articulations de troglodyte (signe prémonitoire, si l'on veut), à des balbutiements, comme dans un prologue d'Eduardo de Filippo, et rien de plus.

Bref, ce duc de Gloucester ne fait pitié à personne (qui pourrait jamais le préférer au défunt Henri VI?!, à la douleur des veuves en noir?!, au silence dévot qui va et vient sur le plateau de la femme de chambre?!).

Et Richard tente de commencer son monologue tristement célèbre : « *Voici l'hiver de nos rancœurs...* »*, etc. : on le fait taire à nouveau.*

Que faire alors ?

Bah ! Réciter même en pleurant sa propre histoire ne sert à rien, cela ne concerne personne. Sa présence est inopportune et c'est tout... Pas seulement inopportune, si l'on pense que c'est lui vraiment l'auteur des crimes présents et des larmes...

Entre-temps, un quart d'heure au moins aura passé. Ce tempo lento, teso e lungo *sera fondamental pour le «* choix politique *» de Richard.*

Pendant ce temps malheureux, tout à fait dédramatisé et grotesque, les pauses, les tentatives, l'*audace maladroite et sans métier de Richard, sa façon de palper, comme dans Kafka, la femme de chambre inconsciente, en tant que tentative, équivaut à la manie d'un protagoniste de se faire accepter comme tel.*

Mais il n'en est pas ainsi !

Donc, pour attirer l'attention, Gloucester en fera et en fait trop, miroir aux alouettes, mais surtout pour cette alouette qu'il est lui-même...

Bal de Saint-Guy, tarantulé et immobile qui, en ce moment, hélas, ne mérite pas l'attention. Richard est halluciné et un peu ivre (en fait, il supporte très bien l'alcool). Il parlera encore et on continue à le faire taire par moments ; c'est pourquoi le dialogue qui suit est un peu éparpillé.

LA DUCHESSE (*à Richard, mais comme si elle priait*). – Mon fils... Ton frère Clarence !

GLOUCESTER. – Quoi donc ?!

LA DUCHESSE. – Le roi, qui a soin de sa personne... (*elle scrute Richard*), a décidé de le mettre en sûreté... Dans la tour !... En prison !

GLOUCESTER. – Et pourquoi donc ?

LA DUCHESSE. – Parce qu'il s'appelle George !

GLOUCESTER. – Ce n'est pas de sa faute, mère... À moins qu'il ne plaise à Sa Majesté de le faire rebaptiser dans la tour... Mais, sérieusement, pourrais-je le savoir ?

Ici, Richard perd l'équilibre – ce n'est rien, un de ses coudes a glissé du bord de la commode ou du lit. Alors, la duchesse change de ton (ce qui signifie changer, renverser complètement le jeu de diction : de mère

« *politique* » à « *maman* » *qui, chantonnant, débonnaire et affectueuse, réprimande son petit enfant, son Richard polisson et précoce...*).

LA DUCHESSE (*non sans avoir secouru son fils*). – Quand je le saurai, mon Richard... Le roi notre fils, faisant foi aux songes et aux prophéties, a effacé la lettre G de l'alphabet. Il dit qu'un sorcier lui a prédit que la lettre G l'exclurait de l'histoire d'Angleterre... Hélas, celui de mes fils qui s'appelle George, son nom commence par un G. C'est lui, G, tu comprends ?! (*De plus en plus agacée parce que Richard feint de ne rien comprendre.*) Et ce G est l'ineptie qui, comme par hasard, a incité le roi Édouard IV à l'arrêter ainsi...

GLOUCESTER. – Mais oui ! C'est toujours ainsi ! Mais oui ! quand les hommes sont femmes... Crois-moi, ce n'est pas le roi, mais lady Grey, Élisabeth, sa femme, c'est elle qui l'a poussé à ces excès ! (*Richard, qui s'était redressé, perd encore une fois l'équilibre : son coude, de nouveau...*) N'est-ce pas elle qui a enfermé lord Hastings dans la tour... Hastings, ai-je dit, Hastings, à peine sorti ?! (*Il se redresse et aussitôt on le fait taire.*) Non... nous ne sommes pas en sûreté...

Entre alors lady Grey, alias Élisabeth, reine actuelle et non, veuve du roi Édouard IV.

Le duc de Gloucester lui adresse la fin de son discours à Clarence – mais il se tient debout et son discours ne moissonne rien et les paroles meurent dans sa bouche – dans sa bouche de Masoch –, de face, puis oublié d'elle qui, tournant le dos, traverse la scène, elle aussi de noir vêtue.

GLOUCESTER. – Lady Grey, c'est toi, c'est toi la voie et la porte... Si nous ne voulons pas perdre la faveur du roi... Nous... te... servons... et nous portons seulement ta... devise... de... femme !... Nous sommes tous les serviteurs (*à la femme de chambre qui passe encore tout près de lui*) ... de la reine... et nous devons... nous devons obéir !

Tandis qu'il reprend, comme un orage qui s'éloigne dans un grondement de prières ou de blasphèmes, Marguerite entre.

GLOUCESTER (*il se sert une coupe de vin et fixe le vide*). – Va ! Suis ton chemin pour toi sans retour, trop simple, suave, doux, Clarence ! Je t'aime tellement que je ne résiste pas à l'envie de t'expédier au ciel, si toutefois le ciel veut accepter des présents de nos mains... Comment va-t-il ? comment va-t-il ?... Quelles nouvelles ?

LA DUCHESSE. – Toujours les mêmes, mon enfant, toujours les mêmes... Faible, maladif et mélancolique est le roi. Ses médecins désespèrent de son cas.

GLOUCESTER. – En voilà une nouvelle, par saint Paul, c'est une nouvelle qui me rend malade!... Notre roi!... Notre frère depuis trop longtemps, disons-le, mène une vie déréglée qui l'a détruit. *(Ici il feint – ou bien est-ce vrai? – une syncope, et il est immédiatement secouru par la femme de chambre, qui s'efforce de le soutenir; il l'enlace alors et lui donne un baiser dans le cou.)* À bien y songer... c'est un malaise... ce n'est rien *(et la femme de chambre, entendant dire que ce n'est rien, se dégage de l'étreinte du duc).*

Autres détails de cette veillée funèbre :
Au centre de la scène trône, bien qu'à demi nu, défait et souffreteux, le mannequin – un mort de répétition théâtrale dans ce bazar de pompes funèbres – représentant le roi Édouard IV, agonisant : à son chevet et toute en chaleur se tient à demi étendue madame Shore, à la dévotion de ce roi.
Élisabeth s'approche du lit blanc, épouvantant madame Shore. Le regard de la reine est vraiment un ordre de se lever du lit blanc et madame Shore s'exécute à moitié : se couvrant de son mieux et se rencoignant dans l'ombre.

LA DUCHESSE *(à Élisabeth).* – Ne désespérons pas ainsi, madame, je vous en supplie! Vous verrez, le roi guérira, il n'y a aucun doute... il guérira très vite. (*Élisabeth est prise d'une violente crise de larmes.*) Vous ne faites ainsi qu'aggraver son mal, madame... Au nom de Dieu, courage ! Distrayez-le plutôt, courage : dites-lui des choses gaies et souriez-lui.

ÉLISABETH. – Mon Dieu, s'il meurt, que vais-je devenir ?! (*Elle caresse et époussette son époux inconsistant.*) Il guérira, n'est-ce pas, il guérira ?!... N'y a-t-il pas une possibilité quelconque de guérison ?

LA DUCHESSE. – Un grand espoir, madame, un très grand espoir !

ÉLISABETH. – Que Dieu le garde !

GLOUCESTER (*reprenant vie, après une dernière gorgée de vin et criant comme un possédé*). – Et moi, je voudrais bien savoir ce que je vous ai fait ! (*Fort :*) Silence ! (*C'est lui cette fois qui les faire taire.*) Je ne supporte pas ces affronts ! Qui sont-ils, ceux qui viennent se plaindre au roi de ce que je suis une charogne et les déteste ?! (*Élisabeth essuie une larme et s'en va lentement, un peu irritée, en coulisse.*) Parce que je ne sais pas flatter ni sourire pour rien ?, ni lécher... ni escroquer ?... et que je ne pique pas des plongeons, à la française ?!... Ou que je ne sais pas faire des simagrées ? (*Il glisse malgré lui par terre et les dames soulèvent leurs robes et se décollettent comme s'il faisait très chaud : elles se comportent vraiment d'étrange manière...*)

ÉLISABETH (*s'adressant à Gloucester et lui montrant une épaule dénudée*). – Ahhhhhhhh !... À qui Votre Grâce fait-elle allusion parmi les personnes présentes ?

GLOUCESTER (*appuyé sur un genou, car l'autre lui fait mal*). – À toi ! (*On ne sait pas à qui.*) À toi qui n'as ni honnêteté ni grâce !... En quoi t'ai-je fait du tort ?... Que t'ai-je fait ?... Ou à toi ? Qu'y a-t-il, que vous ai-je donc fait ?

ÉLISABETH (*venant à son aide, le sein nu et les robes relevées*). – Gloucester, mon beau-frère (*elle le soulève et il se laisse soulever*), vous divaguez (*elle s'offre comme béquille*). Le roi vous a convoqué de son propre mouvement afin peut-être de dissiper vos humeurs méchantes à l'égard de mes frères, de mes fils... et de moi.

GLOUCESTER (*se massant le genou, sans le masser vraiment*). – Ah, ah ! Si l'on a fait de chaque paysan un gentilhomme, beaucoup, que dis-je ?, trop de gentilshommes se sont faits paysans !

ÉLISABETH (*alors que Richard s'est un peu redressé*). – Allons, allons, Gloucester, mon beau-frère, nous savons bien ce que vous voulez dire. Vous enviez notre sort... Dieu veuille que nous n'ayons jamais besoin de vous. (*Elle l'abandonne à lui-même et se rajuste. Pourquoi se déshabiller devant un homme sain?, car Richard va bien.*)

GLOUCESTER. – Oui oui... oui oui, mais en attendant il veut que ce soit moi qui aie besoin de vous.

ÉLISABETH (*complètement rhabillée et reine*). – C'est une infamie, c'est une infamie que de me soupçonner!

À ce moment-là, Élisabeth fait un mouvement pour s'en aller tout à fait, quand Richard – il a peut-être trop bu, mais ce n'est pas tout à fait ainsi – trébuche et tombe encore une fois.

ÉLISABETH (*découvrant son cul dans le vide et un sein au public. Elle fait cela pour venir en aide non à un personnage mais à son partenaire de scène*). – J'en témoigne par celui (*elle vient à son secours*) qui m'a élevée à cette grandeur tourmentée de la paix sereine dont je jouissais auparavant, je jure n'avoir jamais excité – jamais! – jamais excité mon roi contre votre frère Clarence!... Je jure que je l'ai toujours défendu (*et là – lui s'est relevé – ils se produisent tous les deux dans une promenade « politique »*). C'est une infamie, monseigneur, c'est une infamie ! C'est une infamie que de me soupçonner !

GLOUCESTER. – Vous niez ?!

ÉLISABETH. – Oui, je le puis, tant il est vrai...

GLOUCESTER (*qui s'est tout à fait ressaisi et donc découvert davantage, inutilement*). – Elle le peut, elle le peut, elle le peut ; mais certes, certes, elle le peut ! Que ne peut-elle pas ?! Que ne peut-elle pas, elle ?! Elle le peut, elle le peut !

ÉLISABETH (*en reine, très habillée*). – Monseigneur de Gloucester, je vous ai déjà trop supporté !... Je veux informer Sa Majesté... Mieux vaut être servante que reine de cette façon... C'est trop peu que d'être reine d'Angleterre !

(*Noir*)

Tous sont sortis, sauf Anne sous le charme près du cercueil, tout le reste est éteint. Apparaît alors la vieille Marguerite qui grogne, en noir elle aussi.

GLOUCESTER (*après une nouvelle gorgée*). – Et toi, que veux-tu, vieille sorcière usée ?

MARGUERITE. – Rien... Seulement te faire la liste de tes crimes.

GLOUCESTER. – Mais n'as-tu pas été bannie sous peine de mort?

MARGUERITE. – Oui, oui, mais plus m'effraie l'exil que la mort elle-même!... Toi, tu me dois un mari et un fils... Et toi un royaume!... Et vous tous (*à ceux qui sont dans l'ombre*) votre allégeance!... Ma peine est vôtre de droit. Elles sont à moi les joies que vous usurpez!... À moi de droit!

GLOUCESTER (*comme aux prises avec un spectre, la tête dans les mains*). – Toi... au front de mon père soldat tu as posé de tes mains une couronne de papier!... Toi qui lui as offert pour le consoler un chiffon tout trempé du sang innocent de mon frère Rutland... Dieu t'a punie!

MARGUERITE. – Eh non, tu dois m'écouter, chien! Tu dois m'écouter... Que le ciel ne bouge pas tant que le compte de tes péchés ne sera pas prêt!... Et, dès qu'il le sera, que le ciel se précipite sur toi, ennemi de la paix en ce pauvre monde!... Que jamais le sommeil ne ferme tes yeux sur ton regard funeste!... Que tu sois toi-même ton propre cauchemar!... Avorton!... Toi!... Marqué dès ta naissance!... Porc scellé en naissant par la marque du refus de la nature et de l'enfer!... Toi, vivante infamie!... (*Richard, bien qu'appuyé à sa commode, chancelle, et même Marguerite peut ainsi prononcer deux mots avec des larmes de pitié pour lui.*) ...Au sein de ta mère!... Toi rebut des reins de ton père!... (*Richard s'est ressaisi de rage.*) ...Toi!, loque de l'honneur... Toi, exécré!

GLOUCESTER (*qui a compris, qui commence à comprendre, lui tournant le dos, appuyé à sa commode, les mains contractées sur un verre et une bouteille, se laisse glisser par terre à genoux*). – Mar... gue... ri... te!

MARGUERITE (*le secourant*). – Richard!

GLOUCESTER (*après une longue pause, se relève et boit encore, sobre, et puis*). – Eh?...

MARGUERITE. – Je ne t'ai pas appelé (*reculant*).

GLOUCESTER. – Je te demande pardon alors parce que j'ai cru que tu m'appelais...

MARGUERITE. – Mais oui, en effet... Et laisse-moi finir!

GLOUCESTER (*en un sourire exalté*). – ...Moi j'ai conclu : cela finit par « Marguerite »!

MARGUERITE (*isolée*). – ... Pauvre, pauvre reine peinte... présence vaine de mon destin passé, pourquoi verser ton miel sur ce royaume gonflé de poison ?!... Sur ce royaume qui dans sa toile te saisira toi aussi ?!... Folle! Sotte! Tu aiguises toi-même ton poignard!

Toute l'assistance se ranime en murmurant.

LA DUCHESSE. – Mais pourquoi discutons-nous avec une évaporée?

MARGUERITE. – Silence, toi! Qui tombe de haut est réduit à jamais en pièces!

GLOUCESTER (*continuant à goûter un vin*). – Très bien dit, très bien!...

LA DUCHESSE. – Elle vous vise aussi!

GLOUCESTER. – Je suis né haut, très haut!

MARGUERITE. – Mais toi, Seigneur Dieu, qui vois cela ?!... Il fut acquis dans le sang, que dans le sang il soit perdu!

LA DUCHESSE. – Assez, assez! Taisez-vous!... Sinon par charité, du moins par pudeur!

MARGUERITE. – Vous me demandez à moi pudeur et charité !... Ah !... Ah ! mes malédictions, vois-tu, qui sait ?, je n'arrive pas à me convaincre qu'au ciel elles n'éveillent point d'un trop doux sommeil le silence de Dieu !... (*Elle saisit le poignet de la femme de chambre-Buckingham qui vient d'empocher un pourboire de Richard.*) Prends garde à ce chien !... Prends garde !... Pauvre Marguerite !... Chacun de vous reste ici-bas en vie... Lui en proie à vos rancœurs... Et tous à la colère de Dieu !... (*Et elle disparaît.*)

ÉLISABETH. – Mais moi, que lui ai-je fait ?!

GLOUCESTER (*lorgnant toujours dehors dans le vide*). – Vous vous réjouissez de ses maux...

LA DUCHESSE. – Il est vertueux et chrétien de prier pour qui a fait tant de mal !

GLOUCESTER (*même jeu*). – C'est mon habitude, c'est logique, je ne peux... me maudire moi-même !

La veillée funèbre est maintenant plus sombre. Lady Anne s'est endormie sur le cercueil. Tout le reste est dans l'ombre la plus profonde... Seule veille la femme de chambre-Buckingham... À l'extérieur s'amplifie la sérénade napolitaine aux dépens de l'intérieur... Elle évoque des restaurants et des « coquilles d'huître »... et c'est l'« idée de départ » pour un éventuel Richard III... Richard descend du haut de la commode-escalier vers le néant... Descendu, il semble accuser un certain malaise à l'estomac... Il se courbe... Buckingham le secourt : Richard soulève le couvercle de la seconde marche-tiroir noir brillant, il fouille, en sort de l'argent, tout en soulevant de sa main libre les jupes noires de la femme de chambre qui le laisse faire. Et Richard, après l'avoir payée, se tourne de son côté et se bat la poitrine pendant que dehors s'exaspère Napoli... Et Richard, le dos à sa commode-escalier, se laisse glisser assis par terre et enlace de ses deux bras son Buckingham en train de se déshabiller plus qu'il ne convient... Et le crâne sur le plateau s'illumine, solaire... Et Richard, tâtonnant en aveugle, trouve une coupe qu'il offre à la femme de chambre complaisante, laquelle boit par petites gorgées et s'enivre et bâille... Et Richard finit de la dénuder et il la soulève dans ses bras, la dispose sur le lit blanc et vient se poser près d'elle, mais assis, la palpant paresseux et obscènement – songeant la tête ailleurs – tandis qu'elle ne brûle pour rien, que de sommeil... Et justement sur le dessus de la commode il y a quelques restes de langouste et Richard, non sans effort, récupère ce crustacé et, étranglant une bouteille de champagne, il voudrait tenir éveillée son amante ivre-occasionnelle...

Et il faut dire que Buckingham fait de son mieux pour se tenir éveillé(e)... Et le crâne palpite de Lumière : il désirerait parler...

La Duchesse. – Ah, quelle nuit, quelle nuit !... Oh oui... quelle nuit !?... Et quel rêve !... Il me semblait que mon fils Clarence s'était enfui de la tour et embarqué pour la Bourgogne... Mon fils Richard m'avait persuadée de sortir de la cabine et de me promener sur le pont... Et, de là, regardant encore l'Angleterre, nous allions évoquant le cours de ces instants infinis passés dans les guerres d'York contre les Lancaster... Nous allions sur le plancher mouvant du pont supérieur, et j'eus l'impression que Gloucester trébuchait et en tombant poussait Clarence – mon pauvre Clarence qui s'essoufflait à le sauver – par-dessus bord, dans les flots trop gonflés de la mer houleuse !... Et moi avec lui... Mon Dieu, quelle immense angoisse en me noyant... le fracas de l'eau... et l'épouvante... Que n'était pas le tumulte à mes oreilles !... Quelles visions de mort m'apparurent !... Et les blêmes myriades et myriades et myriades et myriades de cadavres rongés par les poissons... L'or... Des ancres immenses et des montagnes, des montagnes de perles... des pierres précieuses... des joyaux d'une incalculable valeur... éparpillés dans les profondeurs marines, çà et là dans les crânes des noyés... sertis ici et là dans les orbites... Les diamants, changeants, chatoyants... Les ossements çà et là dispersés...

Richard et son amante ne s'aiment point du tout à la folie, certes, pendant le récit de la duchesse : ils s'aiment avec paresse, surtout Richard, qui songe à autre chose...

GLOUCESTER. – Que ce soit expéditif... Je ne veux rien savoir... Écoute!... Tu m'écoutes?... Donne-lui d'abord un coup sur le citron avec la pomme du poignard!... Puis tu le noies dans le tonneau de malvoisie... Et on fait la citronnade!

Il se fait alors comme un jeu d'abat-jour = la lumière s'éteint sur les deux amants criminels, et s'allume sur le plateau et le crâne... Et

(*Noir.*)

LA DUCHESSE (*câlinant son enfant roi, les yeux écarquillés et comme fous de douleur, à son chevet*). – Et après cela, que veut dire le pardon?... Oui, l'histoire nous donne trop tard ce en quoi nous ne croyons plus ou si nous croyons encore c'est seulement aux souvenirs comme passions reconsidérées... Ce qui est pensé, on peut s'en dispenser... Je crois que ni peur ni courage ne nous sauvent. Les vices hors nature ont pour père notre propre héroïsme. Les vertus... Les vertus nous sont imposées par nos crimes obscènes... (*Et Richard se lève et revient à sa commode, il prend un verre et fait un pas vers la rampe, vers le néant... La duchesse rêveuse, chantant pour son Édouard agonisant une berceuse... ou en récitatif :)*

    Puisque je n'espère plus de revenir
    Puisque je n'espère
    Puisque je n'espère plus de revenir
    Pourquoi devrais-je regretter
    La puissance abusée de mon royaume ?
    Et je prie de pouvoir oublier
    Ces choses trop discutées
    Avec moi-même et trop expliquées
    Car je n'espère plus de revenir...

    LADY ANNE (*toujours en larmes sur la bière d'Henri VI – veuve du fils de celui-ci, qui lui était promis comme époux*). – Et moi je pleure... comme le veut le rite... le corps du roi Henri... Pauvre et sainte image d'un roi, aussi froide qu'une clé... Ô, laisse-moi invoquer ton ombre, qu'elle écoute les pleurs de la malheureuse Anne promise à ton fils Édouard assassiné par la main même qui ouvrit sur ton corps ces blessures... Ainsi... ainsi sur ces fenêtres par où la vie à jamais s'envola mes pauvres yeux pleurent en vain.

    GLOUCESTER. – Vous qui portez la dépouille, déposez-la ! (*Et là Gloucester fauche l'air à coups de rien...*) Posez la dépouille, vauriens, je vous dis, ou par saint Paul je fais une dépouille de qui n'obéit pas ! (*Gloucester glisse à terre dans un corps à corps insensé et étrangement Anne, tout en le maudissant, l'aide à se soulever, puis se détache et revient à elle résolue.*)

LADY ANNE. – Quel enfer a donc envoyé ce démon ? (*Gloucester est debout.*) ... afin de tourmenter toute ma piété ?... (*Gloucester se rajuste, arrange ses cheveux, se refait beau de son mieux !*)

Jusqu'ici l'acteur n'a rien compris à ces incidents fortuits : glisser, tomber, etc.

Mais, étrangement, Richard dans cette scène ne fait que fouiller dans les marches-tiroirs de sa commode-nécessaire d'un noir brillant : y sont contenus de nombreux membres humains ou des plâtres, remèdes aux fractures, d'autres monstruosités du corps humain... Ce sera à l'acteur de décider.

Lady Anne change de registre et en change encore, car elle le trouve beau et sain debout, un peu défait, non sans lui avoir d'abord offert l'aide de sa main – en dehors de son rôle – pour qu'il se relève.

Et qui peut nous assurer en effet que l'acteur ne sait pas tout ? L'acteur, non pas Richard, ou tous les deux ?

LADY ANNE (*prophétique et fébrile, à Gloucester*). – Monstre !... Si tu as jamais une descendance, puissent tes enfants ressembler aux règnes et aux vipères inachevés, difformes abjects avortons, lancés avant le temps dans le monde du souffle et si repoussants que même les chiens aboieront contre eux s'ils les approchent... Si tu as une épouse, que la terre soit son giron !

Lady Anne change de registre selon les infortunes de Richard... et ici Richard l'acteur s'en aperçoit, il commence à commencer à comprendre, c'est-à-dire à l'expliquer au public.

GLOUCESTER (*qui pour se rapprocher d'elle bute sur quelque chose. Fouillant dans les tiroirs pour trouver le premier plâtre, le trucage qui convienne...*). – Sainte très douce... (*Lady Anne s'arrête de jouer pour secourir un instant son partenaire maladroit.*) Par charité, ne sois pas (*Il est à nouveau debout.*) si arrogante !

LADY ANNE. – Démon hideux, va-t'en !

GLOUCESTER (*se rajustant*). – Ma belle dame, vous oubliez le précepte de piété qui veut que le bien soit rendu pour le mal... que béni soit qui nous maudit...

LADY ANNE. – Il n'est pas de bête féroce qui ne possède un brin de pitié, toi seul excepté ! Toi !, qui ignores les lois du ciel et de la terre !

GLOUCESTER. – C'est vrai ! Je les ignore, j'ignore tout ! Je les ignore et c'est pourquoi je ne suis pas une bête !... (*Là, Gloucester bute encore... Lady Anne, pleurant toujours, le secourt.*)

LADY ANNE. – C'est prodige que les démons ne mentent pas !

GLOUCESTER (*et ici trop peu chancelant*). – C'est prodige quand les anges se courroucent !... Ô, divine perfection de femme, daigne que je me disculpe de mes crimes aussi nombreux qu'imaginés !

LADY ANNE. – Ô, être tout pourri de gangrène, daigne que de toutes mes forces je puisse te maudire !

GLOUCESTER. – Ô, belle plus que langue humaine ne peut le dire, laisse-moi me faire absoudre de toi !

LADY ANNE. – Monstre !, tu n'as qu'une seule façon : pends-toi !

GLOUCESTER. – Ce serait un geste d'un trop grand désespoir, ce serait un geste qui m'accuserait !

LADY ANNE. – Ton désespoir te peut absoudre ! Venge sur toi-même en une seule fois tous ceux que tu as assassinés !

GLOUCESTER (*se fabriquant un accident*). – Et si je ne les avais pas assassinés ?...

LADY ANNE (*le secourant*). – Ils ne sont donc pas morts ?!... Mais morts, ils le sont ! Et par ta main maudite !

GLOUCESTER (*plein de douleur*). – Votre mari, ce n'est pas moi qui l'ai tué !

LADY ANNE. – Et alors il est vivant !?...

GLOUCESTER. – Non, il est mort !... Mais par la main d'Édouard !

LADY ANNE. – Tu mens ! La reine Marguerite a vu ton poignard homicide tout fumant de son sang ! Et elle aussi tu l'aurais tuée, si tes frères ne t'avaient arrêté...

GLOUCESTER. – Je fus provoqué par sa langue mauvaise !

LADY ANNE. – Qui a tué ce roi ?!

GLOUCESTER. – Je l'admets...

LADY ANNE. – Ah, tu l'admets, porc-épic !... Que Dieu m'accorde aussi que tu sois damné pour cet horrible méfait !... (*Et Richard, simulant une douleur par trop grande, s'agenouille et lui prend la main qu'il porte à son front et baise. Lady Anne, charmée :*) Comme il était doux, noble et vertueux !

GLOUCESTER (*se relevant imprudemment*). – ... Donc plus adapté au ciel qui le garde !

LADY ANNE (*l'enchantement est à nouveau rompu*).– Il est au ciel où jamais tu ne pourras le rejoindre !

GLOUCESTER (*se desservant*). – Il devrait donc bien me remercier, puisque je l'ai aidé à monter là-haut, lieu qui mieux que la terre lui convient !

LADY ANNE. – Comme pour toi l'enfer !

GLOUCESTER. – Il en est un autre, si je puis le nommer...

LADY ANNE. – La tour...

GLOUCESTER. – Ta chambre à coucher !

LADY ANNE. – Qu'il soit condamné pour toujours à l'insomnie, le lit où tu reposes !...

GLOUCESTER. – Et il le sera, madame... (*Richard comprend alors qu'il est inutile de risquer une autre chute « sans filet » et par conséquent, dès lors, il commence à simuler ses incidents*) tant que tu ne dormiras pas avec moi !

LADY ANNE (*qui le croit très mal, bien plus qu'il ne l'est, oubliant Henri mort dans le cercueil, s'agenouille auprès de lui ; mais oui, un être vivant, pour abject qu'il soit, souffre quand même plus qu'un cadavre... Richard a feint un vertige, un étourdissement, il est maintenant immobile et lady Anne cherche à le ranimer. D'ailleurs, insulter un corps inanimé n'a pas de sens...*). – Je l'espère !... (*Maintenant ils se tiennent tous deux comme Tristan et Iseut dans les scènes fatales.*)

GLOUCESTER. – Je sais, je sais, ma douce lady Anne... Laissons, je t'en supplie, laissons ces querelles subtiles !... Soyons pour une fois plus détendus et calmes... Dites-moi : l'instigateur de la mort prématurée d'Henri et de son fils qui te fut promis... le bel Édouard... ne serait-il pas coupable autant que son exécuteur ?! (*Et Richard essaie de se relever. Il peut maintenant aller mieux. Et il se trompe...*)

LADY ANNE (*à partir de cet instant, bien qu'elle l'insulte, elle commence à éprouver plutôt de la pitié que de la haine et de l'horreur*). – Toi ! Tu fus la cause et son effet maudit !

GLOUCESTER (*agenouillé, en larmes, tant sa douleur est bien feinte*). – Ta beauté en fut seule la cause ! Ta beauté qui toujours visitait mon sommeil, toujours si obsédante que j'aurais pu massacrer l'univers tout entier pour me voir vivre rien qu'une heure sur ton sein... (*Il se passe une main sur le front comme s'il suait du sang, un nouveau malaise étant tout proche.*)

LADY ANNE. – Si je l'avais cru... (*Richard se relève et veut devancer le temps, mais cela finit mal, car lady Anne s'éloigne de lui, mais en pleurant...*) Vil... assassin !... Ma beauté... (*elle pleure à chaudes larmes*) je voudrais l'arracher toute de mon visage... de mes propres ongles...

GLOUCESTER. – Mes yeux ne pourraient regarder, indifférents, ta beauté déchirée !... (*Il rit et pleure convulsivement pour feindre une grande confusion passionnée.*) Ah, ah, mais moi... Ah, ah, mais je ne te laisserai pas l'abîmer ainsi, ta beauté... (*Lady Anne lui tourne le dos, en sanglotant.*) Ah ah !, mais toi... Ah ah !, tu n'oserais pas attenter ainsi à ta beauté, si je vivais, moi, auprès de toi !... Comme le soleil égaye l'univers, ainsi ta beauté me réjouira... (*Il s'approche d'elle ; lady Anne est toujours le dos tourné.*) Ô, lumière du jour et vie... (*Et là Richard déroule un bandeau funèbre du cadavre d'Henri VI, commence à se bander une main, et attend, tout haletant, l'issue de cette brève et ultime « tirade ».*)

LADY ANNE (*mécaniquement*). – Qu'une nuit noire éteigne ton jour et… la mort… ta… vie…

GLOUCESTER. – Ne te maudis pas toi-même, belle créature, toi qui es lumière et vie pour moi…

LADY ANNE (*elle se retourne et, le trouvant ainsi bandé*). – Je voudrais qu'il en soit ainsi !… (*Richard, craignant de trop l'effrayer, cache sa main. Lady Anne, sifflant…*) Pour me venger !… (*Et de nouveau elle lui tourne le dos.*)

GLOUCESTER. – Dénaturée ! (*Dès lors pleuvent sur lui, on ne sait d'où – mais sûrement avec l'aide de Buckingham –, des membres humains artificiels contractés et difformes, et Richard, profitant du fait que son « amour » lui tourne le dos, après s'être libéré des bandages, passe ces mains contractées et épouvantables, un pied sans pied ou bancal, une belle bosse, y rappliquant dessus, haletant comme un animal, les gazes blanches – et, si elles sont insuffisantes à recouvrir tant de difformités, il en ôte d'autres au mort Henri… Ces bandeaux, il les ôtera à mesure que lady Anne se retournera. Pendant ce temps, il continue à parler.*) Et tu te vengerais justement de qui t'aime ?!…

LADY ANNE (*dans un élan indescriptible de colère*). – Nooooon !… Je suis juste et humaine si je me venge de qui a tué mon mari !… (*C'est en quelque* sorte une réflexion nouvelle. La pauvre et désespérée lady Anne s'acharne, hystérique, contre le cercueil du roi Henri VI jusqu'à le briser... Toute repentie d'une si grande et involontaire profanation, elle s'agenouille pour arranger de son mieux la dépouille infortunée... Richard, lui aussi, fait ce qu'il peut : certes pas grand-chose, avec les mains ainsi bandées.)*

GLOUCESTER. – Qui a tué ton mari, ma chère dame, l'a fait seulement pour t'en trouver un meilleur...

LADY ANNE (*s'écartant du corps du roi Henri, désormais en putréfaction*). – Il n'y en a pas de meilleur sur cette terre...

GLOUCESTER (*agenouillé, il se libère de quelques bandages, presque pour la convaincre de l'affirmation suivante*). – Il y en a un... Il y en a un... Vivant !... qui t'aime bien plus que ton mari ne le pouvait !... (*Maintenant qu'il se montre à elle et à nous – ses trucages sont parfaits – il est vraiment difforme à faire pitié.*)

LADY ANNE (*abasourdie*). – Où est-il ?...

GLOUCESTER (*d'abord inclinant la tête, comme un acteur à la fin d'une scène grande et absorbante*). – Ici ! (*Lady Anne lui crache au visage.*) Pourquoi me craches-tu dessus ?... (*Il est pour le moment tout à fait inutile de donner des détails... cela dépendra des acteurs.)*

LADY ANNE. – Je voudrais que ce soit... un... poison... mortel... pour... toi...

GLOUCESTER. – Jamais le poison n'est sorti d'une source si... douce...

Ici, lady Anne, l'ayant devant elle si difforme, régresse à l'état d'une enfant qui a horreur des « crapauds »... peu avant de passer à un état plus féminin de pitié... pitié pour la pitié... une peine immense... Là se trouve toute l'importance de l'histoire qui ne sert que ceux qui la font avancer... Je le répète : un être difforme est préférable aux héros morts ! Que pourrait-elle en faire, lady Anne, d'un cadavre ?!

Et je crois qu'ici il faut éclaircir le concept d'obscène. L'obscène n'a pas encore été défini, même étymologiquement. Nous l'appellerons excès du désir : Lady Anne – dès lors, de temps en temps, mais elle aura dû le faire de temps à autre auparavant, même inconsciemment –, ce ne doit pas être « la belle et la bête », mais plutôt des gestes, une manière de se découvrir – physiquement – un sein, une épaule, une manière de soulever sa robe comme certaines petites filles, sans motif érotique. C'est une régression au stade oral. Ce qui les réunit pour quelques instants, c'est l'idée du différent, mais sans se poser le problème, etc.

Ce qui les rapproche, je dirais, c'est l'unique possibilité de vivre, comme dans une île pour toujours, un peu comme Miranda et Caliban si l'action avait pu être différente dans cette Tempête... *Obscène est l'histoire, l'action politique, quelle qu'elle soit... Mais le discours est plus complexe et ce ne sont là que quelques indications...*

LADY ANNE. – Jamais il n'y eut monstre porteur de venin plus repoussant que celui-là – que toi !

GLOUCESTER. – Tes yeux, tes yeux, ma belle dame, ont infecté les miens !

LADY ANNE. – S'ils étaient des basilics, ces yeux... (*hébétée*) et si tu restais immobile pour l'éternité !...

GLOUCESTER. – Oh, oui, mourir !, oui, mais tout de suite, ici... car cela m'épargne une vie de mort... Tes yeux ont arraché à mes yeux bien des larmes amères, comme celles de l'enfance... honte à toi !... Mes yeux, qui n'avaient point connu les larmes, non, même pas quand mon père et mon frère pleurèrent aux gémissements de Rutland lorsque Clifford l'égorgea !... Et encore moins quand ton père, racontant la mort de mon père, s'interrompit vingt fois en larmes et que les assistants pleuraient tous... Je ne réussis pas à pleurer !... Mais toutes ces larmes que tant d'horreurs n'ont pas réussi à m'arracher, ta beauté a réussi à me les arracher !... Elle me fait pleurer, vois-tu ?, elle me fait pleurer... Je n'ai jamais prié... ni amis... ni ennemis... Jamais je n'ai ouvert ma bouche pour flatter... Mais, si ta beauté m'y force, alors mon cœur, tout orgueilleux qu'il soit, incitera ma langue à la parole !... (« *Lady Anne le regarde avec mépris* » : *c'est de la coquetterie incontrôlée. Le calcul, la mathématique féminine la domine, etc.*) N'apprends pas la raillerie à tes lèvres qui sont nées pour les baisers et non pour exprimer le mépris !... Si ton cœur a soif de vengeance, prends cette lame acérée et transperce – là, là ! – ma sincérité qui t'adore, t'adore, t'adore !... Voici, je t'ouvre mon cœur... à toi... pour toi, donne-moi la mort... j'implore !... (*Et lady Anne, vraiment débauchée – ne détachons pas le désespoir de l'obscène –, en Judith point du tout convaincue, est tentée par une aussi belle lame et le tuerait vraiment, mais comme dans les fins de nuit turbulente d'amour...*) N'hésite pas !... J'ai tué moi ton roi Henri !... Mais... ce fut... ta beauté qui m'y a poussé... N'hésite pas, non, vite, frappe !... Moi j'ai poignardé ton cher Édouard... Mais ce fut ton visage d'ange qui m'y a incité !... (« *Elle laisse choir l'épée* »...) Ou tu ramasses l'épée ou tu me prends...

LADY ANNE (*s'occupant autour de la dépouille du pauvre roi Henri, par trop sinistrée, comme une étrangère attachée au service funèbre, une pleureuse, distraite par son amoureux – Richard – là par hasard… Lady Anne a chaud, de plus en plus chaud, et se dépouille peu à peu de sa robe noire, ou plutôt, elle se déshabille et se rhabille continuellement*). – Lève-toi, fausseté vivante !... Bien que je veuille ta mort, je ne veux pas, moi, être ta mort…

GLOUCESTER. – Ordonne alors que je me tue !

LADY ANNE (*arrangeant ses cheveux*). – Je te l'ai dit !

GLOUCESTER. – Dans l'élan de la colère, mais répète-le… commande ! Et la main qui par amour de toi tua ton amour tuera par amour de toi un amour bien plus fidèle et tu seras complice de ces deux morts…

LADY ANNE. – Ah, si je pouvais connaître ton cœur !

GLOUCESTER. – Ma parole est mon cœur ! (« Il est tout entier dans mes paroles ! »)

LADY ANNE. – Faux… ils sont faux, je les crains l'une et l'autre… Je les crains !

GLOUCESTER. – Alors !... Il n'a jamais existé d'homme honnête !

LADY ANNE. – Ramasse ton épée !

GLOUCESTER. – Alors, dis-moi : c'est la paix entre nous deux ?

LADY ANNE. – Tu le sauras. Peut-être... plus tard...

GLOUCESTER. – Pourrais-je au moins vivre en espérant ?

LADY ANNE. – Comme vit en espérant tout homme vivant...

GLOUCESTER. – Accepte cet anneau... (« Daigne porter cet anneau... »)

LADY ANNE. – Prendre n'est point donner...

GLOUCESTER. – Mais... regarde ! Comme mon anneau serre bien ton doigt, ainsi ton sein renferme mon pauvre cœur... Va-t'en avec l'un et l'autre, car l'un et l'autre t'appartiennent... (« *dit-il, et lui passe l'anneau au doigt* ») Et si maintenant ton esclave peut implorer de ta belle main une... une grâce... ton esclave mourra heureux... pour toujours...

LADY ANNE. – Laquelle ? Une grâce ?!...

GLOUCESTER. – Je veux pleurer tout seul cette dépouille... j'en suis coupable... précède-moi...

LADY ANNE. – De tout mon cœur... heureuse... de... te voir... ainsi... repenti... (*Et, somnambule, elle se prépare à disparaître.*)

GLOUCESTER. – Anne!... Un adieu!... Un adieu!... Daigne un adieu!...

LADY ANNE. – C'est plus que tu ne mérites!... Mais, puisque tu m'apprends à leurrer, fais comme si déjà je t'avais dit « Adieu »!... (*Somnambule, elle disparaît... Tout disparaît... Elle sort en se déshabillant et ramassant ses robes!... Elle sort comme si elle voulait se rhabiller de ce dont elle s'est déshabillée...*)

GLOUCESTER (*embrassant sur la bouche « sa » Buckingham, très gai – multipliant les trucages de sa difformité, c'est-à-dire qu'il en essaie et en réessaie beaucoup d'autres : « qu'est-ce donc, l'amour? », quand y a-t-il abjection?, etc.*). – Ah, ah,... qui courtise les femmes de cette façon?... (*Buckingham voudrait maintenant se reposer.*) Y eut-il?... y eut-il jamais femme courtisée en un tel état d'âme? Y eut-il jamais une femme séduite en un tel état d'âme?!... Je la veux!... Pas pour longtemps, mais je la veux... Je ne la veux pas pour toujours! (*Il fait claquer un gros baiser sur la joue de sa maîtresse Buckingham.*) Je l'ai voulue!... Je ne la garderai pas!... Je jure à Dieu que cela suffit... Encore un peu!... Mais quoi?!... Je lui ai égorgé un beau-père et un mari! Je l'ai conquise toute pleine de haine... Je l'ai conquise toute insultes et pleurs!... Le sang présent témoigne de son juste dédain!... Je l'ai conquise!... Je l'ai conquise sous le regard de Dieu, de sa conscience et tant, tant d'etceatera élevés contre moi?!... Je l'ai conquise... Ah ah!... Ah ah ah ah!... Et moi... sans autre ami que le démon et mes trucages de foire, je l'ai conquise!... Buckingham, tout un néant contre un monde!... Le néant! : oublié son grand prince Édouard égorgé par moi à Tewksbury, noble beau élu de la nature en grande inspiration!... Jeune! Vaillant!... Tout à fait roi!... Tel que l'univers n'en reverra pas d'autres... Et elle... Elle se déshabille... Seulement parce que je l'ai rendue veuve?!... que j'ai fauché le doux printemps de son prince précieux?... Je l'ai conquise!... Je me la suis conquise, moi! qui tout entier ne vaux pas la moitié de cette belle âme!... Elle me veut : si boiteux et raté!... Qu'en penses-tu? Dis-moi ce que je dois en penser?... Mais oui!... Mais oui, je parie mon duché contre un sou que je me suis mépris sur ma personne, oui, par saint Paul, elle me trouve, oui, d'une splendeur de soleil!... Je veux dépenser une fortune pour un miroir, je veux... me défigurer tout entier, fascinant!... Par Dieu, je me veux tel qu'elle m'estime!... Je veux... Je ne veux plus ménager les dépenses!... Me procurer un miroir... Et entre-temps resplendis, beau soleil, resplendis!... que je puisse admirer mon ombre, pas après pas, en marchant!... (*Il est de plus en plus euphorique. Exalté, dans un crescendo musical.*) Voici que l'hiver de nos rancœurs pour ce soleil d'York devient glorieux été et que les lourds nuages qui menaçaient notre maison se sont ensevelis dans l'océan profond! Enfin!... Voici nos fronts couronnés de couronnes victorieuses, nos armes bosselées, en morceaux, réduites en monuments! Les « alertes! » changées en appels de joyeuses brigades, la guerre épouvantable en menuet!... Maintenant qu'au lieu de lever l'acier pour glacer le cœur de l'ennemi, Mars a déridé son front et danse léger dans le salon d'une dame, en suivant les notes d'un luth!... Et moi qui – est-ce vrai?! – ne suis pas taillé pour ces amusements... voici que moi, tout trempé de fer... trop faiblement doué de la grâce amoureuse pour pavaner autour d'une nymphe qui se tortille, escroqué enfin par ma douce nature marâtre de la normale complexion humaine, inachevé, difforme, lancé avant le temps dans le monde du souffle, un peu moins qu'à demi formé et à demi non, et ce peu encore si branlant et bancal – vivat! – que même les chiens aboient contre moi si je m'approche... moi, dis-je, en ce temps sans vertèbres et qui sifflote « paix! », je n'ai pour mon plaisir ou passe-temps qu'à contempler mon ombre en plein soleil pour étudier étudier et réétudier les diverses variantes de ma difformité!... Ainsi suis-je moi!... Ne pouvant me mettre à faire l'amour, comme il est d'usage en ce temps amolli, j'ai décidé d'être scélérat par haine de la saison par trop joyeuse!... J'ai semé des germes de complots, des idées de délits avec des prophéties d'ivrognes, des rêves et des calomnies, tout cela oui, pour dresser l'un contre l'autre mon frère Clarence et le roi!... Et, aussi vrai que le roi Édouard était un naïf franc et loyal et que je suis moi un traître tortueux et faux, on a déjà vu Clarence exécuté par une prophétie disant que la lettre « G » massacrera les héritiers d'Édouard!... Ainsi l'amour m'abandonna dans le ventre de ma mère!... Ainsi enfin!... Ainsi ainsi ainsi, pour que je ne m'embrouille pas dans les tendresses... il l'a poussée à m'exaucer dans cette conduite : atrophié – voyez-vous?! – ce bras! Atrophié comme une branche sèche!, une bosse évidente théâtrale superpolitique!... comme si je me portais moi-même sur mon dos!... inégales les jambes... oui!... Disproportionné... chaotique... (*et ici il pleure, mais de joie*) dissemblable... à faire pitié!... Théâtre!!!... Et, tel celui qui perdu dans un buisson de ronces en déchire les épines et que les épines déchirent, je rêve de ce royaume et me débats!... Je cherche à en sortir et je vais hors du chemin!... Mais je creuserai la route à coups de hache... rouge de sang! Et je saurai faire retourner le criminel Machiavel sur les bancs d'école!... Et sourire massacrer sourire!... Crier « Bien fait pour moi! » si je suis triste!... Rendre vrai le faux, et inversement!... Et pleurer... ainsi... à faire... pleurer... pour obtenir... Un royaume!... Qui sait faire cela ne vaut-il pas un royaume?!... Je la veux... Je la veux, la couronne! La couronne!... Où est-elle?... Elle est trop haute?!... Trop haute! Je la veux ou... je la traîne... ici-bas... avec moi!...

(*Fin de la première partie*)

DEUXIÈME PARTIE

GLOUCESTER. – Qui l'ignore, que le pauvre Clarence est mort ?

LA DUCHESSE. – Ô Dieu, toi qui vois tout, vois-tu cela ?

GLOUCESTER (*à la femme de chambre*). – Buckingham, suis-je aussi pâle que les autres ?... (*Elle acquiesce.*)

LA DUCHESSE. – Apprends-nous à nous en soucier et à ne point nous faire du souci, apprends-nous à demeurer calmes !

ÉLISABETH (*entrant en larmes, elle aussi*). – Édouard... Mon seigneur... Ton fils... Notre roi... Édouard est mort !

MARGUERITE (*ricanant, à l'écart*). – S'il vous reste à vivre, pleurez ; si vous devez mourir, il est temps !...

Ce qui suit est la séquence des veuves toutes en noir, c'est la Vanité faite Douleur et vice versa : ces dames exagèrent dans tout ce qu'elles font. Elles se démaquillent parce qu'elles ont pleuré, elles se remaquillent parce qu'elles ont pleuré... Elles sont démaquillées, elles se saoulent pour se donner une contenance et la perdent parce qu'elles se saoulent... Elles se détestent parce qu'elles se sont toujours détestées et s'aiment dans leurs discours parce que le même sort les réunit... Ne pouvant exhiber ni rapporter exactement un seul instant de leur destin actuel, elles s'enorgueillissent, vaniteuses, des pires douleurs qu'elles ont eues en partage : celle qui a le plus perdu et a d'autant plus à perdre est une grande dame...

Ayant constaté que les couronnes volent de tête en tête sans aucune raison féminine – qui est pourtant la seule histoire que l'on puisse subir –, elles s'attribuent le mérite de leurs souffrances. Et ainsi, au lieu qu'elles pleurent chacune pour leur compte, il en résulte une vraie prise de bec où la plus malheureuse est la plus exaltée et mortifie ses « collègues » dans la mesure exacte de la souffrance subie par l'une plus que par l'autre...

GLOUCESTER (*embrassant son éternelle femme de chambre*). – Il ne reste alors plus qu'une chose... va, et sonde un peu lord Hastings... Vois, en secret, comme il prend cela, s'il nous voit... comme roi d'Angleterre, je veux dire...

LA DUCHESSE. – Ta douleur est mienne par tous les titres que j'avais sur ton noble mari!... J'ai pleuré moi aussi la mort d'un mari... Homme digne!... Et, ce qui m'a gardée en vie, ce fut de contempler ses deux chères, chères, chères images... Et maintenant, ces deux miroirs royaux, la mort ensorcelée les a brisés... et m'a laissé pour mon réconfort ce... seul... unique... faux miroir de verre... qui me tourmente, oui, car il ne réfléchit que ma désolation!

GLOUCESTER. – Invite-le à la tour pour demain. (*Et ici il ne peut vraiment faire moins que de palper la femme de chambre.*) Dis-lui bien que l'objet en est le couronnement... Si tu le vois d'accord, tu l'encourages et lui expliques tous les plans... Sinon, cela ne change rien, coupe court et fais-le-nous savoir... Porte-lui mon salut et dis-lui bien que demain à Pomfret ses ennemis subiront une belle saignée... et qu'il donne, tout heureux de la bonne nouvelle, un baiser de plus à sa belle madame Shore!...

LA DUCHESSE. – Tu es veuve, mais tu es malgré tout mère de deux enfants vivants... tes enfants... Mais moi?!... La mort m'a arraché des bras mon mari et de ces faibles mains mes deux béquilles : Clarence et Édouard!... Ta douleur est moitié de la mienne!, c'est mon droit de pleurer davantage!

ÉLISABETH. – Tu n'as pas le droit de pleurer avec moi ! Pas en même temps ! Je sais pleurer toute seule, moi qui suis gouvernée par la lune humide !... Je suis en mesure d'inonder le monde de mes nombreuses larmes !... Ô mon époux et seigneur !... Jamais veuve n'a subi une perte plus lourde !

LA DUCHESSE. – Jamais mère n'a subi une perte plus inconsolable !... Hélas !, moi, oui, moi... je suis la mère de toutes ces douleurs ensemble !... Ah, chacune de vous n'en a reçu qu'une part !... La sienne !... Moi, je suis le tout de chacune de vos parts !... Moi, je suis vous toutes !... Elle pleure pour Édouard et je le pleure aussi !... Et je pleure pour Clarence, moi, mais elle non !... (*Et ici des pleurs de bébés hors champ.*) Elles pleurent pour Clarence, ces voix blanches, et je le pleure aussi ! Mais, moi, je pleure aussi mon Édouard et elles non... Et toi – pauvre de moi ! –, trois fois affligée, tu pleures !... Mais moi je suis vos yeux à toutes !...

GLOUCESTER (*et il l'embrasse encore...*). – Tu me dis tout avant de t'endormir ?... (*La femme de chambre acquiesce, égarée.*) Et souviens-toi : tu exigeras de moi le comté d'Hereford avec tous les biens meubles du défunt roi notre frère...

ÉLISABETH (*elle délire*). – Pardon, mon capitaine, comment vont-ils, de grâce, mes enfants les princes ?

LA DUCHESSE. – Tu ne pourras jamais plus les revoir... Le roi ne le veut pas...

ÉLISABETH. – Le roi ?!... Y a-t-il un roi ?... Que Dieu nous protège et le garde du titre de roi... Dites-moi : que veut ce roi qui s'interpose entre moi et l'affection de mes enfants ?!... Je suis leur mère !... Qui pourra m'empêcher de les voir ?!

LADY ANNE. – Et moi, je suis leur tante de Gloucester, tante par alliance... Mais par amour d'alliance, mère !... Et donc fais-les-moi voir : j'en réponds !

LA DUCHESSE. – Vous, madame, vous devez aussitôt venir à Westminster pour être couronnée reine et épouse de Richard...

ÉLISABETH. – Et je sens que je vais m'évanouir !

LADY ANNE. – Pour mourir... pour mourir !

ÉLISABETH. – Ni mère ni femme ni reine honorée d'Angleterre !

La duchesse. – Ô vent de malheur!... Ô ventre maudit!... Cercueil!... Cercueil! Cercueil qui as conçu un basilic!... Madame, allons au couronnement!

Lady Anne. – Ô, toi, Seigneur Dieu, accorde-moi de mourir avant que quelqu'un ne crie : « Dieu sauve la reine! »

Élisabeth. – Va, ma pauvre, va, je ne t'envie pas cette gloire... Je ne te veux souhaiter aucun mal!

Lady Anne. – Et pourquoi pas? Pourquoi pas?!... Richard veut rester veuf de moi!

Élisabeth. – Tu me fais tant de peine, mais tant de peine, adieu!

Lady Anne. – Mon Dieu!, mon Dieu, quelle est malheureuse, une femme ainsi soumise à la gloire!...

Élisabeth. – Adieu!... Ah!... Que la gloire t'abandonne!

La Duchesse (*folle*). – Anne, va chez Richard!... Chez Richard, et que les anges t'assistent!... Toi, Élisabeth, abrite tes pensées au sanctuaire... Moi dans la tombe!... Le néant!... La paix et le néant soient avec moi!

ÉLISABETH. – Mais pourquoi ne regardez-vous pas là où moi je regarde?!... À la tour?!... Pitié, pitié de pierres, mais pitié pour mes enfants les princes que la perfidie comme vous, faite de pierre, a enserrés dans vos murs... Berceau de pierre... nourrice pétrifiée... Vieille, sombre compagne de leurs jeux d'enfance!... Toi!... Toi!!!... Traite-les bien!... Bien, t'ai-je dit, mes enfants les princes... Ainsi... ainsi... ma folle douleur de mère renvoie à tes pierres un adieu!...

Et Richard, exactement comme un acteur dans sa loge, tout en congédiant la femme de chambre, se démaquille un peu pour se reposer et cependant il cherche en fouillant dans les tiroirs même inexistants d'autres trucages difformes pour demain, justement... La femme de chambre disparaît puis rentre en scène, secouant négativement la tête.

GLOUCESTER (*à sa mère*). – La dernière fois que j'ai été à Holborn, j'ai vu des fraises superbes : ne pourriez-vous par hasard m'en procurer quelques-unes?... (*C'est alors que Marguerite, suprêmement indignée, se lève et s'écarte dans l'ombre, jurant incompréhensiblement. Gloucester, passant un bras artificiel atrophié, crie terriblement, menaçant surtout Éli-*

sabeth, qui se déshabille, prise de peur.*) Vous tous ! Je vous prie, dites-moi : que mérite celui qui trame ma mort par des intrigues diaboliques de magie ?!... (*Il se déplace à grands pas et virevolte, entre la scène et les coulisses... Même Marguerite revient dans la lumière.*) Que mérite celui qui m'a arrangé... réduit... le corps en cet état par des sortilèges et des pratiques infernales ?!... (*La duchesse, de nouveau en scène, s'attendrit, même si elle sait très bien que les choses ne sont pas vraiment ainsi... Gloucester est toujours furieux.*) Mais regardez, regardez le maléfice... l'envoûtement !... Regardez, et dites qui m'a ensorcelé ? Regardez : ce bras, décharné et flétri comme une branche sèche !... C'est elle, c'est elle ! (*Il indique Élisabeth qui pique une véritable crise d'hystérie.*) C'est elle, de mèche avec l'autre putain de Shore qui m'a embrouillé ainsi !... (*Ici, madame Shore se blottit et disparaît sous les couvertures.*)

MARGUERITE (*en rentrant*). – Si elles en ont tant commis, monseigneur !...

GLOUCESTER. – Si ! Si ! Si ! Tu dis « Si » !... Toi, toi, toi !... Tu la protèges, toi, cette putain maudite ! Toi ! Non ! Coupez-lui la tête ! Vite, j'ai dit ! Non, par saint Paul, non, je n'irai pas déjeuner si je ne vois pas sa tête ! (*Un grand coup de poing sur le plateau maintenant tout éclairé, et le pauvre crâne vole en l'air.*)

Richard est maintenant sur scène, aidant la femme de chambre à se dénuder et endosser une autre robe pareille. Tout cela semblera la tentative d'une étreinte frénétique, mais... ce ne le sera pas, car le temps manque.

GLOUCESTER. – Je t'en prie, Buckingham, tiens-toi derrière le maire de Londres!... Et, dès que le moment te paraîtra venu, suggère-lui que les deux fils d'Édouard sont des bâtards!... Raconte qu'une fois le roi Édouard a condamné à mort un citoyen rien que pour avoir exprimé l'intention de transformer un de ses fils en roi... Pourtant, ce malheureux voulait dire par « couronne » une couronne, une pièce de monnaie, as-tu compris?... (*Et, comme on ne sait jamais, il l'embrasse... Entre une robe et l'autre, il n'arrête pas de la palper obscènement.*) Souviens-toi... la luxure... oui... sa façon de palper... souviens-toi, l'appétit... (*il la palpe*) bestial... son désir, souviens-toi qu'il s'étendit à toutes, servantes, femmes, filles!... Souviens-toi... raconte que ma mère, quand elle était enceinte... d'Édouard... mon père, oui, était en France, mais depuis toujours... (*Il l'embrasse passionnément et puis...*) Tout cela avec mesure... circonspecte... car tu sais bien que ma mère... est toujours vivante... (*Il l'embrasse de nouveau longuement et la palpe.*) Que veux-tu que je te dise?!... songe à quelque théâtre populaire... Deux ou trois figurants déchaînés... Ils suffisent... Je me ferai voir tout absorbé ainsi qu'un capucin, par mon missel... (*Il attend alors quelque temps Buckingham, habillé en femme de chambre, qui rentre, impassible.*) Et alors?... Qu'ont-ils dit, les citoyens? Et alors, par la sainte Mère de notre Seigneur Jésus-Christ? Qu'ont-ils dit?!... (*Buckingham a un geste comme pour dire que les citoyens n'ont rien dit du tout.*) « Vive Richard! »... L'ont-ils crié?... Non!... Mais non mais non mais non, pas même un souffle!... (*Il marche de long en large et la caresse, en vain... et justement ici la pauvre femme de chambre est prise d'une véritable crise de larmes.*) C'est trop! C'est trop... chers concitoyens!... vive Richard, c'est trop!... Et tu as filé à l'anglaise... et tu es venu... et tu es... tu es... avec moi!... (*Il l'embrasse, les autres sont toutes endormies... La résistance physique joue un rôle déterminant... Il harangue le néant qui lui est consanguin.*) Non, non! Je ne sais si je dois vous répondre à ma façon, ou consentir à la vôtre, ne pas vous répondre!... Si je me tais, vous me prenez pour un aristocrate... Et, d'autre part, si je ne vous réponds pas, vous me croyez un ennemi!... Donc, en parlant et sans parler, je dis : Merci!... Ceci est trop pour vous, peu pour moi!... Je préfère me dissimuler sous ma propre grandeur plutôt que de me rendre grand du fait de me dissimuler!... Mais, grâce à Dieu, je ne suis pas indispensable?!... Car, si je l'étais, qu'est-ce qui ne me serait pas indispensable!... Pour vous venir en aide... Il était une fois un roi... Qu'est-ce donc un royaume?... Et celui que je vous laisse!... (*Il se libère, indigné de ses trucages, mais, comme les femmes l'ignorent, il se rend à nouveau difforme.*) Voulez-vous à tout prix me pousser dans un océan de catastrophes?... Je ne suis pas de pierre!... Mais sensitif... (*à force de palper son Buckingham*) sensible!... Même contre mon âme et ma conscience!... Vous me faites violence... Je suis roi... Je suis roi... (*Ici, les femmes brillent de leurs propres feux.*) Amen... Amen... Laissez-moi prier!...

Séquence de l'incertain féminin :
Il y a là tout un vide de scène : une incertitude féminine générale : ces dames et demoiselles ne savent pas, comme dans un rêve, quel parti prendre : s'habiller ou se déshabiller... C'est la tentation tentée d'un beau tout ou d'un beau rien.

Richard (*désormais III*) *les contrôle, scrute leurs mouvements, cette façon incertaine de remonter ou baisser les robes noires... Car, s'il est vrai qu'il a fait fortune en politique grâce aux défauts acquis, on peut aussi prévoir humainement que notre duc de Gloucester, maintenant roi d'Angleterre, veuille – prudemment – se débarrasser, l'un après l'autre, de ses défauts truqués... De cette façon d'être roi « de pièces et de morceaux »... C'est son rêve impolitique du moment et, pour le moment, qui sait?, il s'enlève un bras – feint – accidenté, tout doucement, pour vérifier si maintenant il est enfin roi... Il essaie – d'abord un membre, puis un autre – mais, hélas! plus il revient au naturel, à la régularité de la* nature, et plus les dames présentes se rhabillent, terrifiées... C'est un sondage, disons, suffisant, ou qui devrait l'être, pour convaincre n'importe qui de se normaliser selon la nature... Pourquoi difforme, plâtré toute la vie ?!... Ce n'est pas une vie de roi, ce n'est pas pour les acteurs hors de la norme...

 Les femmes ne le comprennent plus : Richard redevient somatiquement, physiquement, acceptable, et il est d'autant moins digne de foi. Pourquoi se défaire de sa propre histoire ?! Mais, bref... L'ambition le dépasse... C'est un peu grotesque, ce déshabillage et rhabillage des dames selon ses essais à lui, mais c'est ainsi... Même la femme de chambre, Buckingham ! Et cela est vraiment indicible... Et c'est ainsi qu'il ôte et remet en place... il devient fou à chercher une constitution pour sa propre monarchie. Mais tout est vain ! Alors ?! Quel roi est-ce donc que ce roi-là ?! Mais quoi ?... Susciter la pitié précédente, la tolérance politique antérieure, etc., très bien, c'était justifié auparavant... mais que veut-on d'elles maintenant ? Maintenant que c'est lui le roi ? Bah, disons qu'il plaisantait... et maintenant un martyr ? Un de ces odieux Thomas Becket si fréquents dans les récits anglais ? Ça, jamais ! Ça, jamais ! Mais, d'autre part, que faire ?... Et la scène se poursuit dans cette action ridicule de mettre et ôter ce trucage-ci ankylosé, avec un sein, un cul nu, puis non !... Qu'est-ce que cela peut bien être ? Serait-ce de l'orgueil féminin ?! Ou bien l'État, après tout... Donc, il vaut mieux réfléchir.

Scène du couronnement :
Annoncée à grands sons de trompette, ce devrait être une grande scène d'ensemble : et c'est au contraire une minable séquence entre les deux complices : Richard et la femme de chambre : elle commence en effet à se déshabiller et, lui, il trône sans retenue dans le lit à miroirs.

GLOUCESTER (*au public et à personne*). – Merci de vos grands applaudissements, mais, je vous en prie, n'approchez pas!... Personne!... (*Puis, tirant à lui la femme de chambre à demi nue et belle :*) Écoute-moi... cousin Buckingham, donne-moi ton bras... (*Elle le laisse faire et il l'invite à monter sur le lit, la contemple, et puis, l'embrassant lascif et absent :*) Nous sommes arrivés à de si hauts sommets... à Richard III grâce à toi!... (*Soudain funèbre :*) Mais pourquoi cela ne devrait-il durer qu'un seul jour?!... (*Elle le regarde toute enamourée et un peu terrorisée, presque comme pour lui signifier qu'elle ne le comprend pas. Gloucester, insistant :*) Alors dis-moi : un jour ou éternellement?!... Je veux voir de quel métal tu es fait... Le prince Édouard, oui, cet enfant est vivant... (*C'est ici qu'elle commence à se détacher de lui et lentement, en détournant ailleurs son regard peu à peu, elle commence à se rhabiller en noir.*) Vois-tu... Buckingham... Je voudrais être roi!... (*Interdite, elle lui baise une main. Lui, criant comme un possédé, arra-*

chant tous ses trucages :) Ah, je suis roi?!... Je suis roi pendant que le marmot d'Édouard vit... il vit, il respire... Lui, il respire et moi je suis roi?!... (*Buckingham acquiesce, mais en continuant à se déshabiller toujours lentement.*) C'est triste... C'est horrible qu'Édouard soit en vie, mais toi... mais toi tu continues à me rendre hommage... On dirait presque que cela te semble normal... Tu n'étais pas si obtus autrefois!... Eh bien, alors, je serai clair, moi : ces deux bâtards, moi, je les veux morts!... Hier!... Tu es devenu de glace, il s'est gelé, ce déclic mental d'autrefois... (*La grande erreur de Richard, dès qu'il est Richard III, consiste à se défaire dans cette scène de ses trucages difformes... Car alors elle se rhabille.*) Ces deux petits doivent mourir!... (*Et ici la femme de chambre esquisse un pas vers la coulisse, elle hésite. Puis elle récupère son manteau noir et elle essaie à nouveau de sortir. Elle s'arrête encore.*) Tu n'es pas d'accord?...

Déjà précédemment, après sa première tentative officielle d'ascension (officiel = difforme), débarrassé de presque tous ses trucages, Richard, irrité par l'incertitude de sa femme de chambre-Buckingham, veut à tout prix provoquer l'Histoire : c'est pourquoi non seulement il se défait de ses trucages, mais en même temps il commence à se faire beau, à arranger ses cheveux, fait voler en l'air un amas d'habits de soirée, masculins, très élégants, il veut, en somme, « dépenser vraiment une fortune pour un miroir », il veut « engager vraiment plusieurs douzaines de tailleurs pour étudier des modèles qui fassent de lui un mannequin fascinant ». *Dans sa précédente scène de colère, il a déjà essayé de mettre quelques-uns de ces vêtements, en commençant par plusieurs robes de chambre et en continuant peu à peu, comme quelqu'un qui voudrait de manière par trop explicite aller dans l'ordre, en partant du négligé, pour aller jusqu'au bout...*

Maintenant, le mouvement de réflexion de l'étrange femme de chambre lui a vraiment chauffé la tête, il boit et reboit et cherche partout, hélas! une complicité impossible ; il cherche à tout prix une autonomie... Il cherche par terre parmi les chemises de nuits éparpillées, blanches, ornées de dentelles, appartenant aux dames qui ont disparu... jusque dans leurs vêtements les plus intimes. Il cherche, en fétichiste, avec qui parler, il les interroge ou les caresse très « tactiquement », ou les maltraite et les sollicite – tout presse –, il les lance en coulisse : qu'ils se mettent en mouvement, tous ces courtisans et pairs d'Angleterre ainsi truqués : en robes et sous-vêtements féminins... C'est la phase fétichiste de son grand masochisme – c'est sa propre mortification, sur le trône.

GLOUCESTER (*exaspéré*). – À partir de maintenant je veux parler seulement avec les fous !... Toi, mon garçon (*ayant saisi une chemise de nuit féminine*), toi ! tu ne connais personne qu'une poignée d'or puisse pousser à tuer... en secret !... (*Il reste un peu à l'écoute et lance au loin la chemise de nuit blanche, puis il en saisit une autre parmi ces infinis sous-vêtements féminins.*) Et toi!... Ne connais-tu pas par hasard un gentilhomme dont les prétentions méprisent ses propres modestes moyens d'existence?!... (*Etc., jusqu'à un énième vêtement, et maintenant hystérique, en pleurant :*) Et toi?... Et toi!... Même pas toi?!... (*Maintenant comme exaucé :*) Très bien! Très bien! Très bien!... Ah! Ah! Ah! (*Il rit un peu trop gaiement.*) Un seul gramme d'or, ahahah, le convaincrait... plus que vingt orateurs à la dérive?!... (*Il laisse échapper de ses mains ce fétiche, mais il en saisit vite un autre.*) Quel est son nom?! (*Il le perd aussi et en ressaisit un autre, en l'étranglant.*) Quel est son nom?, j'ai dit?!... Comment? Tyrrell? Il ne m'est pas tout à fait inconnu! Vole, je te dis de voler, et amène-le ici!... (*Et il lance en l'air ce « garçon ». Dans l'attente, très brève, il continue à s'habiller, très content et râlant comme un animal.*) Ah, ce Buckingham, ce Buckingham!... Il est épuisé!... (*Il cherche toujours et confond ses propres vêtements avec ceux des femmes, il s'embrouille, ramasse un mouchoir et...*) Stanley!, alors, Stanley!, quelles nouvelles!?... Dorset!... En fuite?... (*À l'écart :*) Bien sûr, bien sûr... chez Richmond... Où qu'il soit... Chez Richmond!... (*Il empoche le mouchoir, puis, à un autre vêtement, d'un ton de conjuré, et avec précipitation, près de la rampe :*) Écoute-moi bien, Catesby, répands le bruit un peu partout que ma femme Anne est très,

très gravement malade... Je ferai en sorte de l'enfermer chez elle... Trouve-moi un noble ruiné pour épouser la fille de Clarence, le garçon est un peu sot et ne m'inquiète pas!... Eh!, rêvasseur! (*Richard le déchire exactement en deux : un bruissement comme un cri de soie.*) Je te le répète : va et raconte à tous que pour la reine il n'y a plus d'espoir! (*Il met en lambeaux ce Catesby qu'il a entre les mains et il le disperse partout, en coulisse, en l'air, par terre et en tout lieu.*) Vole, j'ai dit, et pas seul : en quatre, en huit, en mille, on fait plus vite!... Maintenant, ou je me marie avec la fille de mon cher frère feu Édouard, ou mon sceptre est de verre... Oui, tuer ses frères, et puis l'épouser!... (*Et il serre sur sa poitrine une chemise.*) Il était temps!... C'est toi qui t'appelles Tyrrell?!... Tu m'aimes beaucoup, n'est-ce pas?... Ne pourrais-tu pas tuer un de mes amis?!... (*Il écoute, puis :*) Mais oui, bien sûr, il vaut mieux deux ennemis : ils m'empêchent de dormir, Tyrell... ils m'empêchent de dormir ces deux bâtards enfermés dans la tour... (*Il écoute un instant.*) Ah!, quelle musique, Tyrell, quelle musique! (*Il enveloppe un morceau de papier quelconque dans la robe Tyrrell.*) Voici donc mon laissez-passer... Approche-toi, écoute... (*Comme un éclair, il met en boule la robe et la porte exalté et tremblant à sa bouche, comme pour étouffer un accès de vomissement.*) Et voilà... (*Et il fait rouler vers la coulisse cette pelote, douce et sinistre.*) Va... (*Réapparaît alors la femme de chambre-Buckingham, comme en transes, en nonne fascinée par le grand risque de châtiment auquel elle s'attend, et pourtant, osant, en somnambule.*)

BUCKINGHAM (*paraphrasant la promesse de Richard, comme un troglodyte, et les yeux, les yeux mouillés de pleurs*). – « Mais toi, souviens-toi, quand je serai roi... »

GLOUCESTER. – Oui, aucun doute : Dorset est avec Richmond...

BUCKINGHAM. – « Mais toi, souviens-toi... »

GLOUCESTER (*empoignant un autre chiffon féminin*). – Stanley, ce Richmond est le fils de ta femme : surveille-la !...

BUCKINGHAM (*plus dure*). – « Mais toi, souviens-toi quand je serai roi... »

GLOUCESTER (*même jeu*). – Stanley, attention : surveille-la, ta femme !... Si elle écrit à Richmond, c'est toi qui en réponds...

BUCKINGHAM. – « ... Souviens-toi... tu exigeras de moi... »

GLOUCESTER (*laissant aller Stanley*). – Ah, voilà !... Henri VI avait prédit que ce serait Richmond qui deviendrait très vite roi...

BUCKINGHAM. – « ... Souviens-toi : tu exigeras de moi... »

GLOUCESTER. – Oui, peut-être... Peut-être...

BUCKINGHAM. – « De moi... le comté de Hereford !... »

GLOUCESTER. – Richmond !...

BUCKINGHAM. – « Avec tous les biens meubles... »

GLOUCESTER. – Oui... Richmond...

BUCKINGHAM (*qui renonce désormais, ne s'y connaissant pas en volumes, à suivre les registres de Richard*). – « ... Du défunt roi notre frère... »

GLOUCESTER. – Buckingham... Quelle heure est-il ?

BUCKINGHAM. – « ... Le comté de Hereford... »

GLOUCESTER. – Mais oui... mais... Quelle heure est-il ?...

BUCKINGHAM (*redevenant femme de chambre*). – Presque dix heures...

GLOUCESTER. – Et toi, laisse-les sonner!... Car comme une horloge tu résonnes entre ta mesquine mendicité et ma grande méditation!

BUCKINGHAM (*de plus en plus femme de chambre confuse*). – Mais moi...

GLOUCESTER. – Ne m'ennuie pas, Buckingham!... Aujourd'hui, je ne suis pas en veine!... (*Et là, après une pause, Richard récupère Tyrrell, dans un autre chiffon. À Tyrrell chiffonné :*) Chante pour moi!... C'est fait! L'acte sanguinaire est accompli : ils se serraient l'un l'autre dans leurs innocents bras d'albâtre... ces pauvres enfants... leurs lèvres, quatre roses rouges sur une même tige... un seul baiser dans la chaude beauté de leur été... Et un livre de prières, assoupi sur l'oreiller... Pour toi, mon roi vampire!... Que je voudrais dormir!... Heureux... Tyrrell... si tu les as vus morts!... Heureux... si tu les as vus ensevelis!... (*Il serre alors sur sa poitrine – Tyrrell – sa propre chemise toute trempée de sueur.*) C'est vrai?!... Le chapelain de la tour... les a ensevelis... où, on ne sait pas?!... (*Il ôte sa chemise.*) À plus tard... à plus tard... Tyrrell!... On se reverra après le déjeuner!... Et tu me raconteras leur mort plus en détail... Adieu!... à tout à l'heure!... (*Au public :*) Le fils de Clarence est sous clé... Sa fille est mariée à un pauvre homme... Les fils d'Édouard reposent en paix... Lady Anne a dit adieu au monde... Richmond veut épouser la fille trop jeune, hélas! d'Élisabeth et de mon défunt frère Édouard... et la couronne... Je veux vite me mettre gaiement... à faire la cour!... (*Étranglant un autre chiffon :*) Catesby, bonnes ou mauvaises, les nouvelles!?... (*Il feint d'être à l'écoute un instant.*) C'est grave!... Si Morton, évêque d'Ely, est passé à Richmond!... Et Buckingham, couvert par le Gallois, est descendu sur le champ de bataille... (*Se répondant lui-même :*) Ely avec Richmond, cela me préoccupe... Buckingham, je l'ignore!... Viens, j'ai appris que le vain commentaire est l'esclave absent du lent atermoiement!... Il emmène derrière lui l'impuissance misérable, lentement, à une allure d'escargot!... Et donc que mon aile soit un feu très bref... Mercure à Jupiter : un hérault pour un roi!...

Séquence Marguerite - Élisabeth - la duchesse.

MARGUERITE. – Parce qu'elles sont trop mûres, elles commencent à pourrir. Je me cache là dans ce coin pour contempler toute la débâcle... Puis nous partirons pour la France, dans l'espoir de voir pire...

*Richard est endormi à demi mort sur le lit blanc... Marguerite se tient coite et bien cachée dans un coin. Entrent, de coulisses opposées, éternellement vêtues de noir et furtives, Élisabeth et la duchesse mère. Profitant du sommeil de Richard, elles se mettent à fouiller un peu partout. Elles cherchent on ne sait quoi, sous les oreillers, le tapis, les tiroirs de la commode... Elles se cherchent peut-être elles-mêmes. Élisabeth, exténuée par cette recherche vaine – elles n'ont retrouvé jusque-là qu'un beau Richard en morceaux : ses membres difformes, ses chemises de bossu, des mains, des pieds coupés et des bras horribles, ses trucages infinis, mais rien d'autre –, s'assied par terre la première, appuyée au grand lit de Richard. La duchesse continue à chercher : rien, mais vraiment rien. Seuls ces maudits membres truqués de ce roi de théâtre. Elle en examine quelques-uns éparpillés par terre, comme si tout un homme avait été mis en pièces : elle se laisse tomber mécaniquement à genoux parmi ces faux membres (Ah, la douce époque!)... Avec trois fils vivants... Et elle rêve... Et là, le très doux chœur de femmes du final d'*Anne Boleyn *de Donizetti. Et bien, devant tous ces souvenirs qu'elle essaie en vain de rassembler, entre deux larmes, elle se décollette un peu; peut-être parce que son manteau la gêne beaucoup... Peut-être!... Peut-être la chaleur... Adossée toujours contre le lit, Élisabeth, fouillant involontairement par terre, ne trouve que des cravates avec lesquelles elle désirerait bien sûr se pendre, oui, mais, hélas! il n'y en a aucune qui lui plaise vraiment... Etc.*

ÉLISABETH. – Ah, mes malheureux, mes malheureux enfants les princes... mes tendres bourgeons... Ô mes pauvres parfums!... Si vos âmes blanches soufflent dans l'azur, sans être encore arrêtées dans l'éternel, ô, flottez autour de moi avec vos ailes d'air pour écouter les pleurs de votre pauvre maman!

MARGUERITE. – Oui, flottez, flottez autour d'elle! Dites-lui que deux justices contraires ont enténébré dans la vieille nuit le jour clair de votre jeune vie!

LA DUCHESSE. – Tous ces malheurs m'ont cassé la voix... Ma langue... est épuisée par l'angoisse... Ma langue est paralysée... Édouard... pourquoi es-tu mort?!

ÉLISABETH. – Ah, pourquoi ne peux-tu me donner aussi un tombeau?!... Je voudrais cacher mes os et non pas les laisser reposer ici, à la surface... Qui a une raison de deuil, sinon moi?!

Cependant Marguerite, sortie de ses ténèbres, est en train de récupérer toute la lingerie féminine éparpillée un peu partout : en sorcière experte, elle a tout compris. C'est pourquoi elle est en train d'ôter à Richard jusqu'au souvenir du féminin, pour l'isoler, sans aucune « complicité ».

MARGUERITE (*très menaçante*). – Et maintenant à moi!... Je suis assoiffée, j'ai faim de vengeance!... (*Elle semble vraiment folle, ou elle est devenue vraiment folle.*) Si une douleur plus ancienne mérite plus de respect, donnez à la mienne le privilège de l'âge! C'est à mon désespoir que vous devez donner le premier rang, tant que la douleur supportera d'être en compagnie... J'avais un Édouard et un Richard me l'a tué. J'avais un Henri et il fut tué par un Richard. Tu avais un Édouard tant qu'un Richard ne l'avait pas tué, et toi un Richard et un Richard te l'a tué...

LA DUCHESSE. – Moi aussi, j'avais un Richard et tu me l'as tué! J'avais un Rutland et c'est toi qui l'as tué!...

MARGUERITE, – Tu avais aussi un Clarence et Richard te l'a tué! Ton Édouard a tué mon Édouard! L'autre Édouard est mort pour payer la mort de mon Édouard! Richard a assassiné ton Clarence, et ton Clarence a tué mon Édouard!... Le seul vivant est Richard!... Seigneur bien-aimé!, détruis son contrat avec la vie!... (*Elle s'est approchée d'Élisabeth qui entre-temps s'est assise, lasse de cette inutile et vaine remise en ordre d'un cadavre avec les membres artificiels de Gloucester. Marguerite arrache sa robe à la seule vue de ce corps hypothétique – difforme et démembré. S'adressant au ciel :*) Je t'en supplie, fais-moi vivre assez longtemps pour que je puisse dire : le monstre est mort !... (*À la duchesse :*) Ce chien qui avant d'avoir des yeux a eu des crocs pour mordre les agneaux... Ce vampire !... Cette abjecte insulte à l'artisanat de Dieu !... Ce tyran qui navigue sur la mer d'un infini massacre d'yeux rougis par tant de sang !... Cette somme de nous, c'est toi qui l'as chassé de ton ventre !...

Après avoir dit cela, elle commence à enfermer tous les vêtements intimes féminins dans les armoires noir brillant. Puis elle revient furtivement vers Élisabeth qui s'est traînée près de la duchesse.

Pause.

Marguerite se rend maintenant là où il y a beaucoup de « membres » du Richard-Artifice, là où Richard est le plus démembré. Elle chausse un pied difforme, elle passe un gant pour une main coupée, elle endosse une chemise avec bosse et, ainsi accoutrée, elle s'allonge obscènement entre les deux autres...

Ainsi la duchesse et Élisabeth cajolent ce malheur qui pendant tout le spectacle leur a tellement fait pitié ; elles l'embrassent lascivement partout, s'entremettent, et lui posent des questions indignes, récriminant à propos de stériles vengeances...

MARGUERITE (*désormais Richard III, à Élisabeth*). – Et je t'ai appelée, alors !...

ÉLISABETH (*caressant partout la sorcière Marguerite*). – Tu m'avais prédit qu'un jour ou l'autre je t'inviterais à maudire... à m'apprendre à maudire ce ventre d'araignée enflée, cet obscène... cet obscène crapaud bossu... (*Elle la touche comme une folle, charmée.*)

MARGUERITE. – Je t'ai définie alors... Je te l'ai déjà... je te l'ai déjà... Je t'ai dessinée en moi... je t'ai déjà, ombre chétive... déjà... reine... peinte... pâle image de ce que j'avais été !... élevée très haut pour être mieux précipitée !... Mère risible de deux beaux enfants !... Je te l'ai déjà... je te l'ai déjà !... Ô, toi, reine, figurante de reine dans le vide de cette tapisserie de scène !...

LA DUCHESSE. – Femme d'Henri... (*Elle s'est découvert un sein, telle une nourrice.*)

MARGUERITE. – Tais-toi, ne me distrais pas !... (*Puis, revenant à Élisabeth qui est toujours plus obscènement concentrée :*) Et où est ton mari... et tes frères ?... Tu es heureuse de quoi ?... Où sont les cortèges ?!... Où sont les « Dieu sauve la reine » ?!... Quelle foule se presse autour de toi ?!... Compare tout ce que tu as été avec ce que tu es à présent.

(*S'emportant maintenant* :) Donc, toi : toi, femme heureuse, veuve si triste !... même plus mère, autrefois mère enviée !... Suppliée, suppliante !... reine, femme couronnée de deuils !... Toi, crainte de tous, tu as peur d'un seul homme !... (*Élisabeth est inanimée.*) Voilà, je recule ma tête... ensommeillée... Je t'en laisse le poids tout entier !... Adieu, femme d'York, adieu reine des tristes sortilèges !... Ces malheurs anglais me feront sourire quand je serai en France !... (*Elle va s'éloigner, à demi nue, à quatre pattes, lorsque...*)

ÉLISABETH (*la retenant, avec un effort évident de mourante*). – Ô, toute experte en malédictions, arrête-toi et apprends-moi à maudire !

MARGUERITE. – Évite de dormir la nuit et jeûne le jour... Compare toujours ta joie morte à celle qui vit !... Essaie d'imaginer tes enfants égorgés bien plus beaux qu'ils n'étaient en réalité !... Imagine-toi leur oncle assassin plus ignoble qu'il n'est en réalité !... Vois plus grand tout ce que tu as perdu !... et tu croiras pire la cause de ta ruine !... (*Et Marguerite disparaît.*)

Sons de trompettes... Richard s'éveille et, comme s'il avait rêvé qu'il bavardait lui aussi parmi ces femmes, il va à sa commode en jurant entre un brin de toilette et une gorgée d'alcool.

GLOUCESTER. – Alerte ! Alerte ! Tambours et trompettes, sonnez l'alerte, résonnez pour que les cieux n'écoutent pas le bavardage de ces bonnes femmes !... et leurs outrages contre celui qui a été oint par le Seigneur !... (*Maintenant, des tympans seuls, comme un grondement de tonnerre au loin. S'adressant aux deux femmes :*) Maintenant, vous vous calmez et vous me parlez avec égards ou bien je fais baisser le rideau !...

LA DUCHESSE. – Toi, tu es mon fils ?!

GLOUCESTER (*continuant, furieux, très énervé, sa toilette du matin*). – Oui, grâce à vous, à mon père et à Dieu !...

LA DUCHESSE. – Alors tu dois supporter...

GLOUCESTER. – Madame, je ne supporte pas !, c'est ce que j'ai hérité de vous !...

LA DUCHESSE. – Laisse-moi dire...

GLOUCESTER. – Et dites, dites, d'ailleurs je ne vous entends pas !...

LA DUCHESSE. – Je dirai en mots brefs et contenus...

GLOUCESTER. – Et peu nombreux, ma chère mère, parce que je suis pressé.

LA DUCHESSE. – Je t'ai attendu, Dieu sait, ô, combien, dans l'angoisse et le tourment...

GLOUCESTER. – Et ne suis-je pas venu à votre rencontre ?!

LA DUCHESSE. – Oui, pour mon malheur !... Peux-tu me rappeler une seule heure en ta compagnie ?

GLOUCESTER. – Aucune, en vérité, aucune !... (*Il est tout affairé : il se fait beau, il cherche les vêtements qui conviennent pour cette matinée solennelle, ses cravates, etc.*)

LA DUCHESSE. – Encore un mot, le dernier !

GLOUCESTER. – Soit !

LA DUCHESSE. – J'espère que tu vas mourir ! Ou ce sera toi qui mourras dans cette guerre, ou moi de douleur !

GLOUCESTER. – Amen !...(*Et la duchesse disparaît.*)

ÉLISABETH (*prête à partir*). – Oui... maudit !

GLOUCESTER. – Arrêtez-vous, madame, un mot...

ÉLISABETH. – Je n'ai plus de fils de sang royal à cause de ton vampirisme !... Quant aux filles, elles non, Richard : elles seront nonnes et non pas reines en pleurs !...

GLOUCESTER (*ayant trouvé un bras manchot, il le passe à son bras, mais impudemment, sous ses yeux*). – Tu as une fille qui s'appelle Élisabeth, et qui est belle et vertueuse, n'est-ce pas ?!

ÉLISABETH (*déjà plus douce – mais combien différente de lady Anne de la première partie, plus résignée au jeu*). – Et pour cela elle devrait mourir ?!... (*Richard a chaussé aussi un gros pied difforme – toujours en abattant son jeu. Elle embrasse ce pied.*) Oh, laisse-la !... Laisse-la vivre !...

GLOUCESTER. – Madame, si je reviens victorieux de cette guerre, je veux faire du bien à vous et aux vôtres, plus que je ne vous ai fait de mal !...

ÉLISABETH (*toujours plus interdite*). – Là-haut, derrière le masque du ciel, un bien, peut-être, se cache... Un bien... tout pour moi ?!

GLOUCESTER. – Celui de vos enfants, madame !

ÉLISABETH. – À l'échafaud ?!

GLOUCESTER. – Pas du tout ! Non ! À la plus grande dignité ! À une haute destinée !... Au plus grand emblème de notre terre !

ÉLISABETH. – Tu flattes ma douleur !... Mais dis-moi quel honneur peux-tu transmettre, toi, à mes enfants ?

GLOUCESTER. – Tout celui que j'ai !... Oui ! oui !, c'est moi-même et tout ce qui m'appartient que je veux donner à l'un de tes enfants !

ÉLISABETH. – Parle vite !, que tes paroles de bonté n'aient pas à durer plus que ta bonté !

GLOUCESTER. – Amoureux ! Oui, du plus profond de mon âme, j'aime ta fille, Élisabeth !

ÉLISABETH. – La mère de ma fille, oui, le croit, du plus profond de son âme !

GLOUCESTER. – Que veut-elle dire ?

ÉLISABETH. – Elle dit que tu l'aimes de ce même amour dont tu aimais ses frères chéris.

GLOUCESTER. – Ne joue pas à mal me comprendre !... J'ai dit ceci : je suis amoureux de ta fille et je veux la faire reine d'Angleterre !

ÉLISABETH. – Et qui sera son roi !?

GLOUCESTER. – Le seul qui puisse la faire reine !

ÉLISABETH. – Toi...

GLOUCESTER. – Moi ! Qu'en dis-tu ?... Qu'en penses-tu ?

ÉLISABETH. – Et comment ?... Comment lui feras-tu la cour ?

GLOUCESTER. – Apprends-le-moi, toi !

ÉLISABETH. – En te transformant, peut-être... En n'étant plus toi !...

GLOUCESTER (*en passant une main difforme*). – Quand je reviendrai, le front ceint de mes guirlandes de gloire, je la traînerai dans le lit du vainqueur ! Ma gloire sera la sienne ! Elle seule triomphera : le César de César !...

ÉLISABETH. – Que ferais-je mieux de lui dire ?!... Lui dirai-je que son oncle veut l'épouser ?!

GLOUCESTER. – Dis-lui que l'Angleterre sera en paix !

ÉLISABETH. – Avec des guerres à l'infini !

GLOUCESTER. – Dis-lui que le roi, qui peut ordonner, demande !

ÉLISABETH. – Ce que lui défend le Roi des rois...

GLOUCESTER. – Dis-lui qu'elle régnera grande et puissante !

ÉLISABETH. – Et ne sera bonne qu'à pleurer...

GLOUCESTER. – Dis-lui que je l'aimerai d'un amour éternel !

ÉLISABETH. – Mais combien dure ton éternité ?

GLOUCESTER. – Jusqu'à la fin de sa très belle vie !

ÉLISABETH. – Et sa vie, combien de temps sera-t-elle belle ?!

GLOUCESTER. – Autant que la nature et le ciel le voudront bien !

ÉLISABETH. – Autant que le voudront le diable et puis Richard !

GLOUCESTER. – Dis-lui qu'elle a ici un roi serf à ses pieds !

ÉLISABETH. – Mais elle, si elle est ta sujette, ne t'aime pas !

GLOUCESTER. – Dis-lui que... Par saint Georges !

ÉLISABETH. – Profané !

GLOUCESTER. – Par ma jarretière !

ÉLISABETH. – Non, elle est déshonorée !

GLOUCESTER. – Par ma couronne !

ÉLISABETH. – Non, elle est usurpée !

GLOUCESTER. – Je jure !

ÉLISABETH. – C'est faux !... Le monde entier le sait !

GLOUCESTER. – Je jure sur le monde !

ÉLISABETH. – Il est plein de tes crimes !

GLOUCESTER. – Sur la mort de mon père !

ÉLISABETH. – Par ta vie, tu l'as déshonoré !

GLOUCESTER. – Je jure sur moi-même !

ÉLISABETH. – Tu as aussi ôté toute valeur à toi-même !

GLOUCESTER. – Je jure sur Dieu !

ÉLISABETH. – Tu l'as bien trop offensé !

GLOUCESTER. – Sur l'avenir !

ÉLISABETH. – Tu l'as discrédité par ton passé !

GLOUCESTER. – Dis-lui alors que je l'aime !!!

Longue pause.

ÉLISABETH. – Jusqu'à quand le démon me tentera-t-il !?

GLOUCESTER. – Qu'est-ce que ça peut faire ! S'il te tente à bonne fin...

ÉLISABETH. – Devrais-je donc m'oublier moi-même ?!

GLOUCESTER. – Oui, oui, si le souvenir de toi-même te fait du mal !

ÉLISABETH. – Mais toi... Mais toi... toi... tu as tué mes fils !

GLOUCESTER. – Pour mieux les ensevelir... Dans le sein de ta fille !

ÉLISABETH. – Moi ?!... Je devrais donc... aller... voir ma... fille... et la persuader...

GLOUCESTER. – Qu'elle peut faire le bonheur de sa mère !

ÉLISABETH. – Et moi... je vais... je vais...

GLOUCESTER. – Et embrasse-la... de ma part... Ainsi !... (*Il l'embrasse.*) Et... à bientôt...

ÉLISABETH. – Écris-moi !... (*Elle disparaît.*)

Maintenant, Richard est seul, vraiment seul : plus de femmes-histoire... plus rien : même plus de robes, de

chaussures de femme, ni d'autres choses semblables...
Marguerite a tout renfermé dans les énormes armoires noir brillant...

GLOUCESTER. – Femme sotte inconstante inconsistante !

Et il commence à tourner sur lui-même, il commence à frapper à coups de pied et de poing les armoires qui contiennent les complices, complices de sa tragédie-farce-duperie, amis et ennemis imaginés... Maintenant, il n'a même plus sa propre imagination, rien !
Ici, la masturbation historique-fétichiste ne peut plus se donner en représentation. Il s'agissait d'une excitation continue des sens dans l'attente de...
Maintenant, c'est différent... Différent aussi Richard. Différent de lui-même... C'est du délire... C'est « la fable racontée par un idiot qui ne veut rien dire ».
Il invoque des coulisses les répliques que ne lui donne plus aucun de ses partenaires de scène – ils sont partis ou en grève... Et Gloucester fait signe avec les mains, avec les pieds, et va jusqu'à souffler...

GLOUCESTER (*même jeu*). – Ohhhh !... Quelles nouvelles... Amis !... (*Ici il ne peut que se réciter, comme le « moi » lui-même, comme tout tyran en dehors de l'histoire... Qu'ils pensent ce qu'ils voudront dans la salle... Soufflant :*) Souverain très puissant, une grande flotte... Que quelqu'un vole vers Norfolk !... Toi !...

Ratcliff!... Catesby!... Où est Catesby?!... (*Implorant vers les coulisses :*) Il est ici, mon bon seigneur!... Vole chez le duc, Catesby!... Je vole, monsieur, je vole!... Ratcliff, viens là, écoute... Je viens... Toi, cours à Salisbury!... Stupide scélérat, que fais-tu là planté!?... (*En soufflant :*) Si vous ne me dites pas d'abord ce que je dois dire... (*Gaiement, déplacé :*) Ah, c'est vrai, c'est vrai, Catesby!... Dis-lui d'enrôler des gens à l'infini!... (*Soufflant :*) Je cours!... Et moi, monsieur?... Et moi, monsieur? Et moi, monsieur?!... Quoi?!!! Tu voudrais me devancer?!... (*Il souffle :*) Votre Altesse... (*Hurlant :*) J'ai changé d'idée!... Alors Stanley!?... Stanley?... Et alors Stanley?!... Bonnes, ou mauvaises, les nouvelles?!... Qu'est-ce que c'est? Une devinette?!... (*Soufflant, désespéré :*) Richmond est en mer!... Et que la mer s'abîme sur lui! Qu'est-ce qu'il fait là, ce lâche renégat?!... (*Désormais, il ne se souffle qu'à lui seul.*) Il vient ici réclamer la couronne!... Que dites-vous? Le trône est vide? L'épée est rouillée? Le roi est mort?!... Quel héritier d'York est encore vivant en dehors de moi? Et alors, dis-moi un peu : qu'est-ce qu'il fait sur l'eau, celui-là?!... Je ne sais que dire...

Séquence Marguerite-Richard :
Il fait vraiment sombre sur cette île...
Richard délire de batailles, impuni et, disons-le, fatigué et ivre... Marguerite – synthèse du féminin historique –, épuisée, change les draps du lit conjugal, ne serait-

ce que pour mettre de l'ordre une fois pour toutes – la dernière – avant d'aller se reposer ailleurs, en vacances...

De sa part, il y a cette dérision éternelle envers un partenaire un peu trop extraordinaire, cette irrévérence absolue pour le désordre autre... Elle va s'en aller dormir dans un autre monde, sans pourtant renoncer à sa tâche qui annonce la fin, son départ : confectionner maintenant une castration ordonnée de Lui-situation.

Elle a des témoins, un public dans la salle ; ainsi le linge sale se lave sur la place publique... Névrotique (« Portrait de dame »), Marguerite défait et refait le lit sur lequel elle a essayé d'aimer une guerre si grande : elle change les draps et les taies d'oreiller qui semblent des spectres à Richard. Blanc pour blanc = ne pas sauter la scène des « spectres ». Sa façon de faire des gestes doit être involontaire, tout à fait involontaire, impensée. Voix hors scène. C'est Richard qui a soif de tout cela pour encore un peu...

RICHARD (*désormais prostré et guettant ces taies blanches qui volettent dans le vide*). – C'est le spectre du prince Édouard!... Je veux un autre cheval!... Bandez-moi... mais c'est du sang!... Ayez pitié de moi, Jésus!... Allons!... Ce n'est qu'un rêve... Toi, conscience lâche, tu me tourmentes?!... (*Marguerite fait voleter une autre taie blanche.*) C'est maintenant le spectre du roi Henri VI! (*Richard boit longuement.*) Les feux ardent bleu... la couleur morte de minuit!... (*Halluciné encore par du blanc :*) Clarence!... J'ai des sueurs froides et des frissons!... (*Il ricane :*) L'*Horror vacui*!... (*Marguerite se débarrasse de trois taies, l'une après l'autre.*) Grey – Vaughan – Rivers!... Il n'est pas une créature au monde qui m'aime, et si je meurs personne n'aura pitié de moi!... (*Et Marguerite, au milieu d'une longue pause, se mouche.*)

    VOIX DE FEMME HORS SCÈNE. – Tu vois, tu ne sauras jamais quelle importance ont pour moi les amis...
    Combien, mais combien rare, rare et étrange est pour moi
      De trouver
      Dans cette vie
      Faite de tant d'adversités, de buts,
      De pouvoir trouver
      Un ami... avec ces qualités
      Qui aurait et donnerait
      Les qualités par lesquelles vit l'amitié...
      Sans ces amitiés,
      Quel cauchemar, la vie!

    RICHARD. – C'est un rêve, un rêve, bien trop épouvantable!... (*Marguerite a une autre taie blanche dans les mains.*) Ce sont mes petits neveux assassinés!... Ratcliff!... Le coq du matin déjà dans le bourg... (*Encore du blanc :*) Anne!... Mon malheur fait épouse... (*Revenant à ses plans :*) Qu'en pense-t-il Northumberland?... Et Surrey, qu'a-t-il dit?!...

Compte les heures, donne-moi un calendrier!... Le soleil est-il là ce matin?... Qui l'a vu?... Toi non, toi non, toi non... Alors, il n'a pas voulu se montrer!... Mais le soleil lui-même... Oui, ce soleil qui me boude, est le même pour Richmond... Richmond... Richmond... Par saint Paul, les ombres cette nuit m'épouvantent plus que la réalité de dix mille hommes armés!... Le coq du matin...

VOIX DE FEMME HORS SCÈNE. –
...Car tous nos amis l'avaient bien dit,
Oui, nos amis étaient sûrs
Que nos sentiments s'accordaient
Intimement!
Même à moi il m'est difficile de comprendre.
Laissons au destin tout cela...
Écris-moi...
Il n'est d'ailleurs pas si tard!...

RICHARD. – ...Le coq du matin a déjà par deux fois salué l'aube!... Ça, je l'ai déjà dit!... Aux armes! Aux armes!... Mettons le caparaçon à mon cheval!... Lord Stanley, oui, appelez-le, qu'il avance avec ses hommes!... Les miens, je les disposerai dans la plaine, ainsi rangés!... : tout en longueur, l'avant-garde déployée... Nos archers au centre... Norfolk et Surrey commanderont tous ces chevaux et fantassins!... Moi je suivrai avec le gros de l'armée!... Saint Georges en renfort!... et la conscience au diable!!!

VOIX DE FEMME HORS SCÈNE. –
Donc c'est ainsi, tu t'en vas,
Tu pars pour l'étranger ?...
Et quand penses-tu revenir ?
Mais c'est une question inutile :
Tu sais difficilement quand tu reviens,
Tu trouveras bien des choses à apprendre...

RICHARD. – Un cheval un cheval ! Mon royaume pour un cheval !... (*Marguerite disparaît en traînant derrière elle la grande traîne des draps sales, ensommeillée et épuisée.*)

VOIX DE FEMME HORS SCÈNE. – Retirez-vous, sire, je vous cherche, moi, un cheval ! Retirez-vous !... Vous pourrez peut-être m'écrire... Dormons !... (*Marguerite a disparu.*)

RICHARD (*au néant*). – Lâche ! J'ai joué ma vie aux dés et je tiens bien la banque... Je crois qu'aujourd'hui il y avait six Richmond sur le terrain, car j'en ai tué cinq mais jamais lui !... Un cheval ! Un cheval ! Mon royaume pour un cheval !

FIN ?

Othello

ou La déficence de la femme

*Composition-version
d'après William Shakespeare*

Le féminin et la femme dans Othello
Othello – Iago – Bianca – Emilia – Desdemona
Michael Cassio
le mouchoir

Le *mouchoir* est le simulacre, l'esprit follet « innocent » de l'*intrigue* : la seconde trame qui obscurcit jusqu'à l'incompréhension d'elle-même (qui ridiculo-minimise) la première « trame ». Futile.

Rapport Iago-Othello :

C'est le *féminin* qui les réclame comme *acteurs* :
Leur *tragédie* est celle de l'*amitié* (qui n'est pas « trahie » – c'est un « destin » réservé aux « rôles ») *technique*, le *métier* du *rire*, au-delà du concept de représentation. Au-delà du « principe de fiction ».
Iago-Othello produit (invente) *Michael Cassio* :
Transgression = nostalgie du fantôme

Othello-Iago = dégénération (déstabilisation du *genre)*

Othello-Iago = perversion perpétuelle = désir de l'*obscène en excès*

Le merveilleux *professionnalisme* d'*Othello* («professionnalisme du merveilleux »)

est déclaré tout de suite et perpétré dans toute la « tragédie », par l'intermédiaire de la *poétique* d'une *technique dissociée de l'acteur*...

Iago devient ce qu'*est Othello :*
d'abord inconsciemment ; au fur et à mesure, à son tour de plus en plus éclairé, comme *Othello – Iago devient ce qu'il est :* « *vous savez ce que vous savez* »...

À la pauvre vérification des « faits » nuptiaux (jeu du *noir et blanc* : seul le visage est *noir* qui pâlira pourtant sous la frénésie de ce *mouchoir* : ironie perdue du *différent*)...

Quant au *projet* du cas *Iago* :

Iago est *Dracula* qui célèbre pendant le jour sa trop tristement fameuse soif de sang : tout au plus, il est (surtout au début) projeté – inutile à son « rôle » –, mais indispensable à son *équilibre artistique*, pour mieux « jouer » l'*oubli* et la *mémoire* (la fable de *nos dissonances*).

Que je sache, personne n'a remarqué (sauf Shakespeare) que l'initiative confuse et grossière de *Iago* a lieu simultanément avec le mariage secret d'*Othello*.

Othello se *trahit avec lui-même* même avant l'intervention de *Iago*, qui seulement par la suite va se prodiguer pour lui porter secours *théâtralement*.

Il sera bien de ne confier la *volonté* de *Iago* dans l'« Othello » qu'à cela :
    un *Roderigo muet*
    un *Brabantio* vocalement simulé par l'artifice de *Iago*
    et surtout *Michael Cassio*
    « doublé » – plus ou moins en synchronisation – toujours par *Iago*

Les trois « personnages » qui viennent d'être énumérés n'existent pas – ou du moins n'existent pas en tant que *Brabantio Roderigo* et *Cassio* – : ils joueront sur la scène en *qualité* d'*acteurs sans rôle*; même *sans le vouloir, ils transgresseront visuellement* cette même *absence de crédibilité qui leur est confiée* (que le ciel les protège, ce n'est pas facile) :
    ce qui permet à *Iago* de vouloir *le mal pour le mal* sans *vouloir*...

Cassio, ainsi *inventé*, est sur scène le *fantôme*
    des *femmes – garçons*
    (absentes)

Je trouve qu'il est opportun de visualiser la *dégénération* « civile » d'*Othello – Iago – Cassio* (le feu de la cheminée éteint de la *fable*) dans la relative *dégradation militaire* :
    général – lieutenant – enseigne...

Les *femmes* dans *Othello*

Si *Michael Cassio* est *le fantôme* (ou plutôt, il est le succédané du « fantôme »), cela signifie que les femmes dans *Othello*, en tant qu'actrices *à l'intérieur de la représentation* – de laquelle sont dispensés *Othello* et *Iago* –, *privées du féminin*, entretiennent avec les protagonistes un *rapport raté*, fondé non seulement sur l'incompréhension, mais même sur l'*incompatibilité*.

« *Incompatible* » : je retiens que cette définition est la plus appropriée pour le « monde féminin » de l'*Othello*.

En commençant par *Bianca* qui ne peut pas « mourir » parce qu'elle est sans *rôle* (si elle veut, elle peut copier le *mouchoir*), *Desdemona*, madone adolescente vénitienne – « première actrice jeune » –, est essentiellement *spectatrice lectrice auditrice* de la *fable* d'*Othello* : c'est assez pour en faire une
Victime

De cette *réelle* et donc plus obstinée *participation étrangère*, elle peut *mourir* : elle est la *distraction* incarnée *d'un instant d'Othello*. Elle se trouve, dans cette musique mauresque, comme
la femme – état d'âme
au
jeu androgyne

Même si elle est « honnête », elle *n'offre pas la garantie* d'un *Iago*. Elle n'en a pas *l'infidélité* nécessaire à satisfaire le *désir érotique* du *Maure*, ni à lui garantir *repos et/ou folie théâtrales*...

Elle est innocente sur n'importe quelle page de faits divers, trois fois coupable au théâtre...

Sa totale *irresponsabilité tragique* en fait de toute façon *une créature remarquable à tuer* (« *Reste ainsi comme morte et je te tuerai et puis je t'aimerai!...* ») plus par compassion humaine ou *autocommisération*, que par *mensonge dramatique*. Mais certainement : *elle est candide* (étranglez-la dans la sacro-sainte fiction, et elle se croira vraiment morte)...

C'est au contraire *Othello* qui se venge de lui-même, de son « amour trahi » :

>...Il m'avait l'honneur enlevé
>moi, la vie je lui ai arrachée...

Desdemona trouve sa vulgarisation en *Emilia*, *Emilia* sa prostitution en *Bianca*. Ainsi, par l'intermédiaire d'*Emilia*, le *féminesque* change de couleur de *Desdemona* à *Bianca* et vice versa.

Absent est le féminin, ce visage de femme à trois profils se fait plus ou moins putain. La « différence » n'est que là...

D'où l'indéfinissable *complicité* entre *Othello* et *Iago*; *complicité théâtrale, au-delà du principe de représentation* qui les autorise tous les deux à *s'auto-léser triomphalement* (comme cela arrive dans l'opéra en musique), et à traiter des passions et des états d'âme comme des cartes du jeu tragique par excellence, allant jusqu'à laisser *un mouchoir* comme *protagoniste* de la situation.

Dans ce *grand théâtre en train de se faire*, la soi-disante intrigue est une belle guirlande de roses de rien (*le grand absent, l'érotisme d'ensemble*) :

Quand le *noir* ne règne pas, la scène – tout entière – est

Une dentelle enchevêtrée blanche et transparente

(Venise ou Chypre, cela n'a pas d'importance) :

un *mouchoir immense*, qui se tache au fur et à mesure de broderies ajourées en vide et en contre-jour. Une tromperie trop voyante pour que les acteurs puissent se rendre compte qu'ils y sont contenus *comme une poignée d'ajours vivante*, et, parfois, « *trop petite* », au point de se trouver fatalement sous-évaluée.

En face du *noir-Othello*, Iago est scéniquement *l'apprentissage élevé à une méthode*...

Conclusion : l'élément *Bianca – Emilia – Desdemona vit en scène* à la dérive de la *certitude*... En revanche, l'élément *Othello – Iago est la certitude de sa dérive*.

Michael Cassio

Sa présence inconsciente, propre à celui qui a abouti sur scène *par hasard*, en cherchant un restaurant ou je ne sais quoi, partage la même *équivoque que Roderigo* muet et *Brabantio* sénateur.

Roderigo Brabantio Cassio sont faits « *de l'étoffe même des songes* », larves – « *souffles* » de *Iago*, destinés à *visualiser son apprentissage* :

Cobayes de l'ironie diabolique de son rôle conventionnel de *projeteur*; et surtout – étant donné leur *hasard scénique* – plis animés, grimaces du *mouchoir* qui, à son tour, projette *Iago*, en lui soustrayant justement la *détermination*, en le situant lui aussi dans le dessein de cette trame ajourée. *Des vides*.

S'il n'en était pas ainsi, *Iago* ne trouverait qu'une situation de « rôle » (le « personnage » *Iago*) et certainement jamais le *Iago-acteur*, apprenti sorcier *doubleur* de ces larves, plein d'émotion en même temps qu'amusé par le *personnage-Iago* (mesquin, maladif, pathétique, ridicule – sublime) qui invente peu à peu, d'abord tremblant, plein de fougue et d'arrogance tourmentée, embarrassé et timide au premier choc avec ses feux follets, comme quelqu'un qui, seul, de nuit, chante d'une voix trop forte et mal assurée, s'il lui arrive de passer près d'un cimetière; et au fur et à mesure, de plus en plus *tragiquement insouciant* (pour ce qui est de se risquer à *vivre, sa doublure le fera pour lui*)...

Mais ces larves auxquelles *Iago* prête sa voix sont aussi visibles pour *Othello-acteur* – elles sont, de plus, douées même de *son* –, d'où la complicité entre Othello et Iago.

Or, si *Roderigo* muet est un spectre domestique pour « l'honnête *Iago* » (*honnêteté irréprochable d'acteur*) ; si le vieux *Brabantio* fait un peu plus peur, bouleversé par sa folle douleur de père à la Verdi,
Michael Cassio
(qui dans cette scène ratée est à son aise comme chez lui, allant jusqu'à féliciter et courtiser les actrices et même à s'enivrer)
est – nous l'avons dit – *le fantôme du féminin absent* dans le « féminesque » à sa disposition.

Cassio est beau. Il est stimulant. Tombé sur scène d'on ne sait où, loin de se presser pour liquider l'équivoque et prendre congé (il n'y songe même pas), on dirait même qu'il y prend goût. Il est curieux. Il s'amuse dans ce *musée du féminin*. C'est un fainéant de jour comme de nuit. On dirait une distraction de Dionysos. Il a un je-ne-sais-quoi de l'*acteur* extraordinaire (peut-être le sourire et l'absence de tempérament).

Entre *Iago-enseigne* et *Othello-général, Michael Cassio* est le *lieutenant* :
Il est l'excès central, dans tous les sens vraiment
indispensable
Il a quelque chose de *Iago* et d'*Othello* ensemble : un désert les séparerait si *Michael Cassio* n'était lui-même *le désert* en tant que
fantôme – lieutenant
Aussi, *par des degrés cosmiques et hiérarchiques, Othello et Iago*, ayant vaincu toute jalousie équi-

voque concernant les « rôles », se rencontreront en un seul point. Un ange inconscient y a pourvu comme dans un miracle, et il peut donc disparaître :

...Cassio, je t'aime : dorénavant tu n'es plus mon lieutenant...

N.B. À propos de Iago : lorsqu'il est dépourvu du *mouchoir* (avec lequel, « Honnête » homéopathique, il soigne-alimente son *mal*), il essuie ses lèvres « phtisiques », son nez, etc., avec son *costume*, en le salissant et le déchirant. Dans ces cas, *Emilia* s'ingénie à rapiécer et raccommoder celui-ci en véritable fée du logis.

Première partie

Salle dans le noir. Rideau.
On entend la fin d'une sérénade, juste le dernier aigu, mais doux et prolongé : pas plus de cinq ou six secondes : c'est sans doute la énième et vaine sérénade de Roderigo pour sa belle Desdemona.
  Sur la scène, noir comme dans un four
  Presque à la gauche du devant de la scène s'éclaire immaculé « le »
  Mouchoir
  Puis, deux mains qui le font danser, chuchoter : puis le marionnettiste, Iago, éclairé en deux temps : premier plan (éclairage rapide), en s'élargissant ensuite jusqu'à la poitrine.
  (Pause = 10 secondes)
  Iago se mouche bruyamment.
  Dans une atmosphère sous-domestique s'éclaire Emilia, son épouse, malheureusement, et une pauvre

table d'après-dîner que la femme débarrasse avec un empressement excessif. Son mari fixe pendant quelque temps le vide en face de lui. Puis, il donne un grand coup de poing sur la table. Emilia est la statue d'Emilia. Iago se lève, flegmatique, noue autour de son cou le mouchoir comme une serviette de table et, doucement, avec deux doigts papillonnants, rassemblant en un seul les quatre pans de l'innocente serviette avec une méticulosité pythagoricienne, il en fait sortir un baluchon pyramidal qu'il jette – grand fracas – dans le néant.

Emilia sur une chaise se résigne – c'est ainsi tous les soirs – la cheminée invisible se ravive – ponctuellement – Iago, après avoir trouvé un livre format bible, rongé par l'abus, entre deux bâillements de son épouse insensible, condamnée on ne sait depuis combien de temps à écouter, lit comme un curé de campagne :

IAGO. – « ... Je suis par ma naissance et ma substance de lignée royale et devant moi resplendit une superbe fortune comme celle que j'ai ensuite inventée, tout seul... »

Tout s'évanouit, sauf Iago qui pâlit saisi d'un malaise non précisé.

(Une musique sombre et viscérale – de basses fréquences – miaule pour exploser d'abord en clochettes puis en cloches en fête, en sonneries de trompettes lancinantes, et timbales, cymbales assourdissantes : des sons

qui, aussitôt mixés, tombent dans une exaltante marche nuptiale.)

Iago va plus mal. Il ne sait pas comment utiliser le mouchoir... il l'avale et s'écroule par terre, en proie à une forte crise d'épilepsie...
(Fracas de vitres : on ne sait où, on ferme violemment une, deux, trois fenêtres. La musique est coupée...)
La musique nuptiale, étouffée, fait place au rythme d'une autre sérénade, symptôme certainement du mariage secret d'Othello et de Desdemona – ou, du moins, c'est ainsi qu'elle résonne pour Iago – :

« De tes yeux qui apprennent aux muets
pour toi, ô merveille, à chanter
mes yeux ont appris à t'écouter
La grâce est pour moi redoublée. »

Musique lointaine. Iago, qui s'était évanoui, se ranime, avec le mouchoir entre les dents ; il récupère déçu son livre-évangile à présent apocryphe, et, avec quelque peine, il se remet debout : mais oui : dans un taudis ou un berceau, est funeste pour qui naît le jour nuptial[1]...

Tremblant de colère, il met en pièces et piétine le livre... Imprudente, Emilia se ranime. Iago l'étrangle ;

---

1. Allusion à un vers de Leopardi, tiré du *Canto notturno di un pastore errante dell'Asia* : « dentro covile o cuna è funesto a chi nasce il dì natale », « dans un taudis ou un berceau, est funeste pour qui naît le jour natal... ». (*N.d.T*)

il est fou de rage : « d'abord la pendre et puis la faire se confesser »... Emilia s'évanouit. Iago-Othello la soulève en l'air entre ses deux serres et l'envoie par terre, en l'ensevelissant... (ou Emilia glisse de sa chemise et, nue, honteuse, se dissout – Iago met en pièces cette chemise qui est la sienne) ... avec accompagnement musical :
*(Les violoncelles avant le final de l'*Othello *de Verdi)*

IAGO (*un morceau du mouchoir toujours entre les dents, il fait claquer ses doigts à la recherche de quelque chose, et Roderigo s'éclaire à côté de lui... Iago extorque à Roderigo des bourses pleines d'or qu'il soupèse et compte*). – Menteur ? Tu crois ça, toi ! *Trois fois recommandé* et comment !... Tout cela pour que sa Noire Seigneurie me nomme son lieutenant... Rien, rien du tout... « Cela ne me sert à rien... il y a déjà Michael Cassio, ça suffit, ça fait même trop »... Ce Michael Cassio, un Florentin, qui vendrait son âme au diable pour une belle femme, vous pensez, comptable de guerre, seulement des livres, et sa pratique militaire ? Rien, zéro... Et en attendant : « Cela ne me sert à rien, il y a déjà Michael Cassio, ça suffit, ça fait même trop » ; et à moi, ne revient que le rôle d'enseigne de sa seigneurie mauresque. On n'en sort pas. Rien... Il suffirait d'un moins que rien à ma place pour maudire Othello... Et pendant ce temps le Maure avec ses belles grosses lèvres a le vent en poupe !...

(*Iago arrache à Roderigo son inutile mandole qu'il jette en coulisse.*) Réveille son père, appelle-le, je te dis ; couvre le Maure de honte, jette tout en public, entraîne contre lui toute la parenté ; tu parles de noces ! Infeste-les de mouches, fais-le pâlir ; allez, réveille le vieux. (*Hurlant comme un possédé :*) Réveille-toi, Brabantio, réveille-toi ! Au voleur ! Au voleur ! Aie l'œil sur ta maison, ta fille et ton argent !

BRABANTIO (*on ne sait d'où*). – Qu'est-ce que c'est que ce boucan ? Qu'est-ce qu'il se passe ?

IAGO. – La famille est au complet ? Les portes, elles sont fermées ou ouvertes ?

BRABANTIO. – Pourquoi ces questions ?

IAGO. – Parbleu, on vous a bien eu ! Et jetez sur vous quelques guenilles, au nom de la décence ! On vous a brisé ! En ce moment même, un vieux bélier noir est en train de monter votre blanche brebis ! Réveillez-vous ! Réveillez-vous ! Avant que le diable fasse de vous un grand-père !

BRABANTIO. – Vous êtes devenus fous ?!...

IAGO. – Reconnaissez-vous ma voix ?

BRABANTIO. – Non!... Qui es-tu?...

IAGO. – Je suis Roderigo!

BRABANTIO. – Tant pis pour toi! Je te l'ai déjà dit : ma fille n'est pas pour toi, tu peux toujours rêver, malfaiteur, ivrogne! Sale fou!...

IAGO. – Bravo, le vieux voyeur! Ça t'amuse que l'étalon berbère monte ta fille?! Libertin, tu auras des petits-fils qui henniront, des chevaux pour parenté et des mulets pour beaux-frères!... À cet instant, ta fille et le Maure s'entraînent à faire la bête à deux dos!...

BRABANTIO. – Canaille!

IAGO. – Sénateur!

BRABANTIO. – Toi, Roderigo, tu en répondras! Toi, je te connais!... Des torches, des flambeaux... De la lumière! Réveillez les serviteurs, j'ai fait un mauvais rêve! De la lumière, bon Dieu, ici, de la lumière!...

IAGO (*à Roderigo*). – ... Pourquoi cette scène? Laisse-moi seul... Adieu...

(*Roderigo s'éclipse. Et alors, tout parlicotant, un vieil asthmatique, tout courbé, en chemise de nuit et avec une calotte toutes deux blanches, descend de son lit : il en fait le tour, en s'y appuyant et en s'agenouillant par moments pour guetter on ne sait quoi ; cherche-t-il un pot de chambre ? Qui sait ! De temps à autre, à quatre pattes, il lève le regard vers le ciel... La seule chose certaine c'est sa damnée urgence, et le pauvre vieillard, de plus en plus péniblement, soulève les couvertures avec beaucoup d'effort, tâtonne follement comme un roi Lear : il s'arrache les cheveux et la chemise...*

Iago a un sursaut plus que légitime en se trouvant devant son imagination [tout ce qui est gratuit dans la scène précédente] réellement affolée dans ce vieillard : il se retire dans des coins jamais assez sombres tremblant et tenté en même temps, fasciné par ce feu follet, il n'arrive pas à réprimer ses râles asthmatiques amplifiés techniquement au fur et à mesure – Palpitant, cela lui plaît d'épier dans ce vieillard inconscient – et pourquoi pas ? – Brabantio sénateur et père de Desdemona...)

BRABANTIO (*avec la voix étrange et vieillie de Iago : si étrange que même Iago en est surpris*). – C'est vrai !... C'est vrai, elle s'est enfuie, je l'ai perdue !... La vie me dégoûte, elle n'est plus qu'amertume ! Enfant scélérate... et avec le Maure... Mariés ! Mon Dieu, mon Dieu, comment a-t-elle pu ?... Trahison du sang ! Virginité et vertu d'une enfant... Emportée... C'est un envoûtement !...

(*Et maintenant le rêve du pauvre Brabantio devient réalité : la lumière invente Othello près de Iago...*)

IAGO (*tremblant*). – Le voilà (*indiquant Brabantio à moitié nu*), ce vieillard obscène : il déblatère et souille tant votre honneur, que si ce n'était que de moi je l'égorgerais !...
(*Et là, stupéfait par cette seconde épreuve à la « Iago », plus compromettante que celle de la scène précédente (anonyme), il a en face de lui Brabantio haut placé et même Othello, marié, c'est vrai, mais à l'apparence Othello... Iago est assailli d'un autre malaise ; qui sait : ... un infarctus, cette fois...*)
Mon général, pardon... (*Et il s'agenouille et se blottit aux pieds d'Othello.*) Mais... (*à part lui*) il me manque le peu de cynisme... indispensable dans certains cas... (*Et il poursuit la phrase en articulant avec les lèvres sans la voix. Et il continue longtemps, et, simultanément, Brabantio s'efface... Et puis Iago...*)

OTHELLO (*divaguant... Pense-t-il à Cassio ?... l'esprit confus*). –

(*Musique.*)

J'ai fait quelque chose pour la république et la république le sait... On ne le sait pas encore. Quand ce sera un honneur de s'en vanter, je dirai ceci : *je suis par ma naissance et ma substance d'une lignée royale* et devant moi resplendit une fortune superbe comme celle que j'ai ensuite inventée, tout seul... Sache donc, Iago, que seul l'amour pour Desdemona a enfermé dans une maison mon vagabondage. Le trésor universel des mers ne m'aurait pas ainsi charmé...

(*Brabantio est éclairé comme précédemment et, comme tout de suite après, Iago.*)

BRABANTIO (*il est littéralement fou : son d'une lame dégaînée – il n'a rien dans les mains... À Othello.*) – Voleur!...

OTHELLO. – Range cette lame éblouissante, qu'elle ne soit pas rouillée par la rosée. Ton âge vaut plus que ton arme...

(*Brabantio et Iago bougent tous les deux les lèvres tels des poissons : Brabantio comme par un tic sénile, Iago à la recherche de la parole perdue.*)

BRABANTIO (*comme précédemment, tout baveux*). – ...Toi, sale voleur : où as-tu caché ma fille? Démon, dis-moi comment tu l'as ensorcelée! Bon sens, témoigne donc si une si douce enfant, si heureuse et belle, si opposée au mariage qu'elle a repoussé la jeunesse la plus fortunée et parée, aurait pu braver le mépris public, dis-moi si elle aurait brisé ma cage dorée, pour se jeter sur la poitrine noire comme la suie de quelqu'un comme toi : toi, fait pour épouvanter!... Que le monde juge s'il n'est pas évident que tu as abusé de son adolescence ingénue, que tu l'as envoûtée avec des sortilèges hideux, avec des filtres immondes et des enchantements abjects... des maléfices... des drogues... des minéraux qui brisent toute volonté... Moi, je te traîne en cour de justice... Je t'arrête comme... sorcier et... corrupteur... pour pratique abusive d'arts illicites... Je t'arrête... ne me résiste pas, c'est à tes risques!...

OTHELLO. – Si dans mon rôle il était écrit de dégainer l'épée dans cette scène, je saurais le faire par cœur, sans l'aide du souffleur. Où veux-tu que j'aille?...

(*Brabantio et Othello s'éclipsent : la lumière se retire du vieillard avec une légère anticipation.*)

(*Lumière sur Cassio et Iago.*)

CASSIO. – Je ne comprends pas...

IAGO (*blême.*) – Il s'est marié!... (*Et il s'évanouit.*)

CASSIO (*tout à fait étourdi.*) – ... Avec qui?...

(*Noir.*)

La chambre à coucher de Desdemona – alias celle du Conseil des Dix – alias un Dortoir public.
(*Musique douce.*)
Othello, dans son costume splendide, est allongé aux pieds de Desdemona qui, assise sur le bord du grand lit rond, comme dans un nuage de dentelles, fait du crochet ou pose un livre de belles histoires sur ses genoux et soupire... On ne sait pas trop ce qu'elle est :
si, étonnamment désinvolte et douce (si maladive), elle est heureuse de se déshabiller sans l'embarras d'une première nuit, chantant même, en se peignant, une petite chanson :
En réalité chantonnée par la voix de
Bianca-prostituée on ne sait où
mais avec les lèvres fermes d'une jeune fille
soucieuse de rouge à lèvres en son miroir

« Chantez : le saule vert chantez
N'y pensez pas
Par lui, j'aime aussi être offensée
J'ai appelé mon amour amour traître
Et amour me répondit
Si d'autres je me délecte
D'autres dans le lit embrassez... »,

ou si, troublée par les histoires d'Othello (absorbée pourtant par la couture ou la lecture – des histoires d'Othello), elle est indécente (abandonnée), innocente, et malgré elle, par les robes qui, caressant ses épaules, glissent sur son sein, dorment sur ses genoux ou se blottissent à ses pieds. Une chose est certaine :
Ce déshabillage de Desdemona passant de spectatrice extérieure à femme intime rompt l'enchantement de la musique-récit d'Othello : amnésie de l'acteur qui, mécaniquement, met deux doigts sur son front pour toucher de sa main son vide mental, deux doigts qui involontairement *se teignent du maquillage : deux pétales de rose noire... Et là, fait suite, toujours ambiguë, la rougeur de Desdemona (gélatine artificielle rouge-ponctuelle...)... qui, confuse, se couvre du mieux qu'elle le peut de sa belle robe de midi et, reprenant son crochet et le livre des histoires d'Othello, se repropose comme spectatrice attentive. Ainsi Othello retrouve la mémoire et la musique de son récit. Pas pour longtemps : elle recommencera à se déshabiller et lui à se perdre au moins trois fois (sauf si des occasions se présentent, ad libitum)...*

Le temps du récit d'Othello devra de toute façon rester obscur et un peu inquiétant : ce n'est qu'un flashback précédant leur mariage, ou plus simplement le Maure est en train de raconter certaines de ses aventures une seconde ou une énième fois...

OTHELLO. – Son père m'aimait beaucoup : et il m'invitait souvent chez lui et me faisait toujours raconter l'histoire de ma vie année après année ; les batailles et les sièges, le jeu alterné de mes destinées. Et je racontais : jours après jours, de ma première enfance jusqu'au moment où je racontais. Et j'évoquais les événements désastreux, les aventures émouvantes à terre et en mer, la mort toujours présente et conjurée de justesse, en me glissant dans l'étroitesse d'une brèche ; prisonnier puis vendu comme esclave ; et racheté, et les visions de mes grands voyages : d'immenses cavernes, et le vide des déserts, des mines imprévues, des rochers et des pics et des montagnes, cariatides du ciel ; les cannibales se dévorant les uns les autres, et les anthropophages, des hommes avec la tête au-dessous des épaules. Desdemona suivait sérieusement mes récits, et quand il lui arrivait d'avoir à faire, elle se hâtait et revenait en un éclair, friande vers mon récit. Et en voyant cela plus d'une fois, je saisis le bon moment et obtins d'elle une prière ardente : que je lui raconte d'un seul trait mes vagabondages qu'elle n'avait entendus que par épisodes. J'y consentis et lui arrachai souvent des larmes sur ma jeunesse tant éprouvée. Mon récit achevé, elle me donna un monde de soupirs. Elle dit que mon histoire, oui, était une histoire étrange, merveilleusement étrange, étrange et pénible, merveilleusement. Qu'elle eût voulu ne jamais l'avoir entendue : mais qu'elle eût voulu aussi que le ciel l'eût faite homme. Elle me remercia et me dit que si jamais je trouvais un ami qui puisse l'aimer, il faudrait lui apprendre ce récit de ma vie, car cela seul la rendrait amoureuse... Et moi, je parlai : *et elle m'aimait pour mes malheurs, et je l'aimais pour sa pitié...*

Desdemona est alors de nouveau à moitié nue, et l'amnésie d'Othello définitive...
Maintenant elle est à moitié nue, c'est naturel pour elle, mais non pour Othello, devant tout un public... Et en effet, le Maure secoue (il ne l'embrasse pas) comme un félin sa belle épouse. Il se détache soudain et se retourne et se laisse embrasser par elle (Othello face au public, Desdemona derrière lui)... Et Desdemona l'embrasse et l'embrasse encore – et à nouveau on ne sait pas si c'est pour se faire pardonner ou parce qu'elle est malheureusement candide – tantôt d'un côté du cou, tantôt de l'autre, ce qui oblige Othello à devenir gigantesque (à part la passion) pour la cacher aux étrangers et à lui-même. Ce qui pour elle est « privé », pour le Maure est « public ». Othello est dégradé par ces embrassements (et non seulement militairement) et, bien qu'amoureux, cela l'indispose que dans ce corps à corps son costume puisse se froisser : son honneur (d'acteur surtout...).
Hélas, Othello détache, mais délicatement, une après l'autre, comme deux petites roses de mai, les mains féminines qui ceignent ses flancs et, comme un somnambule, se porte à l'avant-scène en balbutiant :

OTHELLO. – ... C'est le charme... C'est le charme...

(*Desdemona s'éteint lentement.*)

(*Puis quand il invoque un miracle militaire qui l'aide à remettre de l'ordre dans son costume, il est exaucé par la voix* off *du doge...*)

DOGE H.C. (*avec la voix d'Othello*). – Vaillant Othello, nous devons vous employer contre le Turc et sur-le-champ pour la défense de Chypre...

(*Et Othello ferme les yeux en rêvant : la guerre est plus loyale que la paix...*)

(*Noir partout et lumière sur Brabantio qui, à moitié nu, avance à tâtons sur la scène – sa maison – le palais ducal – peu importe, sa chemise de nuit est en lambeaux...*)

BRABANTIO (*voix de Iago, il s'avance à l'avant-scène, serait-il tombé en dessous quand il cherchait?*). – Mon ennemi est le Maure, pas le Turc... Que m'importe l'intérêt public?... Qu'a-t-il à voir maintenant?... Ah, ma fille... Ma fille!... Morte... pour moi... Trompée... Enlevée... Contaminée... Emportée, avec des philtres et des sortilèges! Aïe, la nature ainsi ensorcelée, est devenue stupide aveugle et folle !... Une enfant si modeste et tranquille qui, à chaque mouvement de son âme, rougissait... Contre la nature, la patrie, l'âge, la réputation, la race !... Amoureuse... de son effroi !...

Lumière sur Desdemona. Elle est extrêmement vêtue. Elle est en train de revoir par cœur les répliques qu'elle va dire à son père et aux « dix » du conseil. La position de la voix est pédante.

DESDEMONA. – Mon noble père... Je vois ici un devoir partagé : à vous, je dois ma vie et mon éducation ; l'éducation et la vie m'apprennent le respect que je vous dois, à vous, seigneur de mon obéissance. Jusque-là, je suis et reste votre fille. Mais il y a un mari et, comme ma mère vous préféra à son père, moi aussi je préfère le Maure à mon père.

BRABANTIO (*avec la même voix, recule devant ce mirage*). – Va-t'en avec Dieu !... Il vaut mieux adopter un enfant que de l'engendrer !... Maure, je te confie de tout cœur ce que de tout cœur je te refuserais, si tu ne l'avais pas déjà pris tout seul !... (*À Desdemona :*) ...Merci, ô ma joie... Mon âme est heureuse de ne pas avoir d'autre fille... car je la garderais avec une chaîne aux pieds... Et à présent, occupons-nous du Turc... Les mots ne sont que des mots...

DESDEMONA. – J'aime le Maure et ma rébellion le crie au monde !... Mon cœur est à lui... Dans l'âme d'Othello j'ai vu son vrai visage et la gloire... et la vaillance... et mon destin...

BRABANTIO. – Si tu as des yeux pour voir, attention, le Maure. Elle a trahi son père : elle peut te trahir toi aussi !

(*Othello s'éclaire.*)

OTHELLO (*reculant, maintenant somnambule les yeux ouverts*). – Ma vie pour sa fidélité...

Et, en reculant, il revient dans les bras de Desdemona comme lorsqu'il en était parti. La position du couple est identique – Brabantio est éteint – comme si ce qui est arrivé entre-temps (la reconstruction de leur embrassement) n'était jamais arrivé...
Et Desdemona l'embrasse à plusieurs reprises tantôt d'un côté du cou, tantôt de l'autre, ce qui oblige Othello à devenir gigantesque (y compris la passion)... Elle recommence à lui ceindre la taille. Et elle défait son costume et introduit pour le caresser ses mains sur la poitrine blanche d'Othello qui va pleurer et qui se dégage et d'une main il éloigne l'épouse éteinte sur le lit, et de l'autre, tremblant humilié, il referme son costume jusqu'au cou et se fond dans le noir... Iago tâtonne à quatre pattes... Il s'évanouit...

Près de lui s'éclaire Emilia qui le secourt péniblement et le place sur un lit qu'elle invente à l'avant-scène. L'atmosphère sous-domestique du prologue est recréée, cette fois sur le côté droit de la scène. Emilia, prévenante mais pas trop, craintive parce qu'elle est au fond un peu ennuyée, invente aussi un oreiller qu'elle place sous la tête du « mourant » et un drap blanc pour en recouvrir le corps qui sera, croit-elle, inanimé d'un moment à l'autre... Sa conviction est tellement grande qu'elle lui couvre aussi le visage; peut-être un doute l'effleure-t-elle et elle borde le drap mortuaire juste ce qu'il faut pour laisser respirer l'« agonisant » qu'elle tolère à présent. Puis, confiante, elle entreprend de faire ses bagages. S'en va-t-elle? Et où donc, s'il est permis de le demander? À Chypre? Et pourquoi pas?!...

Iago (haletant de façon ambiguë dans des gémissements qui rappellent des bâillements et une petite toux qui est entre le râle et le rire) tend sa main gauche par terre et, à tâtons, récupère le livre des « histoires d'Othello », son évangile mis en pièces dans le prologue. Dans ce chaos de restes de littérature et de sainteté, il saisit faiblement certaines pages au hasard et, quand Emilia lui tourne le dos penchée sur ses malles fantomatiques, il déchiffre tant bien que mal (c'est peut-être le cas de le revoir un peu, cet « Othello », puisque, même marié, le Maure n'a rien perdu de son éclat, car même Iago devient muet devant lui)... et, quand son épouse se trouve en face de lui (fortuitement en face de lui), il répète mécaniquement, les yeux fermés, parfois levés au ciel, comme quelqu'un qui s'en remet à son dieu. Pendant ce temps, Emilia, chantonnant en silence, ne cesse d'essayer plusieurs belles robes, en les plaçant devant elle, pour faire vite...

IAGO (*indiquant le sol à sa droite*). – « ... Le mouchoir... »

EMILIA. – Quel mouchoir ?...

IAGO. – « ... Le mouchoir... »

EMILIA. – Ah... (*Et elle ramasse le mouchoir qui est par terre, elle le plie in-octavo – non sans se sentir mal : ce sont les même symptômes que le malaise de Iago – et elle le place comme un linge sur le front de son mari.*)

IAGO. – « Ton mouchoir est trop... petit... »

(*Emilia, patiente, mais pas trop, déplie ce sacré mouchoir, en fait un bandeau et, le lui passant sous le menton, elle le noue avec un joli nœud sur sa tête. Voilà qu'à présent Iago semble être le « pauvre Iago »...*)

IAGO (*la chère Emilia s'était déjà tournée*). – « Viens... il ne nous reste qu'une heure pour l'amour... pour les démarches et... ce que je dois te laisser... »

(*Emilia, à ces échos d'amour et de testament, se raidit.*)

IAGO. – « Viens... Je dois obéir au temps... » (*Emilia est désenchantée et, stupéfaite, elle s'approche de lui et s'assoit à ses côtés...*) « ...Ne pleure pas... ne pleure pas... Qui est-ce?... »

EMILIA. – Qui donc?

IAGO. – « ... Celui qui vient de sortir, n'est-ce pas Cassio? » ... « Oh, si j'en avais la certitude!... »

EMILIA. – Comment ça va?

IAGO. – « J'ai mal au front... ici... »

(*Emilia, qui n'est désormais que testament, après avoir défait le nœud de ce mouchoir, bande le front du « mourant » « cocu ».*)

IAGO. – Ah, ah... « Mon Dieu, pourquoi me suis-je marié?!... »

EMILIA (*entre les crampes*). – « Vous n'avez pas dormi, voilà pourquoi. Ça va passer, ça va passer... Tu sais ce qu'on va faire? On le bande bien étroitement... Je suis désolée que vous n'alliez pas bien...

Il ne manquait plus que ça... » (*Et le croyant endormi ou peut-être venant d'expirer, elle revient à ses bagages et elle se fait belle...*)

IAGO (*après avoir consulté une autre page*). – ...Mon enfant... Délicieuse enfant, que je sois damné si je ne t'aime pas »... (*Emilia comprend de moins en moins et, étalant une très belle robe, elle est de nouveau près de lui...*) ... « Que je sois damné si je ne t'aime pas... »

Tremblant devant les flammes d'une cheminée absente, Iago, comme s'il fouillait dans les cendres, caresse Emilia, de plus en plus mauresque et inconsciente, étourdie et flattée par les révélations de bonté économique et d'amour : un mari « cocu », c'est d'usage, mais amoureux, oh !... Elle continue à se faire belle-horrible, une caresse après l'autre. Mais c'est comme ça : Iago, après avoir échoué avec Othello, a un besoin absolu d'instaurer une confiance plus résolue avec le noir : même dans sa petite atmosphère sous-domestique, même avec une femme qu'il hait, et pour cela cobaye honnête, en tant qu'épouse de quatre sous. Emilia est, malgré elle, le petit modèle de ménagère sur la scène encore trop grande et impraticable du Maure. Elle est couleur de suie, mais c'est tout de même une ébauche qui permet à Iago de fréquenter le différent, bien que ce soit dans la misère d'un chez-soi. Il y faut, certes, de la patience : une caresse aujourd'hui, une autre demain, etc.

IAGO (*toujours en caressant Emilia*). – ... « Mon général... Voudriez-vous la certitude ?!... Oh, c'est monstrueux, monstrueux » ... Mais qu'est-ce que tu es, toi ?...

EMILIA. – Je suis l'épouse...

IAGO. – « ... Jure-le !... Allez, jure sur ton visage paradisiaque, jure-moi que tu es honnête ; mais non, tu es plus infidèle que l'enfer !... »

EMILIA. – Infidèle !... (*Stupéfaite :*) ... Et avec qui ?...

IAGO. – « Allez, allez, allez !... Général, vous feriez mieux de vous retirer... Général... tu es froide, blanche, comme ta chasteté... créature née sous une mauvaise étoile !... Général !... À partir d'aujourd'hui, tu es mon lieutenant !... » (*Puis sur un ton d'abbé porteur de l'extrême onction :*) ... Mais quelle bêtise de continuer à vivre... Qu'y faire ?... Moi... j'ai honte d'être épris à ce point... Il ne tient qu'à nous d'être ainsi... les humeurs et la bassesse... Se noyer... Ce n'est qu'un feu de paille... ce qui est aussi doux que la caroube sera bientôt amer... comme l'absinthe... Mets de l'argent dans ta bourse...

(*Le feu dans la cheminée s'éteint et dans le feu fondent dans le noir Emilia et la pauvre maison-*

situation de Iago qui bondit de son lit de néant, ne gardant que le mouchoir. Près de lui, s'éclaire Roderigo...)

IAGO (*exalté, en tapant sur l'épaule de Roderigo étonné*). – Te noyer?... Il ne tient qu'à nous d'être comme ci ou comme çà! À moins que les humeurs et la bassesse de la vie humaine ne nous conduisent au pire! Soyons des hommes! Se noyer?!... (*Il rit.*) Mais oui, mets de l'argent dans ta bourse, suis cette guerre, dissimule ton apparence sous une fausse barbe! Mets de l'argent dans ta bourse! Cet amour ne peut durer longtemps! Mets de l'argent dans ta bourse! Pour Desdemona, ce n'est qu'un feu de paille : tu verras bientôt les cendres!! Ces Maures ont des goûts changeants! Mets de l'argent dans ta bourse : ce qui lui est aussi doux que la caroube sera bientôt amer comme l'absinthe! Il recommencera, oui, il recommencera à être jeune! Il devra, oui, il devra changer! Mets de l'argent dans ta bourse! Si tu veux vraiment te damner, choisis un moyen un peu plus délicat!...

(*À ce moment-là, Roderigo n'est déjà plus éclairé.*)

...Je hais le Maure du fond de mon cœur!
Un serment fragile entre un sauvage nomade
et une belle Vénitienne déniaisée
ne peut rendre vain mon talent!...

(*Noir.*)

Sur le grand lit central et rond Cassio et Bianca s'éclairent :
Cassio – torse nu – est assis au bord du lit. Bianca est encore allongée et à moitié nue, la tête légèrement relevée, les coudes appuyés sur les oreillers...

BIANCA. – ... Le général est marié ?

CASSIO (*voix de Iago et d'Othello*). – Trop heureusement !, avec un ange impossible à décrire, au-delà de la renommée inconstante ; qui, habillée de simple nature, fait désespérer l'art... Et la tempête muée en un regard s'oublie elle-même dans le ciel et la mer en face de la beauté pour laisser passer intacte la divine Desdemona !...

BIANCA. – Qui est-ce ?

CASSIO – Celle dont je parlais : c'est elle qui commande notre Commandant...
Dieu grand, protège Othello, souffle dans ses voiles, qu'il puisse égayer ce port de son grand navire et se languir d'amour dans les bras de la belle Desdemona !... (*Et Bianca, délivrée, se dresse debout sur le lit – une madone. Cassio, désormais naufragé au milieu de (ses) belles paroles qu'il n'a pas proférées, lui offre, à genoux – un seul genou : c'est en même*

temps de la galanterie et de la dévotion – la main par laquelle elle descend à terre en riant amusée de cette mise en scène... Et là, Cassio se lève et, pendant un silence de Iago, il est *(qui sait ce qu'il lui a murmuré Hors Texte)* giflé par Bianca... *Puis, se traînant, il remet son très beau gilet – Bianca est une prostituée, oui, d'accord, mais...)* Oh, voyez, voyez!, le trésor du navire est descendu à terre! Tous à Chypre, à genoux... Bienvenue, madame, que la grâce du ciel t'entoure!...

Et Desdemona, venant de débarquer, lui tend sa main à baiser : le lieutenant d'Othello s'exécute stupéfait retirant son autre main sacrilège de la main de Bianca qui, honteuse, disparaît... (en fondu enchaîné, Iago réapparaît : le mouchoir sur la tête pour se protéger du soleil de l'île)...

DESDEMONA. – Merci à vous, vaillant Cassio... Qu'en est-il d'Othello?...

CASSIO *(voix comme plus haut)*. – Une rixe entre ciel et mer nous a séparés, mais, entendez-vous? « Une voile! »...

(Iago s'incline et perd le mouchoir.)
Lointain et tout petit, peint au centre du fond noir, se découpe en blanc un tout petit carré pas plus grand qu'un
           mouchoir

En coulisse :
« Une voile !... Une voile !... »
La voile-mouchoir s'approche en s'agrandissant au fur et à mesure – en même temps que la scène qui suit – et la scène en est entièrement blanchie, violemment envahie et dépassée, comme si la scène était faite d'eau...

(*Sonneries de trompettes*)
(*Musique*)

Quatuor à l'avant-scène : Cassio – Iago – Desdemona – Emilia : un quatuor que Roderigo épie :

CASSIO (*voix de Iago en direct*). – Cher Iago ! Tu es le bienvenu !... Bienvenue, madame ! Iago, fermez les yeux sur mes effusions : c'est l'habitude, Iago (*il embrasse Emilia.*), c'est l'habitude !

IAGO. – Si elle vous donne autant sa langue (*c'est une scène où tout le monde crie un peu*) qu'elle m'en donne quand elle jase, vous aurez tous les deux bien fini !...

DESDEMONA. – Mon Dieu, mais elle n'a pas de langue !...

IAGO. – Elle en a toujours trop ! Et toujours quand j'ai envie de dormir !... (*L'embrassement est terminé.*) ...Pardi, avec vous elle ne s'en sert pas pour bavarder... (*Il a dit cela à Cassio. Puis à Desdemona :*) ...Avec vous – c'est clair – elle l'enferme un peu dans son cœur, même si en pensée elle poursuit ses grognements!...

EMILIA. – Il n'y a pas de raison!...

IAGO. – Allons donc! Vous êtes toutes les mêmes : des statues peintes, dans la rue; des sonnettes dans les salons; des hyènes dans les cuisines; des saintes quand vous vexez; si l'on vous vexe, des diables; des dilettantes en tant que ménagères; des professionnelles au lit!...

DESDEMONA. – Quelle honte! Qu'il est mauvais!...

IAGO. – Non, non, c'est la vérité, ou je suis Turc!... Vous vous levez du lit pour jouer et y revenez pour y suer!...

EMILIA. – Je ne te donnerais pas à écrire mon éloge!...

IAGO. – Non, il vaut mieux pas!...

DESDEMONA. – Et si tu écrivais le mien, qu'écrirais-tu?

IAGO. – Elle est sage pour elle-même, blonde pour les autres.

DESDEMONA. – ... Si elle était noire et sage ?...

IAGO. – Elle trouvera un blanc, fou du noir.

EMILIA. – Si elle était belle et sotte ?...

IAGO. – Une femme belle ne sera jamais sotte : sa sottise lui lèvera la jupe.

DESDEMONA. – Si elle était laide et sotte ?...

IAGO. – Elle ne sera jamais assez laide ni sotte, qu'à son tour elle ne joue des tours si elle se tourne.

DESDEMONA. – Que dirais-tu d'une femme vertueuse ?

IAGO (*ici, une autre musique, d'accompagnement*). –

« Femme qui est belle mais point hautaine
qui a une langue et sait bien la tenir
qui est riche d'or et pourtant légère
jamais ne courut derrière le plaisir

Femme qui brise le vol du désir
tout en disant je pourrais bien pourtant
qui offensée ordonne l'oubli à sa colère
et fuit se dérobant à la vengeance

Femme d'esprit jamais assez sotte
pour désirer changer le mal en pis
qui vit pleine de pensée mais tremble
de révéler ce qu'elle cache en esprit

Elle sait bien que des galants la suivent
et jamais pourtant ne tourne son regard
celle-ci sera l'honneur de tout son sexe
s'il est possible que l'on trouve un tel phénix »

(*Fin de la musique.*)

DESDEMONA. – Quel destin lui sourira ?!...

IAGO. – Je le dis sans offense :
elle allaitera des sots
et tiendra les comptes du ménage comme il faut.

(*Desdemona tourne le dos à Iago, un peu indignée. Cassio prend Desdemona par la main, donne le bras à Emilia et tous les trois s'éclipsent...*)

IAGO (*désappointé*). – ... Je dois aussi haïr Cassio... (*Silence.*) ... Je hais Cassio !... (*Silence.*)

Cassio, Cassio, Cassio, oui : du fond de mon cœur, je hais Cassio!...

(*Trompettes*)

Et ici la scène replonge dans le noir.
Desdemona est debout sur le lit nuptial (si elle veut et si elle a en envie et si elle en est capable, elle peut faire des cabrioles, tellement elle est heureuse) ; Emilia, elle aussi très excitée par le destin de sa maîtresse, se prodigue pour la déshabiller et la vêtir pour la nuit.
Othello apparaît lentement, adossé à une petite colonne du lit à baldaquin : sous un ciel blanc de dentelles :
Vêtu avec le faste militaire, son grand manteau posé sur une épaule, et des roses blanches dans une de ses mains abandonnées, il s'efforce tantôt de rire au jeu enfantin de Desdemona, et tantôt se raidit comme quelqu'un qui chercherait à se soustraire à un envoûtement et à revenir à lui. Desdemona s'en aperçoit et, supprimant d'un geste Emilia éclairée, elle se place à genoux au milieu du lit, en jouant sérieusement au repentir – jeu sans doute adapté au costume d'Othello rêveur...

(*Musique douce*)

OTHELLO (*à part lui, à personne*). – ... Merveille immense et immense joie de te trouver ici avant moi... Toi, gaieté de mon cœur ! Si la tempête tend à une si grande paix, que les vents sévissent pour éveiller la mort; que mon navire fatigué se soulève sur des montagnes de mer dans le ciel et du ciel plonge en enfer... (*À Desdemona :*) Si nous devions mourir, ce serait maintenant, dans l'absolu, car, je le crains, mon destin inconnu ne me réserve aucune autre joie comme celle-ci...

DESDEMONA (*un peu triste et jouant un peu à être triste*). – Le ciel veuille que ce ne soit pas ainsi...

OTHELLO. – ...Je ne parviens pas à dire... mon... bonheur... Cela me serre la gorge... ici (*il pleure*)... C'est trop de joie... Qu'elles soient ainsi (*il l'embrasse, mais prenant son pied dans son manteau qui glisse de son épaule, comme si un voleur aux aguets le lui avait arraché... Othello, dans la crainte éternelle des assauts et des guet-apens nocturnes, dégaine en un éclair sa lame mauresque... Il rit aussitôt de lui-même et ôte son gilet et sa chemise (Noir et Blanc), laisse tomber par terre l'arme blanche et les roses, et*) et ainsi (*il l'embrasse encore. Et Desdemona, avec douceur, lui prend les mains et les couvre de baisers, les yeux fermés, de baisers lents...*) ...nos dissonances...

(*tandis qu'Othello ramasse son manteau, la lumière s'éteint lentement*)...

...Bonne nuit...

(Iago s'éclaire.)

IAGO *(jaloux et blême)*. – ...Desdemona!... Desdemona!... Desdemona!...

Noir sur Iago et lumière sur le lit désolé de Desdémona en sanglots – chemise de nuit... Emilia s'éclaire près d'elle et, après avoir récupéré la robe (toujours la même, celle de mariée) si belle au pied du lit de sa maîtresse et après avoir saisi un candélabre – les petites flammes sont déjà faibles –, donne un baiser sur le front de la malheureuse; elle souffle et éteint le candélabre : quelques pas dans l'obscurité...
Iago est maintenant à gauche de l'avant-scène, il allume une allumette avec laquelle il ranime les bougies qui viennent d'être éteintes et que sa femme, souriante, lui tend à présent furtivement :
Comme par enchantement, l'ambiance sous-domestique de la maison de Iago se ranime; et à nouveau flotte sur la surface noire la table couverte de la nappe blanche...
C'est Iago lui-même qui met le couvert : deux assiettes, un petit bouquet de roses fanées (l'idée suffit) et une médiocre bouteille de vin rouge...
Fête-t-on quelque chose? Qui sait?! Et Emilia se déshabille et revêt le beau costume de Desdemona (sa maîtresse dort à présent... et puis elle ne le prendrait certainement pas mal...)...

Il y a une complicité entre les deux époux qui a un goût d'escapade, dont on ne sait si elle est fortuite ou programmée : c'est peut-être la disgrâce-grâce du moment...
En même temps, on entend Bianca chanter une certaine cantilène. Puis Bianca qui chante s'éclaire : on ne sait dans quel lit et pourtant dans un lit blanc, semblable en tout à celui de Desdemona... à ses pieds se tient allongé Michael Cassio, la tête penchée sans penser à rien sur le sein de sa prostituée amoureuse... Et la douce Desdemona s'est endormie trop innocemment (trop), si elle ne pense pas à sa réputation. Au fond, Othello *à Chypre ne dure que quarante-huit heures : eût-elle été moins ingénue et maladive, il ne lui eût pas été vraiment impossible de garder les yeux ouverts, avec un peu de bonne volonté...*
Iago, qui ne boit pas, en revanche ne se limite pas dans la nourriture. Il sert simplement à boire. Le vin est pour Emilia : et celle-ci, en effet, ne se fait pas prier ; elle vide deux ou trois verres, comme d'ailleurs Cassio en compagnie de Bianca qui n'a pas encore fini sa cantilène...
N.B. D'ici jusqu'à la fin de la première partie, privé du mouchoir, Iago, après l'avoir cherché longtemps inutilement, commencera lui aussi à négliger son costume : il s'en servira, en effet, pour essuyer mucus et bave et catarrhe de son nez et de sa bouche...

IAGO (*méprisant Desdemona et complice du Maure*). – Desdemona !... Avec quelle violence elle est tombée amoureuse du Maure, pour ces quelques vantardises qu'il lui a racontées en grand charlatan qu'il est. Va-t-elle continuer à l'aimer seulement en bavardant. Allons, allons !, l'œil aussi réclame sa part, et quel goût prendrait-elle à regarder le diable ? Ou je n'y crois pas ou alors c'est une sainte ?! Une sainte, des nèfles ! Allez, allez !, son vin aussi est fait de raisin : les saintes n'épousent pas les Maures !... Une sainteté au chocolat !... Donc... Je hais Cassio du fond du cœur. Et d'accord : il n'y a qu'à les voir les mains enlacées ... Trop près l'un de l'autre, leurs souffles s'embrassaient... C'était pure courtoisie, n'est-ce pas ? De la lubricité, imbécile, une folle frénésie !... Le Maure, a-t-il chevauché oui ou non ma femme ?! Voilà, voilà, voilà, c'est une pensée qui pourrait me ronger : jalousie, désir de vengeance ; que je sois quitte avec lui, femme pour femme...

Desdemona est dégradée deux fois en même temps : par Bianca dans son lit nuptial, et par Emilia maintenant ivre qui porte sa robe de mariée...
En effet, Desdemona, compromise en deux temps par le lieutenant Cassio : d'abord dans ce lit ; puis dans la maison de l'enseigne Iago...
En effet, Iago : il voit Bianca dans le lit de Desdemona (et Desdemona dans le rôle de Bianca) ; dans sa pauvre Emilia travestie, il voit Desdemona chez lui. Il ne manque que le Maure pour compléter cette parodie.

Parodie du couple tragique, prostituée en trois situations différentes, de mal en pis. Othello est absent dans cette petite situation, mais Michael Cassio est indispensable...
    Et pendant ce temps, Iago continue à manger, debout : il n'est pas glouton, il est mécontent. Il suce obscènement une cuisse de poulet comme si c'était une glace ; il bredouille en demandant un mouchoir *à Emilia pour nettoyer sa bouche grasse après le rôti...*
    D'autre part, la femme de Iago n'a jamais cessé de grommeler à son tour, en buvant et en se travestissant, parlant de façon précipitée – à voix très basse et inintelligible – disant je ne sais quoi...
    En proie à Bacchus, Emilia, qui elle aussi a le souffle court, dans ce travestissement de « première fois », voudrait embrasser ce mari qui est le sien. L'embrasser sur la bouche. Iago, bien évidemment, la repousse, dégoûté par son haleine : elle ne démord pas de ses illusions et le caresse de manière effrontée, et maladroitement elle lui enfonce un doigt dans l'œil, en se prenant une gifle, et ce n'est pas tout : elle lui marche sur le pied... Iago, lucidement, la jette à terre...

    IAGO. – Mais oui, c'est un jouet fait pour Jupiter !...

    CASSIO (*comme avant*). – ...Une femme exquise...

IAGO (*se défendant toujours de l'amour d'Emilia*). – Très savoureuse...

CASSIO. – Oui, fraîche et délicate...

IAGO. – Des yeux qui commandent « éteignez ce feu ! »...

CASSIO. – Oui, séduisants parce que modestes...

IAGO. – Une langue qui parle toujours d'amour...

CASSIO. – La perfection incarnée...

IAGO. – Bien, heureux ces draps... (*En buvant au néant.*)

Emilia va oser encore l'amour. Iago lui montre deux mains noires de ramoneur et elle, tremblante d'appréhension pour le blanc de la robe nuptiale, mais surtout pour le costume de sa maîtresse, recule et s'assoit à la distance nécessaire de son mari, mais naturellement, comme si la séquence commençait là.
Elle recommence à boire... en sirotant...
Un grand coup de poing d'Iago sur la table :
  noir sur Cassio et Bianca
Puis lumière pour un instant sur le vieux Brabantio qui, pour suivre sans doute l'avenir mauresque de sa

fille, s'est dérangé jusqu'à Chypre ; quoi qu'il en soit, nous le surprenons en train d'achever sur le plateau un de ses travestissements (en noble vénitien : Lodovico, Montano, ou comme il vous plaira), et, tout de suite, fondu dans le noir...

Fondu enchaîné : Emilia, intimidée, bien qu'ivre, se lève et ôte le costume nuptial de Desdemona que nous découvrons indécente dans son sommeil et qui, donc, mécaniquement se recouvre avec maladresse – dans cette scène, son corps est celui d'Emilia – et là, noir seulement sur Desdemona...

Emilia est à moitié nue en public : dévêtue de Desdemona ; le spectateur est Iago, Desdemona étant elle-même à moitié nue. Pour minimiser la différence d'Othello, vient à la lumière on ne sait qui, un voisin, un parent, un figurant qui s'est trompé de théâtre : Michael Cassio. Oui, diminué de la sorte...

...Ce « voisin », un peu perdu, ne pense qu'à trouver une place d'où l'on puisse voir : par hasard, il y a un espace éclairé près d'Emilia... (Bianca recommence à chantonner sa cantilène dans le noir). Le « voisin »-Cassio, déjà un peu gris, continue à boire à la table de Iago qui s'approche de lui, les mains toujours noires de suie, et lui fait fête : poignées de mains, chiquenaudes répétées sur les joues et des petites gifles affectueuses...

Emilia, à moitié nue dans ses sanglots de femme saoule et Cassio Noir et Blanc au visage, près d'elle : voilà vraiment l'horrible copie du général et madame, voilà la première dégradation du récit d'Othello...

CASSIO (*doublé par la voix de Iago, comme auparavant, quand il se trouvait sur le sein de Bianca*). – Pas ce soir, Iago ; je suis un buveur médiocre, moi !... Le vin me monte tout de suite à la tête !... S'il y avait une autre manière de se détendre... Voyez, j'en ai bu à peine une gorgée, et voilà, regardez à quoi il m'a réduit... C'est de l'infériorité... N'abusons pas...

IAGO (*doublant aussi Montano, d'ailleurs, celui-ci, devenu méchant, continue à bouger les lèvres comme un poisson*). – Allons, allons, en conscience, ce n'était qu'une gorgée !... (*Les électriciens éteignent sur Montano.*)

Emilia, étrangement est revenue à elle. Elle chancelle encore un peu ; elle redevient femme d'intérieur (encore une plaisanterie de l'alcool) :
ainsi, peut-être des changements de draps du lit nuptial noir-blanc de Desdemona, suspendus en l'air, des tapis volants, on découvre des nappes d'auberge...
Cassio gifle le néant : lumière sur Roderigo – il est là pour cela – qui reçoit la gifle et n'est plus éclairé, et cependant, se tenant mal debout – d'autant plus qu'il est dans le noir –, essayant vainement de se cramponner à la table, en emporte la nappe, débarrassant d'un coup bouteilles et flûtes ; Iago, félin, sauve à temps le candélabre...

Cassio, debout, insensé, ayant saisi le bout d'une autre nappe, l'utilise comme une cape dans des voltiges ivres et, couteau à la main – qui sait, soustrait à l'argenterie de la maison –, blesse inconsciemment Montano, qui est très ponctuellement éclairé... et puis dans le noir...
   Et Roderigo invente une autre nappe et la dispose en guise de petit rideau, essayant en vain de se camoufler...
   Cassio enrage et, gladiateur à la manière des Thraces, capture le seigneur avec sa véronique qui se tache aussitôt de noir et blanc (fard).
   Noir et Blanc : voilà un premier projet chaotique de mouchoir ajouré...

CASSIO (*doublé cette fois sans synchronisation par Iago*). – Belle, belle chanson, sacredieu !... non, non, celle-ci est plus belle que la précédente !... Il est indigne de son grade celui qui se comporte ainsi... Mais Dieu est au-dessus de tous et... il y a des âmes qui doivent être sauvées et il y a des âmes qui ne doivent pas être sauvées... Mais laissons, le devoir nous appelle... Que Dieu nous pardonne nos péchés... À notre devoir, messieurs... ne croyez pas vraiment que je suis ivre : lui, c'est mon enseigne, cela c'est ma main, droite et gauche... Je ne suis pas ivre...

MONTANO (*éclairé peut-être par erreur par les électriciens*). – ...Ça lui arrive souvent ? (*On ne sait s'il est blessé ou plus vraisemblablement ivre, il s'abat dans l'obscurité...*)

(*Cassio se traîne à genoux aux pieds de Iago...*)

IAGO (*perdu dans ses pensées, crachant du sang dans le mouchoir*). – ... « Général de notre général », elle est d'un naturel si accueillant, que ne pas tout faire ce qu'on lui demande, lui semble un tort à sa bonté... Se confier à elle, être près d'elle : il est très facile de disposer de Desdemona...

CASSIO (*il pleure le vin et arrache son costume. Il se dégrade*). – Ah, l'honneur ! L'honneur ! L'honneur !... (*Voix d'Othello.*)

(*Othello apparaît.*)

OTHELLO. – Cassio, je t'aime beaucoup : dorénavant tu n'es plus mon lieutenant... (*Et il arrache son costume. Il se dégrade...*)

Deuxième partie

La scène est tout entière un énorme mouchoir ajouré (de trous) : noir et blanc.
La trame du dessin ensorcelé se complète au fur et à mesure comme un travail au crochet inspiré et innocent, œuvre d'une main gigantesque et invisible :
C'est un mouchoir ajouré qui contient à son tour autant d'ajours qu'il y a de « personnages ».
Et ce mouchoir est dans la poche de Shakespeare.
La scène et les « personnages » – nature vivante et nature morte : ajours et ajours – copie à partir du « mort ».
Le lit nuptial rond est central : parsemé de taches noires.
Le lit est entouré d'immenses rideaux blancs, labyrinthiques et transparents pour permettre le noir quand il le faut.
Les « personnages » sont tous en scène : ils se cachent et se dévoilent, apparaissent et disparaissent dans les replis du mouchoir tramé par les lumières.
Dans le mouvement « d'ensemble » qui suit, le mouchoir se réduit jusqu'aux proportions de cinquante centimètres sur cinquante au centre du fond Noir : il se

minimise jusqu'au tout petit mouchoir juste ce qu'il faut : les « personnages », qui ont été mis dans une poche, peuvent l'empocher ; il est innocent et digne de foi ; il est même à tel point négligeable qu'il détermine la tragédie d'Othello.

N.B. Les rapports Othello-Iago (l'honnête Iago) deviennent de plus en plus morbides et pathétiques : Iago est l'entremetteur du Maure et lui procure une Desdemona putain qu'Othello pourra aimer en noir et blanc, en somme à son aise sans pour cela compromettre son honneur (son équilibre). Mais Othello n'est pas Iago : il est de toute façon condamné à retrouver dans la Desdemona prostituée l'ange vénitien, l'épilogue-dernier chapitre de son livre d'aventures ; et son Récit est toujours compromis par la réalité nue de celui-ci. Iago a tout fait pour isoler chez Othello ce qui est différent des mesquines querelles de tous les jours que, pour lui, sont les femmes de rien, le mariage, etc. Si l'on écoute Iago, Othello est son propre récit, le poète que lui, Iago, voudrait devenir en fréquentant le Maure. Et à un moment donné, Othello cesse de raconter, décidant, insensé, de vivre en Desdemona une quelconque de ses aventures, au-delà de la fiction. C'est là une transgression qui avilit chez Iago son admiration pour Othello.

Quand Othello est sur le bord de l'abîme, Iago est « bon », il est vraiment ému : ses « mensonges » appartiennent à un autre univers : il reste « honnête », un point c'est tout. Peut-être voulait-il seulement être aimé...

Quant à Desdemona (si son « Othello » est partagé en noir et blanc) elle est au fur et à mesure toujours plus terrorisée par un Othello blanc (son visage est d'abord sale puis démaquillé) : c'est le beau récit qui se décolore quand le Maure nettoie son visage avec le mouchoir : « ... Vous êtes hors de vous », etc. Mieux vaut pour elle mourir de son illusion – elle en est si amoureuse !
Comme dans une nouvelle de Matteo Bandello, son amour est suicide...
N.B. Leur dégradation progressive cause chez Othello-Iago la destruction de leur costumes respectifs...

Noir dans la salle
Rideau

CASSIO (*toujours la voix d'Iago dans le noir*). – ... Musiciens, venez ici, jouez : quelque chose de bref pour saluer : « Bonjour, général »...

(*Musique*)
(*puis lumière sur les musiciens et sur Cassio*)

Comportement général des rôles

Othello, toujours incertain entre se déshabiller et se rhabiller, tâtonne à la recherche de son « rival », en continuant à se trahir avec lui-même.
Iago cherche à semer à son tour Roderigo (ou lui-même)...

Desdemona, irritée par son Othello si partagé et seulement de passage, avec la complicité d'Emilia, s'habille et se rhabille selon l'occasion, désespérée, elle se coiffe et se décoiffe – non moins folle qu'Ophélie – jusqu'à ce que, lasse et surtout confuse de ces démarches opposées, elle se prépare, déshabillée, à recevoir les supplications de Cassio. Cassio tombe sur tout le monde, haletant au milieu des rideaux ajourés, jusqu'à ce qu'il trouve le lit de Desdemona.
Emilia est toute attention et distraction, toujours détournée de sa tâche de base : préparer Desdemona pour la nuit. Chaque fois qu'Othello apparaît, elle coupe son discours et met fin à son travail, elle se retire et rencontre Iago et Cassio. Un tintement de la sonnette de Desdemona et Emilia est de nouveau près du lit.
Bianca est toujours à la recherche de Cassio.

OTHELLO (*en se rhabillant*). – ... Merci... (*À Desdemona :*) J'ai besoin de prendre l'air... Desdemona !...

DESDEMONA. – Seigneur...

OTHELLO. – ... Allez tout de suite au lit. Je pars et je reviens...

(*Iago, dans le labyrinthe ajouré, fuit toujours son rôle « traditionnel ».*)

CASSIO (*refermant sur le poing du bouffon une bourse d'or*). – Si madame est levée, je devrais lui parler. Je n'en ai pas pour longtemps...

BOUFFON. – Levée, elle l'est, monsieur : si elle daigne s'abaisser jusqu'ici, je vais le savoir...

(*Bianca apparaît et disparaît tantôt ici tantôt là, toujours à la recherche de Cassio...*)

EMILIA (*à Desdemona*). – ... Dois-je vous habiller?...

DESDEMONA. – Non, non, délaçons ici. Ce Lodovico est un bel homme.

EMILIA. – Sapristi !...

DESDEMONA. – Il sait très bien raconter...

EMILIA. – Je sais qu'il y a une demoiselle vénitienne qui pour ses récits serait allée à pied en Palestine...

OTHELLO. – ... À tout de suite, Desdemona, à tout de suite... (*Elle s'était agenouillée sur le lit. Othello disparu, elle recommence à soupirer.*)

CASSIO. – Honnête Iago, vous arrivez à temps...

IAGO (*toujours obsédé par cet autre « Iago »*). – …Je vous envoie Emilia… (*Et il disparaît…*)

DESDEMONA. – Ah! ces hommes!… Dis-moi, en conscience, Emilia : crois-tu vraiment qu'il y ait des femmes capables de trahir de manière aussi honteuse?!

EMILIA (*en coiffant Desdemona*). – Il y en a, il y en a!…

DESDEMONA. – Et toi, tu le ferais?, pour tout l'or du monde?…

EMILIA. – Et vous, non?

DESDEMONA. – Non, à cause de la lumière…

EMILIA. – À la lumière, moi non plus; tout au plus dans le noir…

DESDEMONA. – Le… ferais-tu… pour tout l'or du monde?…

EMILIA. – L'or du monde, c'est beaucoup. Trop pour une chose de rien…

DESDEMONA. – Ainsi, tu le ferais?!…

EMILIA. – Bien sûr que oui ! Je le ferais et le déferais, aussi. Mon Dieu, certes pas pour une fausse bague, ou un bout de tissu, pour un jupon ou un petit chapeau ; mais pour tout l'or du monde, qui ne ferait pas cocu son mari pour le rendre certainement plus heureux qu'un roi ?... J'y joue mon purgatoire !...

(*Bianca réapparaît à côté de Cassio qui disparaît dans les jours...*)

(*Othello apparaît et Emilia disparaît.*)

DESDEMONA (*tremblante, à Othello qui s'est dévêtu de son gilet*). – ... Soyez ce que vous voulez... Moi... je suis prête...

(*Othello se comporte de façon étrange : il se donne du courage en montrant une décision qui est même excessive, comme un client habituel de bordel. Elle est à moitié nue et le Maure se jette sur elle, en l'embrassant d'abord puis en levant les bras, pour contempler aussi son visage. Et il se trompe : il veut trop, comme toujours...*)

OTHELLO. – Que je sois damné si je ne t'aime pas... et si je ne t'aime pas... (*Desdemona, tout à fait abandonnée, lui caresse le visage, en ôtant beaucoup de noir. Othello s'en est aperçu : c'est une putain ; et il se soustrait confus.*) ... C'est le chaos !... C'est le chaos !...

(*Et il disparaît.*)

(*Lumière sur Cassio-Emilia*)

CASSIO. – ...Je vous en prie, je vous en supplie!, si cela ne vous semble pas trop ardu et inconvenant, obtenez-moi la grâce d'une rencontre entre quatre yeux avec Desdemona...

EMILIA. – Entrez, je vous en prie...

CASSIO (*toujours maladroit*). – Je vous suis très, très obligé...

(*Noir-lumière : après un dernier instant d'incertitude, Iago se dévêt du dernier fragment de son gilet qu'il lance au ciel pour toujours. Ayant mûri à force d'apprentissage, il est maintenant décidé à tout confesser – tout se confesser à lui-même.
...J'ai dit confesser et non comprendre... Et près de lui s'éclaire Othello. Ils sont tous les deux en manches de chemise blanche...*)

OTHELLO. – ...Que veux-tu me dire, Iago?

IAGO. – Quand vous faisiez la cour à madame, Michael Cassio était-il au courant de votre amour?...

OTHELLO. – Oui, dès le premier instant : pourquoi me le demandes-tu ?...

IAGO. – Pour m'éclairer moi-même, pour rien...

OTHELLO. – Rien ?... Pour rien, Iago ?...

IAGO. – Non... Je ne pensais pas qu'il le sût...

OTHELLO. – Il a été souvent notre intermédiaire...

IAGO. – Ah, c'est comme ça ?...

OTHELLO (*Iago a souri de façon étrange, forcée et étrange, comme il arrive parfois entre des amants qui se disputent...*). – Comme ça, oui !... Qu'y vois-tu ?... N'est-il pas honnête ?...

IAGO. – Honnête ?

OTHELLO. – Honnête. Honnête !...

(*Desdemona, consciemment à moitié nue, assise entre les coussins à la tête du lit. Cassio est près d'elle, un genou à terre, et baise ses mains...*)

DESDEMONA. – ... N'ayez aucun doute, Cassio : vous et mon seigneur redeviendrez amis...

Notre Othello n'aura plus de paix, je le tiendrai en éveil avec mes bavardages jusqu'à lui farcir la tête au point qu'être au lit lui semblera être à l'école... Adieu, Michael, ton avocat voudra plutôt mourir que t'abandonner...

(*Cassio et Desdemona disparaissent. Le mouchoir a commencé à rapetisser depuis quelque temps.*)

(*Othello et Iago, éclairés, comme avant.*)

IAGO. – Ah, cela ne me plaît pas...

OTHELLO. – Que dis-tu ?

IAGO. – Rien, en tout cas, je ne sais pas quoi...

OTHELLO. – Ce n'était pas Cassio ?

IAGO. – Cassio, seigneur ?... Je ne peux le croire...

OTHELLO. – Moi, si !...

(*Noir sur Iago et lumière sur Desdemona-Othello.*)

DESDEMONA. – Moi... j'étais justement en train de parler avec... une âme en peine qui a peur de vous avoir perdu...

La scène qui suit doit être précipitée dans une étreinte frénétique. Desdemona tient la parole qu'elle a donnée à Michael Cassio surtout en ce qui concerne les temps et les rythmes, sans que l'on sache si elle est innocente : en tout cas, elle est indéfinissable, prête à n'importe quelle fantaisie d'Othello qui, s'étant libéré de sa chemise, forcené, l'embrasse et se trahit encore : il l'imagine au bordel, sa Desdemona ; et il se conduit comme un libertin de plus en plus excité si elle lui parle, dans l'étreinte, de son amour pour un autre – un autre client, ou même son premier amour – ...Othello est désespéré par sa femme, mais, « au-delà du principe de plaisir », il souffre de luxure, proie sans défense de sa garce... Et cependant, même ce contact sera interrompu, le Maure ne parvenant pas à résister à la tentation de la regarder. Maintenant qu'il est Noir et Blanc – à moitié nu –, il peut accepter seulement une putain qui joue, en l'aimant, à la « femme infidèle »...

Il va de soi que dans cette étreinte l'honneur congénital du maquillage d'Othello se délaie sur la pâleur de cire de Desdemona. Visage contre visage, se perdant dans les baisers, Othello se dénature et elle se barbouille de noir-sale : la scène Iago-Emilia (grotesque) de la première partie se répète ainsi...

Même le blanc du lit est noir et blanc...

OTHELLO. – Qui est-ce Qui est-ce... Qui est-ce... ?... !...

DESDEMONA. – C'est lui... Lieutenant... Cassio... Michael... Michael... Cassio... Cassio... Cassio... Si je vous plais... Cassio... Cassio... Pardonne... toi... Lui... Il vous aime... Lui... il est léger, non... coupable... Il est beau... Honnête... Je m'y connais... Ra... Rappelez-le... Oh, je t'en prie je t'en prie... Je t'en prie...

OTHELLO. – N'est-il pas sorti?!...

DESDEMONA. – Oui, chéri, il est sorti... et il m'est resté une ombre... à l'intérieur... là... Avec lui... je me sens mal... Amour... Je t'en supplie... rappelle-le...

OTHELLO. – Pour le moment, non, ma très douce... Nous verrons... une autre fois...

DESDEMONA. – Mais vite vite vite...

OTHELLO. – Oui, ma chère, vite, par amour...

DESDEMONA. – Ce soir... Ce soir, à dîner...

OTHELLO. – Non... pas ce soir...

DESDEMONA. – Oui, demain à déjeuner...

OTHELLO. – Demain on ne déjeune pas ici...

DESDEMONA. – Demain soir, oui... Demain soir... ou mardi matin après-midi soir... Mercredi matin... Je t'en prie, quand?... Quand?... Mais pas plus que trois jours, je t'en supplie, oui... Le pauvre, il s'est repenti... quand pourra-t-il venir?... dis-le-moi, Othello, oui... Mon âme... tu le sais... quand... tu veux... demande... Michael Cassio... fut toujours... entre nous... dans notre amour... pour te défendre, toujours, si tu me mécontentais... Pourquoi tant de peine pour le rappeler?... Je n'ai pas de limites, crois-moi... pour toi!...

OTHELLO. – Assez... je t'en prie, qu'il vienne quand il veut... Tout ce que tu veux...

DESDEMONA. – Oh, mais ce n'est pas un cadeau... ce que je demande... Quand je voudrai mettre à l'épreuve... notre amour... je te demanderai quelque chose... de... terrible qui te fera peur quand tu me diras... oui!...

OTHELLO. – Tout ce que tu veux... (*C'est là qu'il se lève, les poignets de Desdemona, crucifiée dans le lit, dans ses mains pour la contempler...*) ...laisse-moi seul!...

(*Noir sur Desdemona. Lumière sur Othello et Iago.*)

OTHELLO (*endossant distraitement sa chemise*). – Qu'en penses-tu ?...

(*Il l'a demandé comme à un complice de confiance en attente pathético-entremmetteuse dans l'antichambre d'un bordel. Eh oui, Iago et Othello sont à présent un peu plus négligés. Il est étrange de voir Iago et son désordre qui nous le montre aussi ravagé qu'Othello, comme si c'était lui qui avait peiné dans la séquence précédente avec Desdemona.*
La prostration-habit fait le moine qui les rassemble au moins à la vue, ce nivellement de « stature » n'éclaire pas encore la question : est-ce Iago qui, grâce à son apprentissage, a égalé Othello, ou est-ce, au contraire, le Maure qui s'est (volontairement ?) dégradé jusqu'à la mesquinerie de Iago...)

IAGO. – Qu'est-ce que je pense ?...

OTHELLO. – Qu'est-ce que je pense ?!... Ah, par Dieu, il me fait écho!... (*Il pleure de rire.*) Comme si dans son cerveau il avait un monstre si obscène qu'il fallait l'habiller!... Tu as je ne sais quoi dans le corps. Pendant que Michael Cassio s'en allait, tu as marmonné – ou je me trompe ?! – « je n'aime pas cela! ». Qu'est-ce que tu n'aimes pas ?... (*En le suppliant :*) Si tu m'aimes, dis-le-moi!...

IAGO. – Je vous aime...

OTHELLO. – Bien!... Car dire et ne pas dire, de la part d'un menteur, est une ruse vile, mais chez un ami c'est l'intimité du cœur!

IAGO (*dans un grand souci d'y comprendre quelque chose*). – Michael Cassio est honnête!...

OTHELLO. – Je le crois moi aussi!...

IAGO. – Si les hommes étaient toujours ce qu'ils paraissent, ou qu'ils ne paraissent pas du tout!...

OTHELLO. – Pas du tout, justement, pas du tout! Si les hommes étaient toujours ce qu'ils paraissent!...

IAGO. – Et alors Cassio est honnête!...

OTHELLO. – Honnête, justement, honnête!... Mais il y a plus, que tu ne dis... Je t'en prie, parle avec tes pensées!... Si elles sont mauvaises, parle-m'en mal!...

IAGO. – Et si mes pensées sont viles et basses?...

OTHELLO. – Tu me trahis, Iago !, si pensant que l'on me fait un tort, tu ne penses pas à haute voix !...

IAGO. – Je peux me tromper moi-même !... Je suis condamné à fouiller dans le mal... Cette rage amoureuse de devancer des maux inexistants conduisit à des fautes réelles... Je t'en supplie, ne me crois pas !... Ne fais pas ton enfer de mon extravagante maladie. Quand je pense à toi c'est contre ta paix !...

OTHELLO. – Qu'est-ce que tu veux ?...

IAGO. – ... « Celui qui dérobe ma bourse, me vole quelque chose et rien : elle était à moi, elle est maintenant à lui, elle est passée dans mille autres mains. Mais qui empoche mon honneur, me dérobe quelque chose qui ne l'enrichit pas et qui me rend, moi, pauvre ... »

OTHELLO. – Par Dieu !, je veux voir tes pensées !...

IAGO. – Jamais !

OTHELLO. – Ahhh !

IAGO. – La jalousie est un monstre aux yeux verts qui crache dans son assiette ! Heureux le cocu qui, conscient, n'aime pas sa femme! Mais quelle vie d'enfer doit subir celui qui aime et soupçonne et en soupçonnant aime!...

OTHELLO. – Oh, misère!...

IAGO (*sur le point de s'en aller*). – Mon Dieu, délivre tous mes amis de la jalousie...

OTHELLO (*hurlant*). – Noooooon!... (*Et Iago est de nouveau près de lui.*) Pourquoi? Pourquoi? Me crois-tu capable de mener une vie jalouse en poursuivant en un éternel soupçon les phases de la lune? Non : un seul doute, c'est avoir déjà décidé!... Je suis un bouc (*implorant*) si je soupçonne dans le vide!... Je ne peux être jaloux en entendant dire que ma femme est belle et piquante dans les salons et qu'elle est franche, qu'elle chante et joue et danse à merveille!... ni que je suis laid : elle avait des yeux et elle m'a choisi! Non, Iago : moi... je dois toucher de ma main avant de soupçonner... Je veux une preuve pour oublier en un éclair la jalousie et l'amour!...

IAGO. – Je suis heureux! Je peux... enfin t'aimer à cœur ouvert!... Ce n'est pas encore une preuve; regarde ta femme, observe-la avec Cassio. Ouvre un peu les yeux : certains et jaloux. Ouvre les yeux! À Venise, les femmes dévoilent à ciel ouvert les trucs qu'elles n'osent révéler à leurs maris...

OTHELLO. – Ah, que dis-tu ?...

IAGO. – Elle a trahi son père quand elle t'a épousé, et elle était d'autant plus amoureuse qu'elle avait peur de ton aspect...

OTHELLO. – C'est vrai, c'est ainsi !...

IAGO. – Mais j'agis très mal de te dire tout cela...

OTHELLO. – Ton obligé ! Pour l'éternité !...

IAGO. – Je te vois chagriné !...

OTHELLO. – Non, pas du tout...

IAGO. – Oui, tu es bouleversé... Cassio est un ami... Mais tu es bouleversé...

OTHELLO. – Bouleversé, non : pas tellement... (*Et là, suppliant, à genoux :*) ...Je ne parviens qu'à la voir honnête !...

IAGO. – Qu'il en soit ainsi éternellement.

OTHELLO. – Et pourtant, la nature peut parfois... s'égarer...

(*Musique*)

IAGO. – Voilà : nous y sommes. Soyons honnête : avoir refusé tant de partis qui avaient en commun avec elle le climat et la couleur et l'état (la nature tend en toute chose à l'harmonie) pourrait pour quelques-uns sentir le maladif, des tendances malsaines vers le disproportionné, des goûts qui ne sont pas naturels... Toi, pardonne-moi... mais rien ne nous empêche de craindre que son tempérament, arrivé à la maturité, fasse des comparaisons entre ta personne et les autres de sa propre race... et qu'elle se repente...

OTHELLO. – Adieu, adieu... Dis à ta femme d'être sur ses gardes... Iago... laisse-moi... Mais pourquoi me suis-je marié ?!...

(*Musique*)

... Peut-être parce que je suis noir et sans expérience des minauderies des courtisans, ou parce que je décline déjà dans la vallée des ans – pas tant que ça pourtant – je l'ai perdue... Je suis trahi, sans autre soulagement que de la détester... Malédiction du mariage : nous croyons pouvoir appeler nôtres ces créatures fragiles, mais non leurs envies... Mieux vaut être un crapaud et vivre dans les miasmes d'un égout que de garder un coin dans une chose que j'aime pour que d'autres en usent... C'est la peste des grands que d'être plus souillés que celui qui n'est rien... C'est un destin inévitable... C'est comme... la mort... cette lèpre cornue nous est assignée par le destin à l'heure même de notre naissance... Si Desdemona est fausse, alors le ciel se moque de lui-même...

(*La lumière sur Iago s'est éteinte très lentement... Lumière sur Desdemona...*)

DESDEMONA. – Othello, mon cher...

OTHELLO. – Je défaille...

DESDEMONA. – Ta voix... est faible... Vous ne sentez-vous pas bien?...

OTHELLO. – ... J'ai mal au front, là...

DESDEMONA. – Vous n'avez pas dormi, voilà pourquoi. Ça passera, ça passera... Sais-tu ce qu'on fait? On le bande étroitement...

OTHELLO. – Ton mouchoir est trop petit!...

(*...Desdemona laisse tomber son mouchoir : et le blanc de la scène troué de jours qui, le rideau ouvert sur la deuxième partie, était devenu* piano-pianissimo *de* plus en plus étriqué jusqu'à n'être qu'un carré blanc (cinquante centimètres sur cinquante) sur la toile de fond noire, s'évanouit maintenant entièrement en trois secondes – juste le temps d'un clin d'œil sournois – synchronisé avec la chute du petit mouchoir de la main de Desdemona, par terre, seul élément éclairé pendant cinq ou six secondes alors que le reste est noir...)

(*Lumière sur Iago qui découvre dans la lumière Emilia juste à côté de ce petit mouchoir.*)

IAGO (*de plus en plus chancelant, en chemise au fur et à mesure plus négligée, à Emilia*). – ...Emilia... (*la bouche fermée*) ...le mouchoir !...

(*Emilia le regarde interrogativement et Iago le lui indique des yeux, à ses pieds. Celui-là, oui... Sans trop comprendre, elle se penche pour ramasser le mouchoir : puis elle se relève en le contemplant : et là, Iago le lui arrache des mains. Sans autre tâche, Emilia disparaît...*
Iago se mouche enfin dans ce mouchoir : puis il reste de marbre pendant quelques instants, comme quelqu'un frappé par une idée fulgurante, ou plus simplement dans l'état hésitant, peut-être, d'un éternuement...
Il essuie le petit mouchoir avec une manche de sa chemise (elle est en si piteux état !)...
Il est pris de vertige et, reculant incertain, très pâle, il s'écroule sur le lit de Desdemona (c'est d'ailleurs le seul lit disponible sur la scène) et contemple tremblant en

contre-jour ce néant blanc ajouré, fébrile et souriant d'un espoir fou et catastrophique en même temps, mais semblable en tout à l'expression d'un catholique mourant qui, croyant ou pas, s'extasie devant la vision de la sainte hostie... Peut-être le serpent qui est dans la femme sera-t-il écrasé ; peut-être l'intimité-mouchoir de Desdemona est-elle assurée au bordel de l'enfer... peut-être la paix d'Othello, désormais semblable à lui, peut reposer dans le néant...

...Lentement, lumière aussi sur Othello, dépoitraillé lui aussi, au visage noir et pâle, vacillant, en somnambule, près du lit...)

OTHELLO (*à Iago*). – Maintenant et à Jamais Adieu paix de l'âme Adieu bonheur Adieu troupes empanachées Adieu victoires Oh adieu Adieu chevaux volants Éclats résonnants des trompettes Tambours palpitants Sons perçants des cornemuses Adieu triomphants Étendards au vent Ordre événement et faste Guerre resplendissante Adieu Machines de la mort L'aventure d'Othello est finie.

...

OTHELLO. – Oh, oh, infidèle : à moi !...

IAGO. – Diable !, général, assez maintenant...

OTHELLO. – Va-t'en, toi, va-t'en! va-t'eeeeeen... Que savais-je, moi, de ses heures furtives de luxure; je ne voyais rien, je n'imaginais rien!... Rien ne me faisait mal... Je dormais bien la nuit : sans pensées, libre et heureux... Je ne trouvais pas les baisers de Cassio sur ses lèvres... J'aurais été heureux si l'armée tout entière jusqu'au plus vil sapeur l'avait possédée et que je l'avais ignoré... (*À genoux :*) Maudit... Prouve-moi que mon amour est une putain!... Je veux la voir de mes yeux!... Ou pour mon âme immortelle, il eût mieux valu pour toi être né chien que d'avoir déchaîné ma fureur!... Je veux la voir de mes yeux!... Je veux une preuve... certaine!... ou gare à ta vie!... Abandonne tout scrupule, accumule horreur sur horreur, fais pleurer le ciel et stupéfie le monde!... (*Il se traîne à genoux près d'Iago, en pleurant.*) Oh, monde! Je la crois honnête et... je crois qu'elle ne l'est pas!... Je crois que tu es un ami et que tu ne l'es pas!... Je veux une... preuve!... Certaine!... Elle était... Blanche comme la lune et à présent elle est sale comme mon visage!... (*Il arrache le mouchoir des mains d'Iago et enlève encore de son visage du fard noir.*) Cordes Couteaux Feux Poisons Fleuves Je veux la voir de mes yeux!...

IAGO. – ...Spectateur baveux à sa monte... chèvres obscènes...

OTHELLO. – ... Chèvres...

IAGO. – ... Singes bestiaux...

OTHELLO. – ... Singes...

IAGO. – ... Loups excités en rut...

OTHELLO. – ... Rut...

IAGO. – ... Crapauds enivrés...

OTHELLO. – ... Crapauds...

(*Et ici Othello jette le mouchoir dans les draps sales, et se retourne, la tête dans les mains, dos au public...*)

(*Musique douce*)

(*... L'éclairage s'atténue sur Othello et Iago et brille en revanche sur un coin du lit près de Iago... Las de fureter, c'est le « voisin » qui en profite, l'inconscient Michael Cassio qui, en effet, s'y allonge et s'endort... et a des rêves agités... Iago s'approche de lui visage contre visage...*)

CASSIO (*dans son rêve, avec la voix de Iago venant d'on ne sait où*). – ... Douce... précaution... cachons nos amours… (*La voix est un murmure, une caresse : et là, Iago « lui prend la main et la serre ».*)

…Cher amour… (« et il lui donne de ces baisers appuyés comme s'il arrachait à leurs racines ces baisers en fleurs sur ses lèvres…

…et presse une jambe sur sa cuisse en gémissant et soupirant »)

…Maudit soit le destin qui t'a donnée au Maure !…

OTHELLO (*comme avant, sans rien voir*). –
…C'est monstrueux !… Monstrueux !…

(*Iago, revenant à lui, essuie son visage avec le mouchoir. Puis, l'ayant déplié, il en recouvre le visage de Cassio qui, réveillé, comme quand on chasse en rêve une idée gênante, le prend par un bout avec deux doigts, et lentement, en soulevant en arrière son bras, le confie au néant où s'éclaire Bianca…*)

(*Noir sur Othello et Iago*)

CASSIO (*voix comme plus haut.*) – Il me plaît beaucoup. Tu m'en fais une copie ?…

(*Bien qu'avec un peu de méfiance, Bianca accepte ce mouchoir et disparaît. Avec elle, s'éteint Michael Cassio. De nouveau, lumière seulement sur Othello.*)

OTHELLO. – Oh, si ce lâche avait quarante mille vies ! Une seule est peu de chose pour ma vengeance !...

(*Iago s'éclaire*)

Regarde, Iago !... Tout mon fol amour... je le souffle au ciel !... Voilà, il s'est évanoui !... Surgis, noire vengeance de ton fond creux... Amour, cède à la haine ta couronne et le trône que pour toi j'avais dressés dans mon cœur !... Gonfle-toi, ma poitrine... d'aspics...

IAGO. – Du calme !...

OTHELLO. – Du sang ! Du sang ! Du sang !

IAGO. – Du calme !... (*Et il s'éteint lentement.*)

OTHELLO. – Jamais, Iago !... Comme un courant... glacé... de la mer Pontique dans sa violence ignore tout reflux... se dirigeant vers la Propontide et l'Hellespont, mes pensées sanglantes... ne reflueront jamais vers l'amour avant qu'une vengeance pleine et cruelle ne les ait englouties !...

(*Et cette fois à la vue – à la vue désespérée d'Othello, s'éclairent, comme avant, Cassio et Bianca.*)

BIANCA (*rendant le mouchoir à Cassio*). – Tiens ! Rends-le à ta chienne !...

(*Noir sur Bianca et Cassio, lumière sur Othello et Iago*)

OTHELLO (*debout, à Iago agenouillé*). – ... À présent, c'est toi mon lieutenant !...

(*Noir sur Othello et Iago*)

(*Un instant de musique*)

Une autre lumière sur le lit nuptial : au milieu des couvertures en désordre, affleure très lumineux le mouchoir ajouré... Emilia et Desdemona s'éclairent affairées autour du lit...

DESDEMONA (*en cherchant le mouchoir et le touchant plusieurs fois, le déplaçant pour mieux fouiller...*). – Où ai-je perdu ce mouchoir, Emilia ?

(*Emilia disparaît. Desdemona et Othello sont maintenant en scène.*)

OTHELLO. – Donne-moi ta main : une main douce... (*En la lui lisant :*)... Exubérante... Loyale... Chaude, chaude... et douce... cette main requiert... l'isolement... le jeûne et la prière... La pénitence – beaucoup ! – et des exercices spirituels : tu vois ?... il y a un petit diable un peu moite, un peu indiscipliné... Mais c'est une bonne main... et loyale...

DESDEMONA. – Elle vous donna mon cœur...

OTHELLO. – Une main libérale. Jadis les cœurs donnaient les mains, mais dans l'héraldique nouvelle il n'y a plus que des mains et pas de cœurs...

DESDEMONA. – Je ne m'y connais pas en héraldique. Venons-en à la promesse...

OTHELLO. – Quelle promesse, mon enfant ?...

DESDEMONA. – J'ai fait appeler Cassio, qu'il vienne ici...

OTHELLO. – Eh, EhEhhhhh... Ce catarrhe trouble et obstiné... Prête-moi ton mouchoir...

DESDEMONA (*elle lui tend le premier mouchoir qui lui tombe entre les mains – il n'y en a pas d'autres – : le mouchoir ajouré*). – Le voilà !

OTHELLO. – Non, pas celui-là : celui que moi, je t'ai donné...

DESDEMONA. – Je ne l'ai pas ici avec moi...

OTHELLO. – Non ?!...

DESDEMONA. – Non, vraiment...

OTHELLO. – C'est mal. Ce mouchoir, une Égyptienne, qui était magicienne, le donna à ma mère : elle lisait dans les pensées... Tant qu'elle le garderait – lui avait-elle dit – elle serait désirable... pour toujours... elle aurait l'amour de mon père... mais si elle le perdait ou le donnait à quelqu'un d'autre, les yeux de mon père la regarderaient avec dégoût et ses désirs s'envoleraient vers d'autres amours... Elle me le donna en mourant (*et il contemple avec un regret dévot le mouchoir*)... pour que je le donne à ma femme quand viendrait le destin !... Et c'est ce que j'ai fait... Prends-en soin, qu'il te soit plus cher que tes yeux précieux...

DESDEMONA. – Est-ce possible ?...

OTHELLO. – C'est vrai !... Il y a un sort dans sa trame... Une sibylle qui avait compté deux cents soleils dans son ciel rond, l'a brodé dans une extase prophétique, la soie venait de vers ensorcelés, elle fut trempée dans de la poussière de momie, distillée exprès à partir de cœurs de jeunes filles...

DESDEMONA. – Tout cela est vrai ?!...

OTHELLO. – Tout à fait vrai : prends-en très grand soin...

DESDEMONA. – Que je puisse ne l'avoir jamais vu !...

OTHELLO. – Et pourquoi ?...

DESDEMONA. – Votre emportement...

OTHELLO. – Est-il perdu, a-t-il disparu ?!...

DESDEMONA. – Que Dieu nous aide !...

OTHELLO. – Réponds !...

DESDEMONA. – Perdu non, mais... s'il l'était ?...

OTHELLO. – Comment ?...

DESDEMONA. – Je disais qu'il n'est pas perdu !...

OTHELLO. – Va le chercher et montre-le-moi !...

DESDEMONA. – Je ne veux pas !... C'est une ruse pour me faire oublier Cassio !... Je t'en prie, remets-le à son poste !...

OTHELLO. – Le mouchoir, vite ! J'ai un pressentiment !...

DESDEMONA. – Cassio n'a pas son pareil !...

OTHELLO. – Le mouchoir !...

DESDEMONA. – Je t'en supplie : parle-moi de Cassio !...

OTHELLO. – Le mouchoir !...

DESDEMONA. – Il t'a aimé toute une vie...

OTHELLO. – Le mouchoir !...

DESDEMONA. – Tu es vraiment méchant...

OTHELLO. – Le mouchoir !...

(*Othello disparaît, Emilia s'éclaire de nouveau, toujours à côté de Desdemona qui continue à chercher...*)

EMILIA. – Et ce serait là un homme qui n'est pas jaloux ?

DESDEMONA. – Je ne sais pas, je ne l'ai jamais vu dans cet état...

EMILIA. – Deux ans ne suffisent pas pour connaître un homme... Les hommes ne sont qu'estomacs, et nous que nourriture. Ils nous dévorent comme des morts de faim, puis, quand ils en ont plein le ventre, ils nous vomissent!...

DESDEMONA. – Quelques affaires d'État... De Venise... Ou la découverte d'un complot à Chypre...

EMILIA. – Priez le ciel que ce soit une affaire d'État, et non pas les lubies d'un mari jaloux!...

DESDEMONA. – Ciel!, et pour quelle raison?...

EMILIA. – Oui, mais va le raconter à un jaloux! Ils sont jaloux parce qu'ils sont jaloux!...

(*Noir-lumière sur Othello et Iago : ils sont abrutis et fatigués ; ils halètent, un peu distants : ce moment leur semble un deuil – un désastre bien mûri ou l'infortune de la fin. Ils se regardent en dessous, distraits par l'essoufflement. Opposée à leur état, la pensée d'un* Othello *en parodie les trahit plus ou moins. Leurs rôles respectifs sont imaginés par les deux acteurs – confiés au public, seulement par leurs voix enregistrées, jusqu'à un certain point...*)

IAGO. – Comment ça va, général? Un coup sur la tête?

OTHELLO. – Tu te moques de moi. Un homme à cornes est un monstre. Une bête.

IAGO. – Alors chaque ville est pleine de bêtes et de monstres en bourgeois.

OTHELLO. – Qui t'a dit cela ?

IAGO. – Tout homme marié est comme vous. Il y en a des millions qui dorment dans un lit en copropriété, tout à fait convaincus de l'avoir en exclusivité. Vous avez de la chance !... au moins, vous le savez ; mais étreindre toutes les nuits une catin en croyant que c'est une sainte, non non non non, mieux vaut savoir : et sachant ce que je suis, je saurai aussi qui elle est.

OTHELLO. – Tu crois, Iago ?

IAGO. – Qu'est-ce qu'un baiser secret ?

OTHELLO. – Un baiser illicite !

IAGO. – Ou être au lit nue avec l'ami plus d'une heure sans penser à mal ?

OTHELLO. – Au lit, nue, avec l'ami, Iago, sans penser à mal ?

IAGO. – S'ils ne font rien c'est un péché véniel...

(*Et ici, les voix enregistrées cessent. Peut-être nos deux héros ont-ils repris leur souffle, ou pour que le pire public n'ait pas à minimiser la tragédie...*)

...Mais si je donne à ma femme un mouchoir!...

OTHELLO. – Alors?!...

IAGO. – Alors il est à elle, elle peut le donner à qui elle veut!...

OTHELLO (*encore une fois en suppliant*). – ...Mais elle est aussi la gardienne de l'honneur! Peut-elle donner cela aussi?!...

IAGO. – L'honneur ne se voit pas, oui... mais un mouchoir!...

OTHELLO. – Tu vois?... je l'avais oublié... et volontiers, tu sais?... Que disais-tu?... Ah, voilà que ça me revient à l'esprit comme le corbeau sur le toit d'une maison infectée... Cela porte malheur... à tous!... Le mouchoir, ce n'est pas lui qui l'avait?!...

IAGO. – Qu'est-ce que cela signifie?!...

OTHELLO. – C'est mal!...

IAGO. – Si je te disais que moi, je l'ai vu?...

OTHELLO. – Qu'a-t-il dit?...

IAGO. – Rien de plus que ce qu'il nie!...

OTHELLO. – Qu'a-t-il dit?...

IAGO. – Qu'il a été...

OTHELLO. – Été...

IAGO. – Été au lit!...

OTHELLO (*et là, il est à genoux*). – ...Avec elle?!...

IAGO. – Avec elle... Sur elle!...

OTHELLO. – Avec elle, sur elle... d'« y être sur et sous » disons n'est pas un véritable dessus-dessous... une femme, « avec elle »... disons... écœurement!... Mouchoir!... J'avoue!... Mouchoir, gibet... Qu'il avoue et soit pendu... Non!, d'abord pendu et qu'il avoue ensuite!... Idée... péché... Horrible... Tremble... Si... la nature est... si noir... la fureur est... avertissement... Paroles nez oreilles... lèvres... peut-être... j'avoue... enfer... mouchoir!...

(*Il s'évanouit. Cassio entre – pour fureter.*)

CASSIO. – Que se passe-t-il ?

IAGO. – Épilepsie...

CASSIO. – Frottons-lui les tempes !...

IAGO. – Non !, pour l'amour de Dieu, laisse-le tranquille : c'est une léthargie qui doit suivre son cours...

(*Et il pousse Cassio dans le noir.*)

OTHELLO (*se ranimant*). – ...Mon cœur est devenu pierre... je le frappe et j'ai mal à la main... délicate avec l'aiguille... et quelle musique... admirable... qui apprivoiserait un fauve de son chant... et intelligente, Iago... Imagination !...

IAGO. – Tant pis !

OTHELLO. – Oui, mille fois !... Mais gentille, sais-tu, Iago... très gentille !...

IAGO. – Trop !

OTHELLO. – Oui... mais quel dommage, Iago... quel dommage !...

IAGO. – Si tu es si amoureux de ses vices, ouvre-lui un bordel...

OTHELLO. – Je la mets en pièces, Iago... Infidèle, à moi !...

IAGO. – C'est mal !

OTHELLO. – Et avec un de mes subalternes !...

IAGO. – C'est pire !

OTHELLO. – Iago !... Un poison... cette nuit, Iago !...

IAGO. – Étranglons-la dans son lit...

OTHELLO. – Bien, bien, c'est une bonne idée : elle me plaît... beaucoup !

(*Noir*)

(*Musique et trompettes lointaines.*
Lumière : tous les acteurs sur scène)

IAGO (*à Lodovico, avec la voix d'Othello*). – ...Bienvenue à Chypre...

LODOVICO. – Merci. Que fait le lieutenant Cassio ?

IAGO. – Il vit...

DESDEMONA. – Il y a un différend entre mon seigneur et Cassio : mais vous pouvez les réconcilier...

OTHELLO (*lisant en délirant une feuille blanche arrachée un instant avant des mains de l'ambassadeur vénitien*). – En es-tu certaine ?...

DESDEMONA. – comment ça ?!...

OTHELLO. – « ... Ne manquez pas... »

LODOVICO. – Il ne s'adresse pas à nous... Donc, il y a un différend entre le général et Cassio ?...

DESDEMONA. – ... Pour l'affection que j'ai pour Cassio...

OTHELLO. – Feu et soufre...

DESDEMONA. – Seigneur...

OTHELLO. – N'êtes-vous pas folle ?

DESDEMONA. – Est-il en colère ?

LODOVICO. – Peut-être à cause de cette lettre : elle contient, je crois, son rappel dans sa patrie et laisse Cassio gouverneur à Chypre...

DESDEMONA. – J'en suis heureuse !...

OTHELLO. – Certes !...

DESDEMONA. – Seigneur...

OTHELLO. – Très heureux de vous voir folle !...

DESDEMONA. – Et pourquoi, mon doux Othello ?

OTHELLO (*il la gifle*). – Démon !... Hors de ma vue !

LODOVICO. – Je vous en supplie, seigneur, rappelez-la...

OTHELLO. – Madame !

DESDEMONA. – Mon seigneur...

OTHELLO. – Que voulez-vous d'elle ?...

LODOVICO. – Moi ?!...

OTHELLO. – Vous m'avez demandé de la faire revenir... Vous le voyez ! Elle peut se tourner et se retourner, faire demi-tour et encore demi-tour et pleurer, messieurs, pleurer... Elle est obéissante ... elle est soumise... Très ! (*À Desdemona :*) Vous continuez à pleurer... quant à cette lettre, on m'ordonne de rentrer à la maison... (*À Desdemona :*) Hors d'iciiiiiii !... (*À Lodovico :*) ...J'obéis... Rentrons à Venise... (*À Desdemona :*) Hors d'iciiiiiiiiiiiiiiiiii... Cassio est à mon poste... À ce soir, à ce soir... Nous dînerons ensemble. Bienvenue à Chypre. Chèvres et singes !

(*Noir*)

Lumière sur Othello Emilia Desdemona Iago : il n'y a plus de doute sur la stature-identité de Iago et d'Othello. Ils sont désormais au même niveau de bassesse (joie de réciter à part). Ainsi,
« femme pour femme »
le chaos et la « petite ambiance – sous-domestique » ne font qu'une seule et même chose :
 toujours placés dans le vide, Othello est avec Emilia chez les Iago ; Desdemona est dans son lit avec Iago. Quelques répliques en
  Ensemble
au milieu des draps sales suspendus en l'air...

OTHELLO. – Ainsi, tu n'as rien vu, toi?!...

DESDEMONA. – Je ne sais pas, je ne sais rien!...

IAGO. – Madame, comment allez-vous?...

EMILIA. – Jamais vu ni entendu ni soupçonné, jamais!...

OTHELLO. – Oui que tu les as vus ensemble, Cassio et elle!...

DESDEMONA. – Suis-je ce que tu m'as dit?!...

IAGO. – Que vous a-t-il dit, ma belle dame?...

EMILIA. – Certes, et il n'y avait rien de mal!...

OTHELLO. – Et jamais ils ne se parlaient à voix basse, souffle contre souffle!...

DESDEMONA. – Je ne sais pas, mais je ne suis pas comme ça, moi!...

IAGO. – Aïe, aïe, aïe!, ne pleurez pas, ne pleurez pas!...

EMILIA. – Non!... Jamais!...

OTHELLO. – Ils ne t'ont jamais éloignée ?!...

DESDEMONA. – Mon destin est ensorcelé !...

IAGO. – Qui lui a mis cette fureur dans la tête ?...

EMILIA. – Jamais !...

OTHELLO. – Prendre un éventail, des gants, un masque ou que sais-je ?!...

DESDEMONA. – Je ne sais pas encore comment je l'ai perdu !...

IAGO. – Restez calme !...

EMILIA. – Jamais !...

IAGO. – ... C'est une affaire d'État !...

DESDEMONA. – Tu vois, je te le dis ici à genoux !...

OTHELLO. – Et pourtant, elle s'agenouille encore et elle prie !...

DESDEMONA. – Moi, je ne sais pas prononcer : « prostituée » !...

OTHELLO. – Étrange !...

(*Noir*)

(*Lumière sur Othello et Desdemona*)

OTHELLO (*il éclaire Emilia un instant*). – Vous, madame !, laissez seules les bêtes pour la monte ! Fermez bien l'étable, toussez, hein : faites « hem ! » si un être humain s'approche ! À votre métier, viiiiite !... (*À Desdemona, toujours agenouillée :*) Mais qu'est-ce que tu es... toi ?!...

DESDEMONA. – Ta femme... fidèle... et loyale !...

OTHELLO. – Jure-le ! Allez !, jure-le ! Jure et damne-toi !... Jure... sur le paradis de ton visage, jure-moi que tu es honnête... Mais non, tu es plus infidèle que l'enfer !...

DESDEMONA. – Infidèle ?!... Et avec qui ?!...

OTHELLO. – Hors d'iciiiiiiiiiiii !... (*Il pleure.*)

DESDEMONA. – Oh, jour de malheur !... Pourquoi pleures-tu ?... Suis-je la cause de ces larmes ?!...

OTHELLO. – Si le ciel avait voulu me tourmenter... faire pleuvoir sur moi des plaies de honte... me plonger dans la misère... m'emprisonner moi et mes espoirs... dans un petit recoin de mon âme, j'aurais trouvé un brin de patience!... Mais... faire de moi un chiffre immobile que l'heure de l'outrage fait bouger de son doigt! J'aurais supporté cela aussi : très facilement... Mais là même où est le grenier de mon cœur, là je dois vivre ou mourir... Être séparé là... de la source d'où mon cœur coule et se tarit... ou garder là dedans une citerne qui grouille de crapauds répugnants. Oh, change de couleur, patience, chérubin aux lèvres rose dans une encre noire!...

DESDEMONA. – J'espère seulement que tu me crois honnête...

OTHELLO. – Ouiii!... Comme les mouches d'été à l'abattoir que le vent fait mettre bas et engrosse éternellement!... Que tu ne sois jamais née, noire ivraie, si belle et parfumée que les sens en ont mal!...

DESDEMONA. – Quelle faute inconsciente ai-je commise?!...

OTHELLO. – Cette feuille transparente... ce livre d'amour pouvait-il être créé pour qu'on y écrive : « Putain »!... Quelles fautes as-tu commise?! Toi, une prostituée! Qu'as-tu commis!?... Le ciel se bouche le nez à cause de la puanteur... La lune ferme les yeux... Le vent ruffian qui caresse et baise tout ce qu'il rencontre se blottit dans le giron de la terre : ils ne veulent pas savoir ce que tu as fait! Qu'as-tu commis!?... Traînée éhontée!...

DESDEMONA. – Tu m'outrages à tort!...

OTHELLO. – Tu n'es pas une prostituée, toi?!

DESDEMONA. – Non, aussi vrai que je suis chrétienne!...

OTHELLO. – Tu n'es pas une prostituée?!

DESDEMONA. – Non, pour mon salut!...

OTHELLO. – Incroyable...

DESDEMONA. – Dieu nous pardonne!...

OTHELLO. – Pardonnez-moi, alors... Je t'avais pris pour cette putain rusée de Venise qui a épousé Othello!... Vous, madame! (*Emilia s'éclaire et revient aussitôt dans le noir*), dont l'office est l'opposé de celui de saint Pierre et gardez les clés de l'enfer!... Vous, vous, vous, oui, vous!... c'est fait!... Voilà l'argent pour le dérangement!... Je vous en prie, fermez la porte à clé et gardez notre secret!...

(*Noir*)

(Dans la scène précédente Othello – soit pour sécher ses larmes, soit pour essuyer sa sueur, soit pour cacher son abattement – aura entièrement enlevé de son visage le peu de fard noir dont il dispose avec le fatal mouchoir ajouré... il a blanchi.)

(Lumière sur Iago : toujours écroulé sur le bord du grand lit. Plus que jamais fébrile, l'enseigne essuie avec le mouchoir ensorcelé son abondante sueur chaude et froide, en salissant de plus en plus son visage de noir... Eh oui, il va vraiment mal et sur un geste las de sa main, s'éclaire près de lui Roderigo qui malheureusement se prodigue pour le secourir... Et alors, Iago se laisse aller en s'allongeant sur le lit, à la merci du bon cœur de son partner... Quel est le mal de Iago? Où a-t-il mal? Roderigo ne sait pas, mais comme il arrive toujours dans ces cas d'urgence et en même temps d'ignorance, un mouchoir à portée de la main est, quoi qu'il en soit, tentateur et fatal...
...Et il l'est vraiment pour le malchanceux Roderigo qui, arrachant le mouchoir des mains tremblantes de Iago, justement, est inexplicablement possédé par on ne sait quel mal : fiévreux, il tremble comme une feuille électrique, serre dans son poing ce petit mouchoir comme si c'était un caillou et, perdant l'équilibre, tombe sur Cassio toujours trop curieux et de passage.
Il n'est pas donné, à qui n'a jamais été initié à certains mystères, de voir clair dans le choc Roderigo-

Cassio (cela peut ressembler à un simple photogramme d'un corps à corps, ou à un secours maladroit) : Rodérigo s'est écroulé dans le coma. Michael Cassio est à genoux, le mouchoir sur ses tempes, comme pour contenir une éventuelle hémorragie...
Iago, entre-temps, du haut de son lit-loge suit la scène en spectateur attentif et très critique, toujours à moitié allongé sur un coude, le menton dans le creux de la main...
Monsieur Montano trébuche sur le corps de Cassio qui s'est évanoui, il se penche à son secours : de quelle façon ? il ne le sait pas, mais il y a par terre, comme par hasard, un mouchoir qui peut faire l'affaire : Montano le ramasse et, pris par diable on ne sait quoi, se met à pleurer...)

    IAGO (*à Montano*). – Pourquoi pleurez-vous ? (*Et il descend du lit.*)

    CASSIO (*dans un râle d'outretombe, et pour la première et la dernière fois de sa – propre – voix*). – ... Iago !...

    (*Quant à Iago, il semble se rendre compte maintenant de la position de Cassio. C'est pourquoi, après avoir pris énergiquement le mouchoir à ce vieux qui n'est bon qu'à pleurer [et Montano sourit à l'enseigne, aussi ahuri qu'un miraculé à Lourdes], il s'approche de Cassio.*)

IAGO. – Qui vous a mis en cet état?... (*Puis, remarquant que l'état de l'ex-lieutenant n'est après tout pas si grave que ça, après l'avoir ausculté, à Roderigo :*) ... Misérable!...

RODERIGO (*expirant : il est le plus faible*)... (*avec sa propre voix*). – ... Iago!... (*Il meurt (?).*)

IAGO. – Délinquants!... Assassiner les gens, comme ça, à la faveur de la nuit...!

(*Puis... entre Bianca, éclairée de sa propre lumière*)

BIANCA (*comme si elle furetait un peu excitée, passant sa tête dans le groupe*). – ... Qui criait?

IAGO (*toujours à voix basse*). – ... Qui criait?...

(*Et là l'enseigne, furtivement, enferme le mouchoir dans la main de Bianca, de même que l'on passe sous le bureau un devoir en classe :*
hurlement déchirant, de Bianca, cela est clair, qui est à présent toute barbouillée, en larmes.)

BIANCA. – Ah, Michael, Michael, mon Michael!...

IAGO. – Holà, très illustre catin! Qui vous a mis en cet état, Cassio? Qui me prête un lacet? (*À Bianca :*) Donne-moi une jarretière!

(*Et il reprend d'une main le mouchoir trempé de larmes, pour que la jeune fille puisse vite utiliser ses deux mains pour exaucer sa demande. Bianca est heureuse sans le mouchoir ; elle soulève avec coquetterie ses jupes, délace une jarretière, avec des airs de strip-teaseuse – éventuellement applaudie par tous – et la tend à Iago...*)

Merci. Vite, une chaise, pour le transporter !

(*Puis Iago, pour mettre la jarretière à Cassio, tend à nouveau le mouchoir à Bianca qui, naturellement, dégoûtée, recommence à pleurer d'appréhension...*)

BIANCA. – Mon Dieu, mon Dieu ! Voilà qu'il s'évanouit. Oh, Michael, Michael, Michael !...

IAGO. – Messieurs, écoutez-moi tous : je soupçonne cette catin d'être au courant du méfait... Mon bon Cassio, sois patient. Ici, vite, une lampe ! (*Montano, hébété, la lui tend.*) ... Voyons un peu le visage de celui-ci !

(*Roderigo resplendit de sa propre lumière.*)

IAGO. – Par la sainte Vierge, c'est Roderigo, l'ami, le compatriote ! Mais non ?! Mais si, c'est bien lui...

(*Montano jette un coup d'œil à Roderigo, « cadavre » endormi.*)

IAGO. – Pourquoi, vous le connaissiez ? Monsieur Montano ! (*Il le reconnaît maintenant.*) ...Je vous demande pardon si je ne vous ai pas encore vu. Ces scènes de sang m'excusent... Comment ça va, Cassio ? Une chaise !

IAGO. – Lui. Lui. C'est lui. Oh, bien, voilà une chaise ! Que quelqu'un de bonne volonté le transporte hors d'ici, mais comme il faut. Je vais chercher le médecin du Maure. (*À Bianca :*) Et vous, madame (*en lui arrachant le mouchoir*), assez joué... (*À Cassio :*) Cassio, ce mort était un de mes grands amis. Quelle rancune y avait-il entre vous deux ? (*À Bianca :*) Vous avez pâli ? Emmenez-le ! Messieurs, je vous en prie, un peu d'attention. (*À Bianca :*) Ma chère dame, que votre visage est pâle ! Regardez l'expression de ses yeux : comme ça ! Si vous les écarquillez encore un peu, nous en saurons plus. Observez, je vous prie, fixez : elle avoue sa faute, même si elle est muette.

(*Emilia entre*)

(*Noir un instant. Iago se trouve près d'Emilia qui est en train de faire et défaire le lit, leur lit, un autre, peu importe : c'est le climat qui est domestique. Ils parlent tous les deux d'une voix très basse et paresseuse...*)

EMILIA. – Alors, comment ça s'est passé? Qu'est-il arrivé?

IAGO. – Rien. Cassio a été agressé dans le noir par Roderigo. Il est là, en train d'agoniser. Roderigo est mort.

EMILIA. – Mon Dieu!, pauvre de nous!

IAGO. – C'est la fin des putassiers. Emilia, s'il te plaît : demande un peu à Cassio où il a dîné ce soir...

(*Là s'achève le passage « domestique » entre eux deux. À nouveau Iago et son épouse se retrouvent parmi les autres. Ils reprennent leurs registres excités, au fur et à mesure en crescendo et en musique...*)

IAGO (*à Bianca*). – Tu trembles, hein?

BIANCA. – Il a dîné chez moi, mais je ne tremble pas.

IAGO. – Ah, chez toi?... Je vous arrête!

EMILIA. – Honte à toi, honte à toi, putain!

BIANCA. – Je ne suis pas une putain!, moi! Je suis plus honnête que vous!

EMILIA. – Plus que moi ?! (*Elle lui crache au visage.*) Effrontée !

IAGO (*fébrile, au public et à personne*). – Messieurs, allons ! Allons tous voir soigner Cassio ! (*À Bianca :*) Viens, la belle, chante-nous une autre chanson ! Emilia, cours vite à la forteresse et informe le général et madame ! Cette nuit il me donne la gloire (*et*) ou me détruit ! (*Et il efface son visage avec le mouchoir.*)

(*Noir-lumière sur Emilia, tellement sale que, tout comme les autres « personnages », elle disparaît tout doucement, engloutie par le noir, observée de loin par Iago éclairé comme par mauvais temps…*)

EMILIA (*sale et hagarde*). – Que de pressentiment… dans une chanson… Peux-tu m'entendre encore ?!… M'écoutes-tu ?… Je meurs comme un cygne… Je meurs en musique…
(*Elle chante :*)

« Chantez le saule vert chantez
N'y pensez pas
Par lui j'aime aussi être offensée »

(*Elle meurt dans le noir. Iago a disparu. Lumière sur Desdemona dévêtue, dans son lit.*)

DESDEMONA (*en se peignant, elle continue la chanson*). –

« J'ai appelé mon amour amour traitre
Et amour m'a répondu... »

(*Et la chanson meurt sur les lèvres de Bianca on ne sait d'où.*)

« ... si d'autres femmes je me délecte
Dans ce lit d'autres hommes vous embrassez... »

(*Et là, débraillé et anéanti, Othello : il n'y a pas trace d'Othello sur son visage. Il a égaré son « rôle »... avec un beau bouquet de roses blanches dans ses bras. Religieusement, dans ce cimetière...*
Il s'approche de Desdemona qui, à la vue inattendue d'un étranger, couvre et recouvre son visage avec ses mains... Othello – doucement en apparence –, avec ses mains blanches sur ses épaules blanches, la fait d'abord tourner vers lui, en face, puis, lui serrant les poignets, il l'oblige à le regarder...
...Desdemona est l'oubli de son « rôle »...
...Othello, lentement, en lui ouvrant les bras, l'étend crucifiée sur le lit. Puis, trouvant en elle la résistance propre aux morts, abandonne la prise... Il s'assoit près d'elle pour la veiller, en fixant le vide...)

(Il est plus opportun de placer le monologue qui suit en tête du « spectacle », comme un véritable prologue.)

OTHELLO. – C'est la cause... C'est la cause, mon âme... C'est la cause !... Éteins la lumière et puis... Éteins la lumière !... Mais si tu es éteinte, où trouver le feu de Prométhée pour te rallumer, lumière... (*Il ramasse et regarde une rose blanche.*) ...Quand la rose est cueillie, on ne peut lui rendre la vie !... Elle doit se faner... (*Il se penche vers Desdemona et l'embrasse sur le front.*) ...Reste ainsi, morte... et je te tuerai et puis je t'aimerai... pour toujours... Un baiser... un autre... Le dernier... le plus doux et mortel... Je suis obligé de pleurer... Des larmes sans pitié... Cette douleur est bleue... elle anéantit... là où elle aime le plus... Et toi... comme tu es pâle... et lasse... et froide... froide comme ta chasteté ! Ma très douce, il convient que tu meures de temps en temps...

DESDEMONA. – ... Tuez-moi !... Demain !...

OTHELLO (*l'embrasse sur le front*). – ... Il est trop tard...

(*Et, en pleurant, il se laisse glisser du lit
et, aveuglé par les larmes, il cherche à tâtons les morceaux de son costume...*

…*puis, fasciné, il contemple sa main, presque noire de la poussière de la scène, et il est, mais pendant un instant, effleuré par une caresse paresseuse de sa mémoire, et essayant de porter cette main à son visage…*)

…Ah, … voilà… Jadis, moi… à Alep…

(*Oubliant son geste… Il s'endort…*)

« IL M'AVAIT L'HONNEUR ENLEVÉ MOI, LA VIE JE LUI AI ARRACHÉE »

(Bonne nuit)

Macbeth Horror Suite

Livret de théâtre

Macbeth (1982-1983) marque la fin de l'*écriture scénique* et ouvre sur l'avènement de la *machine actoriale*, sollicité par l'expérience *électronique* héritée de la phase cinématographique et mûrie dans l'aventure des *concerts* et du *poème symphonique (dé)dramatisé*. Du spectacle oral librettiste de la version shakespearienne à l'exécution théâtrale, la protagoniste omnivore est, comme jamais précédemment, l'*actorialité automatique* du corps pris *physiologiquement*, où seule la *voix* (la différenciation des « rôles » est une variation phonético-humorale) est *sans langue*; cet *intérieur* du *corps* est vacarme (salivation, pet, rot, gargouillement, etc.) amplifié des restes de la parole-son mâchée et vomie, bavée au bord de la bouche. L'*aphasie* d'un si grand bruitage oral, dans ce (dé)concert intémoignable (... *bruit et fureur / qui ne veut rien dire*) redouble l'*apraxie* d'un corps, momie voilée et/ou recouverte d'une triple armure, qui tâtonne aveuglément, dans la recherche vaine d'un orgasme vers l'évanouissement, parmi les expédients de l'horreur (la terreur réduite à un feu follet) et de l'*auto-épouvante*.

Secouru par sa (?) Lady-domestique, le *corps* enroule et déroule une bande (parmi celles, nombreuses, qui l'enveloppent) ensanglantée ; il le déroule, et les marques rouges, rapetissant au fur et à mesure, s'effacent : aucune plaie. La bande était blessée, non pas le bras.

Une étincelle d'énergie restante permet à ce *corps* désarmé d'arracher la surface de sa scène et de la lancer, « faite d'air », en l'air, avant de se résigner à l'*inorganique*.

Premier mouvement

(*Le soleil se lève dans un voile de brouillard.*)

Duncan. – Cocoricooooooooo
Cri Cri Cri Cra Cra Cra
Rrrrmarmarmau rrrmarmau cra cra

Les Sorcières. – Fini le tohu-bohu
La bataille gagnée et perdue
cri cri cra cracracra
moche est beau et beau est moche [1]
Dans l'brouillard qui tout enlace

Duncan. – Ah Ah Ah Hi ih ih ih ih
Ih ih ih Ha ah ah ah ah
What bloody man is that
Mais quel sang quel Sang est-ce là
Qui est cet homme ensanglanté

---

1. Les passages en italique sont des citations du *Macbeth* de Giuseppe Verdi. (*N.d.T*)

Mouvement 2

Capitaine. – Mêlée incertaine
Comme deux nageurs épuisés s'agrippent et s'entravent
Macdonwald le rebelle
– sa nature déchirée lui est congénitale –
reçoit des renforts des îles occidentales
cavaliers fantassins
et à sa suite c'te Catin de Fortune Mais tout cela en vain Macbeth favori de la gloire
brandissant le fer fumant de massacre sanglant
se taille à coups de tranchant un bon passage
se trouve face à face avec ce lâche
le déchire du nombril aux mâchoires
et plante sa tête en haut de nos créneaux.

Duncan. – Ô vaillant Macbeth
... Banquo et Macbeth

Capitaine. – Voulaient-ils se tremper
dans des blessures fumantes
Ou immortaliser un autre Golgotha
je ne sais dire
Mes blessures crient au secours

Duncan. – Tes plaies te siéent autant que tes dires
Vite un chirurgien Qu'arrive-t-il maintenant

MOUVEMENT 3

ROSSE. – Dieu sauve le roi

DUNCAN – D'où viens-tu ?

ROSSE. – De Fife grand souverain où s'élancent
insulte au ciel
les étendards norvégiens
glaçant de terreur nos hommes en arme
Norvège en personne et d'horrifiantes armées
soutenu qui plus est par le seigneur de Cawdor
le plus infâme des traîtres
déclenche son horrible attaque
jusqu'à ce que Macbeth
le pressant fer contre fer bras contre bras
ne l'affronte et vainque La victoire est à nous

DUNCAN. – Ô joie immense
Cawdor ne trahira jamais plus
Criez fort sa mort sur-le-champ
Et de son titre saluez Macbeth
qui a gagné ce que l'autre a perdu

Mouvement 4

Les Sorcières – Où as-tu été ma sœur
Tuer des cochons
Et toi, où as-tu été

La femme d'un matelot
portait des marrons en son giron
qu'elle mâchonnait mâchonnait mâchonnait
Donne-m'en – lui dis-je – arrière sale sorcière
crie c'te gros cul rogneux
Commandant sur le Tigre s'en est allé
pour Alep son mari
Mais volant sur un tamis
je le rejoins-joindrai
Comme un rat sans queue
Oui je m'le fais m'le fais m'le fais

Je t'envoie un vent
tu m'en vois contente
Tiens de moi prends aussi ce vent (prrrrr)
Moi j'ai tous les autres vents
Je veux le faire sec comme de la paille
Jamais plus il ne pourra dormir
Un tambour Un tambour
C'est Macbeth Trois pour moi trois pour toi

et pour neuf c'est encore trois
Noué est le charme
le charme est noué

MACBETH. – Moche et beau jamais vu un jour pareil
Que sont ces choses si flétries
si follement accoutrées
qui ne semblent pas humaines
et se trouvent pourtant sur terre
Êtes-vous êtres vivants
ou essences qu'on peut questionner
Peut-être me comprenez-vous
si chacune en même temps
pose son doigt rugueux sur ses lèvres exsangues
Vous pourriez être femmes mais votre barbe
vous rend douteuses
Qu'êtes-vous Parlez

LES SORCIÈRES. – Vive Macbeth seigneur de Glamis
Vive Macbeth seigneur de Cawdor
Vive Macbeth qui sera roi

BANQUO. – Tressaillir Pourquoi
Ces souffles sonnent doux de promesses
                Et pour moi que dites-vous

Les Sorcières. – Hourra Hourra Hourra à toi
moins grand que Macbeth et plus grand que
lui
Moins heureux mais plus heureux que lui
Non roi mais père de rois

Vive Macbeth et Banquo
Banquo et Macbeth vive

Macbeth. – Le seigneur de Cawdor est vivant
et le titre de roi résonne incroyable

Rosse. – Preux Macbeth
notre souverain te salue du nom de Cawdor

Macbeth. – Pourquoi me pares-tu de vêtements d'emprunt

Rosse. – Cawdor est mort De haute trahison

Macbeth. – Deux prédictions se sont avérées
prologue heureux à la fastueuse
scène impériale
Cette incitation surnaturelle
ne peut être mauvaise
ne peut être bonne
Si elle est mauvaise
pourquoi a-t-elle commencé par une vérité
Me voilà Cawdor

Et si elle est bonne
pourquoi cédé-je à l'image horrible
qui fait se dresser mes cheveux
et pousse mon cœur à battre
contre les lois de la nature
Les véritables peurs
ne sont rien auprès d'imaginaires horreurs

(Deux prédictions se sont accomplies...
La troisième me promet un trône
Mais pourquoi je sens mes cheveux se dresser ?
Pensée de sang, d'où es-tu née ?
Vers la couronne que le destin m'offre
Je ne lèverai pas ma main rapace.)

Même s'il n'est qu'imaginé
le meurtre ébranle mon frêle état d'humain
car en lui par déraison toute force est vaincue
Et rien n'existe hormis ce qui n'est pas

Si le sort me veut roi
Que le sort me couronne
sans que je fasse un pas
Advienne que pourra
    Volent le temps et l'heure du jour le plus ingrat

Mouvement 5

Lady M. – Elles me sont apparues le jour de mon succès
et j'ai donc mieux vérifié
qu'elles possèdent des connaissances surhumaines
Et juste quand j'ai brûlé du désir
de leur adresser d'autres questions
ces créatures d'air dans l'air se sont évanouies

J'ai cru bon de te confier cela
À toi chère compagne de ma grandeur
pour que tu ne perdes pas ta part de joie
en ignorant l'avenir grandiose qui t'est promis
Garde cela en ton cœur Et adieu

Glamis et Cawdor tu es déjà
et tu seras ce qui t'a été promis
Mais je crains ta nature
Elle est trop pleine du lait de l'humaine douceur
pour choisir le chemin le plus court
Tu veux être grand mais ton ambition
n'est pas secondée de la perfidie qu'il y faut
Ce que tu veux tu aimerais l'obtenir saintement
Tu répugnes à tricher
mais tu accepterais de gagner par la fraude
Grand Glamis tu voudrais ce qui crie
Fais Cela pour m'avoir

tu voudrais ce que tu as peur de faire
plus que désirer que ce ne soit pas fait

Hâte-toi Que je puisse en ton oreille
verser mon courage et anéantir
de ma voix ferme tout ce qui
t'écarte du cercle d'or
dont le sort et le surnaturel
semblent prêts à te couronner

Esprits qui veillez sur les pensées de la mort
Dépouillez-moi de mon sexe
Rhabillez-moi toute de la férocité la plus cruelle
Gelez mon sang
Barrez tout chemin à la pitié
Que le remords ne serpente pas dans mon projet
en arrêtant son acte
Et en mes tendres seins muez le lait en fiel
Ministres du meurtre qui invisibles
présidez aux méfaits de la nature
Viens toi nuit obscure viens t'envelopper
des fumées les plus sombres de l'enfer
Que mon poignard tranchant ne voie pas
la blessure qu'il ouvre
Ni le ciel ne se penche au milieu des ténèbres
en hurlant Arrête Arrête

Grand Glamis Cawdor
Et bien plus grand que tous deux

dans le lendemain promis
Tes lettres m'ont transportée
au-delà de ce présent qui ignore Et en cet instant
je pressens déjà le lendemain

MACBETH. – Mon très doux amour
Duncan vient ici ce soir

LADY M. – Quand repart-il ?

MACBETH. – Demain a-t-il dit

LADY M. – Oh, jamais ce demain ne verra son soleil

DUNCAN. – Ce château est placé sur un site charmant
L'air léger caresse tendrement nos frêles sens

MACBETH. – S'il faut que ce soit fait
mieux vaut alors que ce soit fait tout de suite
Si l'assassinat pouvait dans son filet
retenir ses conséquences
et si le coup porté était le début et la fin de tout
alors ici sur ce haut-fond du temps
nous renoncerions à la vie éternelle

Ce Duncan a été si modéré
Si pur dans sa haute fonction

que ses vertus retentissant de la voix des anges
vont crier l'horrible crime de son assassinat
Et la pitié pareille à un nouveau-né tout nu
sur les ailes de l'orage pareille aux chérubins
qui dans le ciel chevauchent invisibles les airs
insufflera dans tous les yeux l'exécrable méfait
et les pleurs noieront le vent

MACBETH. – Et alors

LADY M. – Il a presque fini de souper
Pourquoi as-tu quitté la salle ?

MACBETH. – M'a-t-il demandé

LADY M. – Ne le sais-tu pas

MACBETH. – Arrêtons cette affaire
Il m'a comblé d'honneurs dernièrement
J'ai acquis partout une estime
dont la splendeur devrait à présent me revêtir
Je ne devrais pas la rejeter
sitôt de côté

LADY M. – Ce n'était donc qu'un espoir ivre
dont tu t'étais drapé
Endormi il se réveille à présent vert et pâle
en contemplant ce qu'il avait fait librement
Désormais s'est ainsi fané ton amour pour moi

As-tu peur de te montrer dans l'action
tel que tu es dans ton désir
Voudrais-tu avoir ce que tu crois être
l'ornement de ta vie
 et survivre comme un lâche dans ta propre estime
désirant toujours sans jamais oser
Comme le pauvre chat du proverbe

MACBETH. – Assez Je te prie Assez
J'ose tout ce qu'un homme peut faire
Qui ose plus
n'est pas un homme

LADY M. – Et quel était ce fauve
qui t'a poussé à me révéler tes desseins

Quand tu osais tu étais un homme
Et tu le serais encore plus si maintenant tu osais
Alors ce n'était ni le temps ni le lieu
et pourtant tu voulais forcer et temps et lieu
Ils s'offrent à présent à toi spontanément
et tu en es anéanti
J'ai allaité et je sais combien il est doux
d'aimer l'enfant qui se nourrit de vous
Eh bien j'aurais arraché mon téton
à ses gencives tendres et souriantes
et lui aurais fait jaillir loin la cervelle
si je l'avais juré

MACBETH. –   Et si cela échouait

LADY M. – Lorsque Duncan sera la proie du sommeil
    je droguerai les hommes de sa garde
    lorsqu'ils seront engloutis comme des morts
    dans un oubli bestial
    Toi et moi que ne pourrons-nous accomplir
    sur Duncan sans défense
    Quelles fautes ne pourrons-nous jeter
    sur ces éponges d'officiers
    que notre meurtre accuse

MACBETH. – Puisses-tu n'enfanter que des mâles
ta nature indomptée ne doit
engendrer que des mâles
                        Et qui voudra
ne pas les croire coupables ces deux-là
Oui ces deux endormis
quand nous les aurons marqués de sang
et utilisé leurs propres poignards

LADY M. – Personne certes n'osera en douter
si nous-mêmes rugissons pour Sa mort
hauts cris de douleur

MACBETH –   Je suis résolu
et je tends toutes mes forces
vers cet horrible exploit

Allons-y donc
Et trompons le monde allégrement
Qu'un faux visage cache un cœur faux

Qu'est-ce que cela
Est-ce un poignard que je vois devant moi
m'offrant son manche
Laisse que je t'empoigne...
Je ne te tiens pas pourtant je te vois encore
N'es-tu pas vision fatale sensible
au toucher comme à la vue
Ou bien tu n'es qu'un poignard de l'esprit
Une création illusoire du cerveau en déraison
Pourtant je te vois encore
Toi forme tangible semblable à celui
qu'à présent je dégaine
Tu me conduis sur le chemin que je suivais

Tu ressembles au fer que je devais employer
Ou mes yeux sont le jouet des autres sens
ou seuls ils les valent tous ensemble
Je te vois toujours
Et je vois gouttes de sang
sur ta lame et sur ton manche
qui n'y étaient pas encore
Ah non *Tu n'es pas*
C'est le sang qui projeté prend forme
devant mes yeux... Sur la moitié du monde
la nature semble morte et les rêves perfides

abusent le sommeil derrière ses voiles
Toi terre solide et ferme n'entends point mes pas
que le son ne brise point l'horreur
de l'instant parfait qui lui sied
Mais alors que je menace il vit
Sur le feu de l'action souffle le gel des mots
Qu'on en finisse
La cloche m'invite
Toi Duncan n'écoute pas ce glas funèbre
qui te réclame au ciel... Ou damné en enfer

LADY M. – Ce qui les a saoulés me donne de l'audace
Ce qui les a éteints m'enflamme
Ce cri c'est la chouette qui annonce la mort
et lance la plus sinistre bonne nuit
Il est là-bas Les portes sont ouvertes
Les gardes imbibés ronflent
et se moquent de leur fonction
J'ai tant drogué leurs boissons
que la vie et la mort se les disputent

MACBETH. –   Qui va là Qu'est-ce que c'est

LADY M. – J'ai peur qu'ils ne se réveillent...
Il n'a pas fini
C'est la tentative
Non l'acte qui nous perd

Les poignards sont prêts bien en évidence
Il a bien dû les voir
S'il n'avait pas ressemblé
à mon père en son sommeil
Je l'aurais fait moi-même... Macbeth

MACBETH. – C'est fait (!)

MOUVEMENT 6

MACBETH. – N'as-tu pas entendu du bruit

LADY M. – La chouette et les grillons
Mais qu'as-tu dit

MACBETH. – Quand

LADY M. – À l'instant

MACBETH. – Quand je suis descendu

LADY M. – Oui

MACBETH. – Qui dort
dans l'autre chambre

LADY M. – Donalbain

MACBETH. – Quel pitoyable spectacle

LADY M. – C'est sottise de dire pitoyable spectacle

MACBETH. – L'un a ri dans son sommeil
L'autre a crié « au meurtre »
l'un l'autre se sont réveillés
Je n'ai pas bougé à leur écoute
Ils ont dit leurs prières
puis se sont rendormis

LADY M. – Oui deux dorment ensemble

MACBETH. – « Que Dieu nous assiste » a dit l'un
et l'autre a répondu « Amen »
Je les ai entendus mais il m'a été impossible
de dire « Amen » à leur « Que Dieu nous assiste »

LADY M. – N'y pense pas autant

MACBETH. – Mais pourquoi n'ai-je
donc pu prononcer « Amen »
J'avais grande envie de bénédiction
Et cependant l'« Amen » m'est resté là

LADY M. – Nous ne devons pas repenser à cela
de cette façon
Nous deviendrons fous

MACBETH. – *Tu ne dormiras jamais plus*
Macbeth a tué le sommeil...
L'innocent sommeil
qui débrouille les fils du souci...

LADY M. – Qu'est-ce que tu veux dire

Macbeth. – « Tu ne dormiras jamais plus
Glamis a tué le sommeil
C'est pourquoi Cawdor ne dormira pas
Macbeth ne dormira jamais plus »
LADY M. – Qui criait ainsi Nous deviendrons fous
Prends de l'eau
et lave de tes mains ce sale témoignage
Pourquoi as-tu rapporté
ces poignards de la chambre
Va les y remettre et barbouille de sang
les gardes endormis

MACBETH. –   Non Je n'irai pas
Je suis terrifié à la pensée de mon forfait

LADY M. – C'est la fermeté du courage qui vous manque

À moi ces poignards
Les dormeurs et les morts ne sont qu'images
Seuls les yeux de l'enfance
craignent un diable peint
S'il saigne encore
je barbouille de son sang le visage des gardes

MACBETH. – D'où frappe-t-on
Voilà à quoi je suis réduit
Si dès que l'on frappe je suis effrayé
Quelle sont ces mains
Ah elles m'arrachent les yeux
Tout l'océan du grand Neptune
jamais ne pourra laver le sang de ces mains
Non Elles ensanglanteront les innombrables mers
tournant le vert en rouge
LADY M. – Mes mains sont rouges comme les tiennes
mais j'aurais honte d'avoir un cœur si blanc
J'entends frapper à la porte sud
Retirons-nous dans nos chambres
un peu d'eau suffira à nous défaire de cet acte
Dès lors tout est facile
ta fermeté t'a abandonné

On frappe encore
Mets ta robe de chambre
Si jamais on nous appelait

Qu'on ne voie pas que nous avons veillé
Ne te perds pas si piteusement
dans tes pensées

MACBETH. –   Non Non Mieux vaut perdu
que conscient de mon acte

Réveille-toi Oh Duncan aux coups frappés
Je voudrais que tu le puisses

MOUVEMENT 7

PORTIER. – Frappe frappe Frappe frappe
Portier de l'enfer Frappe frappe
L'enfer du portier
est un beau va-et-vient sur les gonds
   Toc toc toc Il faut quitter les étriers Qui c'eeeeest
   Entre entre Opportuniste J'espère qu'il s'est amené
   avec bonne escorte de mouchoirs
   Il y a de quoi suer ici Toc toc toc
   Mais qui c'est Qui ce peut être
   Que veut-il Entrez donc oui entrez
   Espèce d'escroc
   Toc toc toc Encore Frappe frappe
   Je veux entrer je veux entrer

bon Entre entre car ici tu peux te chauffer pour de
Encore toc toc Frappe frappe
Jamais tranquille Mais qui es-tu
« il fait trop froid ici pour être en enfer »
Mais qui es-tu Toc toc
J'en ai marre de faire le portier du diable
Toc toc J'arrive j'arrive
Ça a été grande beuverie Eh Eh boire et boire
le boire provoque trois choses
Que sont ces trois choses
Pour la Madone Nez rouge Sommeil et Urine
Quant au zob ça le provoque
mais ne le convoque pas
Ça provoque le désir mais tous comptes faits
ça vous le châtie
Parce que le vin est l'ennemi de ce machin
D'abord il vous l'embobine
Et au pinacle vous le ramollit

Mouvement 8

Macduff. – Oh Horreur Horreur Horreur
Pas d'esprit qui la puisse concevoir
ni de langue l'exprimer
Macbeth. – Que s'est-il passé

MACDUFF. –   Le chaos a accompli son chef-d'œuvre

MACBETH. –   Sa majesté

MACDUFF. – Réveillez-vous Réveillez-vous
Sonnez la cloche d'alarme
Meurtre Trahison
Banquo Donalbain Malcolm
Réveillez-vous Secouez votre sommeil
qui simule la mort
Regardez-la en sa face la mort

LADY M. –   Que se passe-t-il
Et cette horrible trompette brise
le sommeil dans la maison
Est-ce un rassemblement
Mais parlez

MACDUFF. –   Ô noble dame
ce récit ne vous sied point
Ce sont des mots qui à les dire à l'oreille
d'une femme la tuent sur l'instant

Banquo Banquo le roi a été assassiné

LADY M. – Ah malheur Mais quoi Dans notre maison

BANQUO. – Trop atroce *n'importe où*

MACBETH. – Oh si j'étais mort
rien qu'une heure avant cet événement
J'aurais vécu une vie de bonheur
En ce monde mortel il n'y a plus rien de sérieux
Tout n'est qu'un jeu

MACDUFF. –   Prenez soin de madame

MALCOLM. – Mais pourquoi gardons-nous le silence
justement nous qui plus que tous ici
aurions le droit d'intervenir

DONALBAIN. –   Et que devrions-nous dire

BANQUO. –   Prenez soin de madame

MOUVEMENT 9

MACBETH. – Être cela n'est rien
Être cela sans aucune certitude

LADY M. – Oh comme tout n'est rien
quand on a assouvi un désir
qui nous livre au malheur
Mieux vaut être alors ce que l'on a détruit

que poursuivre effondrés
un bonheur qui s'amoindrit

MACBETH. – Mieux vaut être avec les morts
que nous avons voués à la paix
pour gagner cette paix
Mieux vaut encore cela
que vivre ainsi dans les tortures de l'esprit
en un délire sans repos

LADY M. – Et maintenant assez Mon gentil seigneur
De ton front vite efface toutes les rides
Et sois joyeux ce soir parmi tes invités
MACBETH. – Mais certes mon amour
Toi aussi je t'en prie

LADY M. – Arrête d'y penser

MACBETH. – Oh plein de scorpions est mon esprit
Tu sais que Banquo et son Fléance sont en vie

LADY M. – Mais ils n'ont pas un bail de vie éternelle

MACBETH. – Oui c'est une consolation
Ils sont vulnérables
sois donc joyeuse

Avant que la chauve-souris n'ait tourné
de son vol nocturne autour des cloîtres
ou qu'à l'appel de la très noire Hécate
Le scarabée au bourdon somnolent
n'ait fait sonner le bâillement sourd de la nuit
un fait terrible aura été accompli

LADY M. – Lequel

MACBETH. –   Reste innocente dans le noir
jusqu'au moment de l'applaudir Amour

MOUVEMENT 10

MACBETH. – Nous serons parmi vous
dans notre rôle d'hôte
Notre châtelaine a sa place d'honneur
Mais nous lui demanderons des mots de bienvenue

LADY M. – Vous seigneur souhaitez-la à tous de ma part
Pour moi parle mon cœur Bienvenus

MACBETH. – Et c'est du fond du cœur
qu'ils te rendent merci

Il y a du sang sur ton visage

MEURTRIER. – Alors c'est celui de Banquo

MACBETH. – Il te va mieux à toi
que dans ses veines à lui
Bravo C'est donc toi Tu n'as pas ton pareil

MEURTRIER. – Mon royal seigneur... Fléance
s'est enfui

MACBETH. – Alors mon mal me reprend
J'aurais pu être parfait
Entier comme le marbre Solide comme un roc
Illimité et libre comme l'air qui nous enveloppe
Alors que je suis là comprimé
prisonnier cloîtré enchaîné
par l'insolence des craintes et des doutes...

Qui parmi vous a fait cela

Tu ne peux pas dire que c'est moi
N'agite pas devant moi tes cheveux ensanglantés...

LADY M. – Non Restez assis… Es-tu un homme toi

MACBETH. – Oui Et courageux
Si j'ose regarder
ce qui pourrait épouvanter le diable

LADY M. – C'est vraiment du beau courage
tes emportements et tes paroxysmes
singeries d'une vraie peur
ils conviendraient bien aux historiettes
d'une bonne femme l'hiver au coin du feu
avec la caution d'une grand-mère Assez ça suffit
Pourquoi fais-tu ces grimaces
Après tout
tu ne fais que regarder un tabouret

MACBETH. – Mais regarde… Regarde
Et tu me demandes de quoi je me soucie…
Tu secoues la tête
Mais parle

LADY M. – Mais tu es vraiment devenu fou
Détruit par la folie

MACBETH. – Je l'ai vu aussi vrai que je suis ici

LADY M. – Ça suffit

MACBETH. – Bien avant aujourd'hui on a versé du sang
Dans les anciens temps Et depuis lors aussi
Toujours on a commis d'horribles meurtres
Mais ce temps est passé
où sa cervelle ayant giclé dehors
l'homme mourait et c'en était fini
À présent au contraire ils ressuscitent
même avec vingt blessures mortelles dans le crâne
et nous chassent de nos sièges
Ceci est plus étrange que le meurtre lui-même
…
Je bois à la joie de toute cette tablée
Et à notre cher ami Banquo qui nous manque
Va-t'en ombre épouvantable
Railleuse apparition

LADY M. – Tu as gâché la fête

MACBETH. – De telles choses peuvent-elles arriver

LADY M. – Bonne nuit à tous

MACBETH. – Encore du sang Le sang appelle le sang
Je me suis avancé si loin dans ce fleuve de sang
que si à présent je renonçais à le regarder

il me serait tout aussi pénible
de reculer que d'avancer
J'ai d'étranges choses en tête
qui doivent être accomplies
bien avant que d'être pensées

Lady L. – Il te manque le repos de toute essence
le sommeil

Première Apparition. – Macbeth Macbeth Macbeth
Garde-toi de Macduff

Macbeth. – Tu as deviné Un mot encore

Deuxième Apparition. – Sois sanguinaire hardi résolu
Moque-toi de tout pouvoir humain
Nul né de femme ne peut anéantir Macbeth.

Macbeth. – Et alors Vis Macduff Non tu ne vivras pas
Pour que je puisse démentir la peur blême
et dormir en dépit du tonnerre

Troisième Apparition. – Jamais Macbeth ne sera vaincu
tant que la grande forêt de Birnam

n'avancera sur lui par la haute colline
de Dunsinane

MACBETH. – Mais cela ne sera jamais
Qui pourra faire avancer une forêt
Ordonner aux arbres
de se déraciner de la profonde terre...

Va-t'en spectre... Tu ressembles trop à Banquo
Ta couronne m'aveugle Va-t'eeeen
Et toi cerclé d'or... tu lui ressembles
Et toi aussi
Infâmes sorcières... Un quatrième
Oh cela suffit Ou ce cortège devra durer
jusqu'au Jugement dernier... Un autre
Assez Je ne veux plus rien voir Assez
Un miroir resplendit dans les mains de celui-ci
et en réfléchit d'autres innombrables
Et avec un double globe Et un triple sceptre
Oh vision Horrible oh vision
Et Banquo « *Oh vision horrible*
en riant me les montre du doigt
Meurs engeance fatale
Ah pourquoi n'es-tu pas en vie
ô ma terreur »
C'est sa terreur qui n'est plus en vie

CHŒUR. – Hélas pauvre patrie effrayée d'être
ainsi

Non plus notre mère mais notre cimetière
Terre où nul à moins d'être aveugle
n'arrive plus à sourire Où sans écoute
l'air se déchire en cris et gémissements
Où même la douleur la plus atroce semble
un mal ordinaire Où les cloches
sonnent leur glas sans que l'on se demande
pour qui Où la vie laborieuse expire
et meurt avant d'être malade

Mouvement 11

MACDUFF. – ... Mes enfants aussi
Ma femme mes enfants mes serviteurs
Et moi qui étais parti
Ma femme aussi
Oui
Oh je pourrais fondre en larmes
et menacer de loin
Mais Dieu coupe court à tout délai
« *Conduis-moi devant le tyran*
Seigneur et s'il m'échappe
puisses-tu lui ouvrir
les bras de ton pardon »

Mouvement 12

Lady M. – Encore une tache Ici
Va-t'en tache maudite Va-t'en... Un deux
... C'est le moment... L'enfer est sombre
Honte Honte à toi Un soldat qui a peur...
Qui aurait jamais imaginé tant de sang
dans ce vieil homme
Le sieur de Fife avait une femme...
Où est-elle à présent
Elles ne redeviendront jamais blanches ces mains
Assez ça suffit
Tu gâcheras tout avec tes tressaillements
Toujours cette odeur de sang ici...
Ah tous les parfums de l'Arabie ne pourraient laver cette petite main...

Lave tes mains Mets ta robe de chambre
Ne sois pas si pâle

Au lit au lit On frappe à la porte
Viens viens viens viens donne-moi la main
Ce qui est fait ne peut être défait
Au lit au lit au lit

Mouvement 13

MACBETH. – Ôte-moi cette face des yeux Seyton
J'ai mal au cœur quand je vois
Eh bien Seyton Cette bataille
me couronne à jamais ou m'anéantit
J'ai assez vécu
Désormais de ma vie lasse
le chemin sec et jauni par ses feuilles
Et tout ce qui sert d'escorte à la vieillesse
Honneur Affection Obéissance Amitiés
je ne peux l'avoir
Rien que jurons murmures
Respect à fleur de lèvres
un souffle à peine que mon cœur oppressé
voudrait bien retenir mais Seyton n'ose pas
… Mon armure Je veux la mettre
Comment va ta patiente docteur
Et ne sais-tu pas la guérir
Ne sais-tu pas arracher un chagrin
enraciné dans la mémoire
érafler les angoisses gravées dans le cerveau
Ne sais-tu pas l'antidote qui donnerait l'oubli…

Et alors ta science jette-la aux chiens
Mon armure ma lance Une sortie Seyton
Docteur tous m'abandonnent

Vite... Si tu pouvais docteur
examiner l'urine de mon pays
et lui rendre la santé d'antan
Je t'applaudirais jusqu'à éveiller un Écho
qui t'applaudit à son tour...
Parbleu trouvons une drogue une rhubarbe un séné
Qui nous fasse évacuer ces Anglais

Que sont ces cris
La reine est morte

Elle aurait dû mourir plus tard
ou bien plus tard j'aurais pu le savoir

Demain puis demain et demain
jour après jour rampe
de son petit pas chaque demain
jusqu'à l'extrême syllabe du temps
du souvenir
Et tous nos hiers ont rallumé pour des sots
le chemin qui conduit aux poussières de la mort
Éteins-toi éteins-toi courte bougie
La vie n'est qu'une ombre qui marche
Un pauvre acteur qui se démène et se pavane
sur la scène du monde son heure durant
et puis on n'en parle plus
C'est la fable racontée par un idiot

pleine de bruit et de fureur
et qui ne veut rien dire

Je voudrais que l'univers s'effondre
Aux armes Vous Tous Vents Soufflez
Viens toi aussi Anéantissement
Je commence
à être las
du soleil

Lorenzaccio

raconté par Carmelo Bene

Lorenzaccio est ce geste qui se désapprouve lui-même au moment où il s'accomplit. Il désapprouve l'action. Et l'Histoire médicéenne, dispensée, de fait ne sait pas remplir cette (son?) énigme héroïque; elle a subi et glorifié bien pire, cette Histoire. Mais de deux choses l'une : ou l'Histoire, et son culte imbécile, est une rédaction imaginaire et exemplaire des possibilités infinies expulsées par l'arrogance arbitraire des « faits » qui ont eu lieu (infinité des événements avortés); ou elle est, de toute façon, un inventaire de faits sans auteurs, c'est-à-dire engendrés par l'inconscience des acteurs respectifs (pour qu'une action soit possible, un vide de la mémoire est nécessaire) qui dans l'exécution du projet, suspendus dans le vide de leur rêve, si longuement poursuivi et épuisé, égarèrent, en déments, le projet lui-même, en le (dé)réalisant pleinement. Bénédictins dans le travail patient pour élucider la trame des préparatifs, prudents, méticuleux, fébriles à cause de l'angoisse

inavouable de l'insomnie due au fait d'être là
– omniprésence inhumaine intolérable de soi à soi-
même –, ils hâtèrent dans l'instant toute une vie de
pensée : le geste. Et ils ne furent plus. Pour un instant. Expulsés de la jouissance du vide par le bonheur toujours invivable; pour se réveiller aussitôt
après, à nouveau surexcités et malheureux, déguisés
en bohémiennes à cheval – touristes ou exilés, peu
importe – le long des rues d'eau putride à Venise,
ville thermale de notre siècle pour ceux qui veulent
mourir.

On ne peut rien assassiner du tout. Tous les
Brutus sont des brutes minérales à cet instant-là,
qui n'est pas estimable, qui n'est pas exécrable; car
il n'est pas. Ces *ne pas* constituent donc l'advenu.
Infini futur trépassé; jamais présent. On ne représente pas un délinquant. Se dévoyer c'est manquer.
Un délit c'est le vide du projet-crime; la réalité du
projet, c'est son vertige, finalement impensable et
vide. Caresser un projet c'est s'en dissuader,
le dégoûter. On peut hasarder un geste, jamais
l'accomplir. Toute action, quoique compréhensible,
est impensable, et l'Histoire est une hypothèse de
l'antéfact, ou le dictionnaire du jamais advenu.
Reste le « méfait », ce dont tout historicisme est
fier : la méconnaissance de chaque fait, livrée par le
vide à l'hérésie de l'histoire irréelle de l'être. Histoire du voisinage. Si elles sont vraiment criminelles
et coupables, nos histoires (irruptions dans l'ins-

tant) ne nous concernent pas; elles arrivent aux voisins et à leur indifférence indignée. Et l'appartement en flammes n'est certainement pas celui qui brûle, c'est la curiosité des voisins d'en face qui regardent à travers des lunettes, et l'autre curiosité, agacée, aux abords des fenêtres.

L'Histoire est numération et nomination; historiographie des morts qui m'exclut. Vivant, je suis incompréhensible à l'Histoire; de même que l'Histoire ne me concerne pas.

Lorenzino de Pierfrancesco de Médicis choisit un visage pour ce malaise d'extrême jeunesse d'être au monde; une seule idée, obsédante, tirée au sort de l'enchevêtrement chimérique des spéculations humanistes, du magma trop éclectique de la recherche éthique, que beaucoup poursuivaient dans le seul but de se la raconter. Une idée fixe dans laquelle identifier un état exigeant en remplacement de sa propre idée de spectre. Un jour, peut-être – pensait-il, ou était-il pensé –, il me suffira de m'en défaire, pour pendre le tragique chapeau cérébral à l'inconscience du vide. Il lui fallut une arène : Rome et la cour de Clément VII pour commencer, simulacre du Dieu par excellence; la ville sainte où l'on cultive le rêve, gratuit, d'attenter au pape. Lorenzino fait preuve d'inquiétude et d'impatience à l'égard de cet humanisme qui trompe le choc du rien présent dans le culte des épaves impériales, soi-disant mémoire des événements qui ne furent jamais, sinon eux aussi présents et sans mémoire.

Il commença à « ruiner les ruines », celles de l'arc de ce Constantin qui, après avoir saisi la croix avec la poignée de son épée, légitima le ridicule de la foi et la mondanité temporelle de l'Être.

Lorenzaccio se faisait la main. Il s'entraînait à se défaire de la main, en désapprouvant le geste. Sous la lune romaine de cette nuit-là, armé d'un outil occasionnel, il commença à s'acharner sur ces têtes pétrifiées ; son geste était anticipé par le bruit qu'il produisait ; le tuf se brisait avant même d'être frappé. Lorenzino, interdit, porta un deuxième coup, puis un troisième, et de nouveau les statues s'écroulèrent dans un son amplifié avant que d'être frappées par son intention barbare. L'événement sonore précédait la dynamique gestuelle. Et pourtant Lorenzo s'acharnait, excité sans doute non par le scandale a-synchrone, mais par la résonance de toute façon démesurée des coups qu'il portait : excessive, comme si la ville éternelle, tympan énorme, en vibrait toute. Et Lorenzino, avec sa bande, avait improvisé et non pas organisé d'avance ce massacre des hommes de pierre, et il l'accomplissait en revenant exalté par le naufrage du vin. Il se déchaînait sur l'irréalité passée de ces pierres, rêvant d'assener ses fendants sur le crâne métallique de son oncle pontife qui, empêtré dans le marbre moite des draps, n'opposait aucune résistance, mais résonnait, c'est vrai, et combien auréolé!, du bruit particulier que font les carapaces vides des armures dans la salle immense. Irreprésentable!

Le jour suivant Renzo, ayant échappé grâce à l'intervention du cardinal de Médicis à la colère de Clément, banni de la cour pontificale, méditait, sur le chemin de Florence, à propos du théâtre et de l'acteur en tant que crise, déconcerté, asynchrone; sur les corps séparés des âmes, dans le temps ensorcelé. Réconforté par le tumulte des sabots et des roues sur la route poudrée dans l'odeur de menthe sauvage, il garda le silence on ne sait combien de temps avant d'oser articuler un mot pour lui-même ou le serviteur qui, endormi, cahotait près de lui : si je lui parle, pensait-il, c'est du déjà dit. Il s'en abstint et se remit à méditer sur la vie de la scène du théâtre. Il enviait, oh combien!, la niaiserie des comédiens bourgeois qui, après avoir essayé à plusieurs reprises de répéter quelque chose de ce que d'autres avaient écrit, grâce à un exercice désinvolte de mémoire, travestis en un suspect ou un autre, sur un échafaud pour rire, avouaient des crimes jamais commis, sans même être sous la torture, à un parterre de plus de mille intelligences à la retraite, tolérantes et inébranlables à l'égard des perversités du doute. Et cependant, dans cette heure de récréation de l'asile public, il y avait, il devait y avoir une convention stipulée, saluée par la simulation générale entre les condamnés au pilori et l'assistance : le temps présent, sans actualité avec la vie, dans ce théâtre de l'extravagance, se dilatait en donnant des ruades dans les coulisses, à droite et à gauche, au passé et au futur, comme dans le quotidien sordide, avec, disaient-ils, la complicité étudiée et goujate du marché couvert, en confiant à tue-tête leurs fautes qui n'avaient point été extorquées. Rien d'étrange : ces malheureux, au fond, répétaient et répliquaient, en feignant d'y réfléchir, des pensées d'autrui, sans y penser, justement ; dispensés de la compréhension, tout comme les bonnes femmes d'autrefois égrenaient les mystères du rosaire dans ce latin qu'elles ne comprenaient pas, en exagérant leur componction pour mériter elles aussi l'indulgence des très saints spectateurs de cette dévotion à tout prix.

Ils font ce qu'ils veulent, grommelait le proscrit : ce que l'on peut, ils ne peuvent pas le faire. On peut vouloir l'illusion du présent concevable et feindre ainsi de pouvoir en disposer, mais celui qui peut, ne peut que l'impossible.

Soudain son serviteur, dans un cahot de la voiture, articula quelque chose qui avait le ton d'une réplique, et s'assoupit de nouveau. Lorenzino ne lui avait rien demandé du tout : on ne donne pas des réponses, se consola-t-il tout d'abord, mais on pose des questions aux questions. Puis il réfléchit que le serviteur, dans ce réveil aussi brusque que bref, avait dit exactement ce que lui, Lorenzo, n'avait pas osé dire, en soupçonnant que cela avait été déjà dit. Et pourtant, le déjà dit ne résonnait pas comme sien, car la voix du serviteur avait vraiment un autre timbre et une autre couleur, et, de plus, elle semblait amplifiée si on la comparait au souffle intentionnel de Lorenzino. Il se souvenait maintenant d'un autre scandale en quelque sorte analogue à celui-ci : il concernait son passé proche d'écolier studieux de l'Histoire romaine revue par l'éthique assassine de Plutarque lequel, qui sait pour quelle raison, n'était pas interdit parmi les lectures de l'adolescence. Donc, dans le flux de ces études, il lui était arrivé à plusieurs reprises de trouver déjà écrit le commentaire qu'il se préparait à faire. Il s'était complimenté lui-même, alors, au lieu de s'en inquiéter ; le fait d'être précédé dans son jugement par une vérification si compétente flattait beaucoup son orgueil puéril. Et, en outre, tant de précocité exaltait les espoirs ambitieux de sa mère, de même qu'elle ornait la culture *caterina* de sa très belle tante Ginori.

Et de nouveau à Florence. Lorenzino avait la sensation de s'agiter dans un musée aéré seulement par l'interférence frivole de la mode, coûte que coûte. Tout le monde prenait la pose, entre une pause impolitique et l'autre ; républicains ou pas, ils posaient pour l'avenir, charmés par les grands maîtres du dessin, dans les intervalles entre le vin et l'amour de la patrie. Et dans cette trêve statuaire, immobiles, notre Médicis les percevait comme déjà passés ; tous, qu'ils fussent Strozzi ou Pazzi. Ils parlaient et écrivaient en latin, la langue morte de leurs obsèques, et, à l'improviste, ils s'immobilisaient, en invoquant un visage ferme vis-à-vis des démiurges abusifs de l'éternel. Cet humanisme des trépassés (citoyens et madones courtisanes qui, soustraits à l'insomnie d'un chef-d'œuvre, s'en allaient au soleil de ces jours-là, à la recherche somnambule d'une autre quiétude de marbre et de toile) inquiétait beaucoup Lorenzaccio. Ces spectres – se répétait-il souvent devant son miroir avec des gestes passés – qui vivaient on ne sait quand, nés pour être portraiturés et qui s'étaient évanouis on ne sait où, destinés au profil glorieux de la monnaie n'ayant plus cours, par quoi étaient-ils encore tourmentés, ces spectres ? Il faudrait le demander à leurs auteurs. Et c'est ainsi que son esprit agité rôdait dans les rues de Florence, peuplées par cette foule artistique qui le fuyait, sans défense et maladive dans son a posteriori ; s'abritant parfois dans les ateliers d'auteur, justement, entre les couleurs de la matière et les moulages : c'étaient ses accessoires métaphysiques de l'aventure humaine des simulacres flattés par l'idolâtrie de la consommation. En dissertant avec ces maîtres artisans sur l'impossible condition humaine, Renzo se persuadait de plus en plus que toute histoire est une Histoire de l'art ; que c'est seulement au langage qu'il est accordé de simuler le présent, en mesurant dans le rythme et dans l'harmonie le vertige du devenir; que l'on est contemporains seulement en tant que modèles d'une fresque, et que notre valeur n'est rien d'autre que la cote et la réflexion esthétique de tel ou tel chef-d'œuvre. Et tel ou tel maître, tour à tour, lui rappelait que chaque œuvre d'art est autobiographique, en en revendiquant donc l'originalité dont le modèle est une copie occasionnelle et, de toute manière, insignifiante. Ces maîtres le mettaient au courant des poisons du métier. Voici un rouge pourpre exemplaire : pour le sang et les vêtements du Rédempteur se découpant sur un ciel de lapis-lazuli; un rouge indispensable au bon résultat de tout martyre et de toute crucifixion. L'exécution capitale de ce Seigneur, c'est-à-dire la copie que lui, Renzo, était en train d'admirer, mais transfigurée, avait coûté une bagatelle, comparée à la matière première de cet original, main-d'œuvre à part. Tout le sang versé dans les théâtres de l'empire par la foi gratuite et innombrable de ces spectres n'était rien en face du rouge inestimable de l'iconographie chrétienne reconnue. Lorenzino apprenait ainsi l'Histoire, sur le seuil de ces forges de la Renaissance, avec un œil tourné vers le chevalet des archétypes, et l'autre vers le ciel violet, celui, dehors, serein ou nuageux, qui ne coûtait rien du tout.

Il rentrait chez lui. D'une pièce à l'autre, ressortant du fond de l'embrasure des portes entrouvertes, il s'arrêtait en repensant aux cadres, aux attentes marquetées en noir et or, vides orbites sans âme, disponibles et accueillantes, pourtant, quand au souffle faible et alterné de la lampe, elles lui suggéraient quelques traces ombreuses de la décoration au crayon. À présent il s'arrêtait dans le petit cabinet d'antan, tapissé des tomes de l'Histoire antique. Les figures de Brutus et de Catilina dominaient sa mémoire courte ; Cicéron et Salluste, la déception. Il retrouva dans le théâtre et dans la rhétorique son inclination, toujours intacte. Pourtant, le tragique l'ennuyait ; encore adolescent, il lui avait préféré la résonance épique ; il aurait fait de lui-même un poète s'il était parvenu à percevoir dans ce genre, par trop descriptif, l'accent lyrique d'un Properce, rapide et étincelant comme un baiser jamais donné dans le noir. Sans se déchirer ou se blottir dans les humeurs de l'ombre, sans se signaler bruyamment, la parole s'habille en se dénudant, et on peut la méditer sans penser à elle, comme lorsque l'on chante la bouche fermée.

Surveillé par ses ancêtres accrochés aux murs, les Soderini, les Médicis, les Ginori qui le fixaient sans trop d'orgueil, mais tout au plus méfiants et résignés avec bienveillance en ce qui concernait son avenir ; cajolé par le va-et-vient silencieux des deux divinités familiales (l'une blanche, plâtrée, androïde d'une beauté extraordinaire, conçue par son artisan pour soutenir l'ivoire de sa robe, qui avait un faible pour ce neveu, inavouable et pur parce qu'elle était morte et ensevelie en elle-même ; l'autre maternelle, noire, à vrai dire non pas d'un deuil de veuve, mais plutôt de la promesse trompée en cet enfant toujours affectueux avec elle, c'est vrai, mais exténué, lunatique : et il n'y avait pas grand-chose à reprocher à Clément VII et à l'empereur parce qu'ils lui avaient préféré un bâtard à Palazzo Vecchio), Lorenzino savait beaucoup de choses, comme il est vrai qu'il ne savait qu'en faire. Il fixait son dîner médiéval, froid, sur son bureau, le vin rouge d'Alcée amoureux, persuasif, encore chaud des midis passés à Cafaggiuolo. Et cette inertie le fatiguait à présent de la froide sueur de l'inactuel : être tombé en ce monde, seul à prendre acte de ne pas y être. Toute pensée est désespérante, vaine, stérile, et donc seule une suspension de la pensée dans l'action inconsidérée aurait fait de lui un objet insensible à la névrose gênante de la conscience en habits de deuil. Le malaise d'être là est vivable, c'est une convalescence de l'infini ; mais le dégoût de ne pas être là, quoique impensable, est affreux. Des siècles et des siècles de doctrines, à quoi bon ? Certainement à persuader ce moi, d'abord intraitable, arrogant, non pas à démissionner complètement, à disparaître de la scène, mais à être plus poli, plus correct, un peu moins intransigeant, voilà tout. Demain, d'autres courants de pensée prostitueront tout cet effort, et ce moi, un autre petit théâtre ayant été organisé, donnera encore le spectacle central de son faste idiot.

Et Lorenzino se méprisait parce qu'il ne lui était pas donné de jouer une plaisanterie à cette historiographie funéraire des événements qui ne furent jamais. Il pensait à cet animal, son cousin Alexandre le noir, somme toute authentique seigneur de la Florence bâtarde ; aux petites transgressions (on disait qu'il avait assassiné sa mère) de ce gorille à moitié Médicis, prévues au fond par l'autorité pontificale et impériale.

Il pensait aux Médicis tant glorifiés en général : une engeance de banquiers macabres, d'avares généreux jusqu'à la moelle, le cas échéant (c'était toujours le cas échéant) ignobles ; « Boules, Boules ! », c'est ainsi que le peuple les acclamait ; reconnus par la vénalité de ces maîtres de l'art italien, celle-ci, oui, indiscutée. Chefs-d'œuvre de l'art, ces Médicis, mais leurs copies, quel désastre leurs copies ! ; parmi les plus indécentes dans le bestiaire humain, en commençant par Bicci et en se dégradant jusqu'au Vieux, au Goutteux, dans cette héraldique de lazaret ; jusqu'à ce Magnifique chimpanzé échappé dans une église au dilettantisme des Pazzi. Les Florentins, indignés, confirmèrent, même en cette occasion, en un chœur féroce, « Boules, Boules ! », à Messer Jacopo qui, pusillanime, maladroit, dans l'illusion de se tirer d'affaire, braillait « Liberté, Liberté ».

Mais dans ce diabolique musée médicéen, la vanité du magistère esthétique, consacrée à l'histoire de l'original, altérait les copies insignifiantes jusqu'à en remplacer les caractéristiques, pour ainsi dire, individuelles, somatiques, dans les attitudes, dans les traits. Et c'est ainsi que dans la Nuova Sagrestia de Saint-Laurent, Julien de Nemours, enfin exempté de la copie de ce monde, aurait pu se plaindre à deux reprises auprès de Michel-Ange : parce qu'il l'avait privé de sa noblesse et de sa beauté bien connues, et que, non satisfait de cela, il avait transféré ces qualités sur le duc d'Urbino là près de lui, ce duc qui fut une ignoble copie d'homme, le plus méprisable des Médicis sans aucun doute, et qui, grâce à cette supposition de l'artiste, allait être gratifié de la dévotion innombrable des poètes à venir. Et Michel-Ange aurait répliqué avec son mépris habituel à son chef-d'œuvre insatisfait – tout comme aux curieux sur le même sujet – qu'à l'avenir personne ne s'en apercevrait. Et, en réalité, peu importe aux copies infinies des visiteurs des tombeaux des Médicis la querelle du même entre ces deux carcasses ; ils ne sont là que pour visiter ces exemplaires divins de Buonarroti. Quant à l'envers des apparences, chacune des deux statues veillait, peut-être, sur le sommeil éternel – marmoréen lui aussi – de l'autre. L'autocratie démocratique des Médicis s'accordait tout au plus le privilège paradoxal de ne pas être là deux fois : la première dans la courte équivoque terrestre, en tant que copie (sort commun) ; la seconde (celle-ci exceptionnelle), grâce au bon plaisir de l'artiste, dans le fait d'échapper à l'original, en rendant vain le luxe de la commande.

Dans ce raccourci nocturne de l'Histoire de l'art, tout en haut dans sa demeure de la Via Larga, à l'heure où les copies florentines dormaient rêvées par le simulacre qui pourrait les recréer, Lorenzino défiait ce silence assourdissant, car les gestes, les pas, les documents de la Rome antique qu'il feuilletait et le commentaire qu'il faisait du bout des lèvres de ces dires apparaissaient extraordinairement amplifiés ; comme si dans la salle, celle d'à côté, la carapace héroïque et vide d'une armure se prodiguait, en bruiteur expert, pour doubler en une synchronisation irréprochable cet agir ordinaire, quoique inquiet. La surdité modeste, insignifiante, si ensorcelée de ce travail domestique se revêtait, inconsciemment, de la résonance de l'épopée : les pages claquaient avec des bruits métalliques, les liquides coulaient dans les flûtes avec le fracas des cascades des Alpes ; les porcelaines et l'étain, au simple contact des surfaces, éclataient en un feu d'artifice sombre et alarmant ; et les phonèmes, les phrases *lorenzacce*, à peine esquissées, étaient comme radiodiffusées en un volume exagéré. Le tout résonnait au milieu du silence, comme si dans une cuisine, on ne sait où, un géant grognon vaquait à ses occupations. Lorenzino entendait-il ce vacarme, ou bien n'était-il que dans ses oreilles ? Quant aux femmes historiques de sa maison, il s'agissait seulement de ce fils-neveu, désormais corrompu, hélas ! irrémédiablement, par la ville empestée, et qui, rentrant toujours trop tard pour être vraiment honnête, jurait contre ses études d'autrefois.

Et Lorenzino jurait, c'est vrai, mais contre le présent impossible pour quiconque ; contre l'inutilité de l'action. Il pestait contre le cerveau balancé par la nausée d'un projet ou d'un autre ; contre « Liberté » et « Boules, Boules » : contre l'amour de la patrie et ses propres armoiries. Nous, bougonnait-il, nous devons assassiner le tyran, peu importe lequel, c'est pourquoi nous en faisons le projet, sans partager pour autant, au contraire, en désapprouvant totalement aussi bien l'intention que le programme conçu ; mais il faut que nous nous inventions *une* conscience afin de nous délivrer *de la* conscience. C'est peut-être de là que vient la nostalgie mal comprise des gestes amplifiés. Et, à cette heure de la nuit, Lorenzino, enfermé à plusieurs tours de clé dans son cabinet de travail, se dépouillait des vêtements forcés de l'orgie et, désolé, devant aucun miroir, il se travestissait en sa tante Caterina. Il commençait par les vêtements les plus intimes, puis continuait jusqu'à l'ensemble blanc ivoire de la robe, jusqu'à l'argent pâle des rubans sans un souffle, endormis en pluie sur les bords du chapeau à voilette ; jusqu'aux gants, à l'ombrelle garnie de dentelles, d'un rose fané : une Judith belle et apprêtée pour l'incontinence de son Holopherne. Héroïque et maladive. Et ces robes légères, ces pas incertains sur de hauts talons, les gestes à peine esquissés sur les dentelles des poignets résonnaient amplifiés en ferraille et costume guerrier. Pour les yeux, une madone se promenant sur le gravier moussu au bord de l'Arno ; pour les oreilles, une sainte Jeanne toute enveloppée d'acier. Lorenzino, accoutré de la sorte, parvenait à entretenir son attente qui, sinon, eût été intolérable, en mortifiant son avenir de Brutus dans des vêtements de femme. Cette tante dont il se vêtait, si pure et savante, froide de sa distance stellaire, l'excitait beaucoup, car il pouvait, à bon droit, l'imaginer nue là sur la table, en train de masturber le phallus noir sujet à commérages du Médicis (le gorille) qui, posant pour le Bronzino, subissait là comme ailleurs ce massage. Voyeur portemanteau, Lorenzino guettait cette éternité *caterina*, extatique, rythmée par la réitération de son exercice : la *tournure* du visage berninien de la Bienheureuse Ludovica, *tourné*. Dieu sait vers quoi.

Assise sur le bord en bois du bureau, les cuisses à peine entrouvertes, les pieds suspendus dans le vide en rapport, dans le dessin des tendons contractés, avec l'effort involontaire de la main, sœur Cattina, exemptée du péché, était et n'était pas dans sa dévotion obscène : elle murmurait des prières, chantonnait des litanies, appelait le chat, elle conjurait la sueur mystique de son front avec ses cheveux couleur de cendre. Et la chambre, à présent sourde-muette, permettait au cerveau *lorenzaccio*, à moitié vide, d'examiner, comme en méditation, cette vision sans concept ; de même que l'interférence pornographique qui était là sous ses yeux, mais certainement au-dessus de ses pensées, ne procurait aucune distraction au Bronzino, appliquée à recréer le duc. Combien ces deux nus étaient distants de la misère de l'amour à deux. Cette séparation impossible à combler des corps soustraits au travail de forçat de la copulation (à l'« ersatz de la masturbation »), insensée, ignorait son contraire : le langage courtois de l'identique dans lequel chacun des soi-disant amants se croit le sujet et désire et s'offre « autrement ». Il s'offre au visage de l'autre qui à son tour, depuis l'autel qui lui a été décerné, se laisse manquer juste le peu qu'il faut pour conserver le rapport, justement, dans l'insuffisance. Ils s'aimeront pour toujours, dans la carence réciproque, gérée par le dialogue et par ses pauses encore plus épuisantes. L'érotisme est énervant, il est pensif, il est la damnation dynamique de l'amour conceptuel, sans trêve, en train de se représenter lui-même. L'érotisme est le déjà dit de l'amour, que l'amant s'imagine improviser rationnellement, même quand il se croit fou. L'orgasme conjugué est une conversion de la raison en orgasme. C'est le désordre approximatif du fait d'être amants. L'inquiétude érotique est obstination forcenée de l'identique qui voudrait être heureux même dans le bonheur. S'enamourer est, au contraire, la nécessité propédeutique du vide : nous nous fixons sur un quid certainement pas dans le but de le posséder, mais de disparaître. Cet exercice est pornographie, suspension et prostitution de l'éros, visitation des corps et entretien, destitution de la parole, veille obscène, berceuse où le cerveau de l'enfant puise pour s'endormir. La pornographie c'est la chair sans concept, qui ignore son bonheur, que le bonheur n'est pas heureux. C'est pourquoi le Bronzino pouvait recréer sans être dérangé Alexandre de Médicis masturbé par Caterina Ginori ; en ignorant le fait parce qu'*obscène*, impensable, jamais arrivé, chef-d'œuvre oublié, destitué non seulement de sa copie, mais de l'original. En dépit de l'art.

Lorenzo *y* voyait dans les miroirs, sans se voir, ou presque.

Les images l'ennuyaient à tel point qu'elles lui procuraient des nausées et des haut-le-cœur. Au-delà de la question ontologique des rapports entre la copie et l'original, et marché pataphysique des simulacres qui s'ensuivait, l'art figuratif, en tant que tel, le dégoûtait, exception faite de Raphaël qui, unique, à son avis, en la proposant, dépassait l'image. Si une Madone de Raphaël m'émeut – a écrit un préimpressionniste –, le mérite est mien, il est seulement mien. C'est un reproche direct adressé à ce qui est représenté dans ce chef-d'œuvre : il y a « uniquement » de la perfection, et la perfection n'est pas émouvante ; mais, surtout – c'est ce qui compte le plus –, il y est *présent* en même temps ce qui *n'est pas*, dévoilé par la *différence*. Tout le reste est peinture. Et Lorenzino, à Paris, conseiller esthétique de François Ier, avait justement commandé, sans aucune hésitation, un certain nombre de toiles à ce Divin d'Urbino.

Mais le portrait d'Alexandre de Médicis, confié à la maestria du Bronzino, allait être un vrai chef-d'œuvre, un énième essai de peinture, et rien de plus. Cet Alexandre, en somme, *allait être* éternellement insupportable. La tyrannie bâtarde de son cousin équivalait, pour Lorenzaccio, au sommet le plus convoité, parce qu'elle était en mesure de garantir à son corps suicide une spectacularité de la chute, à laquelle il était impossible de renoncer, étant donné qu'on ne meurt pas uniquement en se jetant par terre.

Ainsi, Lorenzino Alessandraccio avait l'intention d'escalader le sommet vertigineux d'où se précipiter *souverainement*.

Bien qu'il fut pâle, indiciblement, Lorenzaccio Alessandrino s'inventait, dans l'à-peu-près des miroir, de plus en plus noir, de plus en plus bâtard.

Nous appellerons Contini ce géant guerrier inexistant, bruiteur assourdissant des gestes *lorenzacci*. Dans l'économie d'un espace théâtral à l'italienne, cette armure vide, au centre de ses engins amplifiés, s'ils devenaient visibles, agirait dans la fosse destinée habituellement à l'orchestre, dite avec euphémisme *golfo mistico*, « golfe mystique ». Contini n'est pas un double de Lorenzo, car il s'affaire en tournant le dos à la scène. Son vacarme n'a pas de sens ; vacarme historique, un point c'est tout ; de même que l'hypothèse d'un signifiant affolé est entièrement au risque du spectateur. Contini joue, il amplifie les mouvements, les pas *lorenzacci*, en en affichant le synchrone et l'asynchrone, mais pour son propre compte ; volonté fin en soi, expropriée à n'importe quel bon sens : il boit, il brise les plats, les verres, etc., dans les micros. Vide carapace guerrière Renaissance, semblable en tout à un bruiteur plongé dans le noir d'une salle de doublage de cinéma ; professionnel dans sa production d'« effets », avec cette seule différence, justement : qu'il tourne le dos à l'image.

Lorenzaccio qui, se revêtant de sa tante, s'était exempté de l'affliction d'être là, grâce aux dentelles *caterine* qui, l'habillant gracieusement, avaient dénudé sa figure à elle prostituée au Médicis dans l'obscénité arbitraire du rêve, fut réveillé par un bruit assourdissant, comme celui d'un corps en armure qui se fracasse on ne sait où sur le marbre, indéchiffrable, et par une voix qui était la sienne (avait-il dit quelque chose?), elle aussi amplifiée. Contini avait-il trébuché dans quelque néant? Et lui, Lorenzo, qu'avait-il pu dire? Et à ce point, incroyable, son embarras d'acteur fut sollicité par la crétinerie professionnelle propre aux cabotins s'ils ratent leur réplique : il se prodigua pour combler son double retard en articulant, comme un poisson dans l'aquarium du petit chapeau à voilette, le néant du déjà dit (play-back inacceptable), et renversant, aussitôt après, une table dressée (laquelle?), avec un résultat sourd-muet, car les objets se désagrégeaient sur le sol, comme des flocons de neige dans un cauchemar. Il fut assailli par le ridicule de la misérable faillite de cette syntonisation simulée, et la honte lui conseilla de disparaître, par terre, entre les pieds de son bureau.

Blotti ainsi, même inconfortablement, Lorenzaccio avait tout loisir de repenser à cet incident. Était-il si en retard sur lui-même, c'est-à-dire précédé par son propre geste? Il est pensable, se disait-il, que la raison arrive trop en retard sur l'acte, mais d'habitude son retard est imperceptible, si bien que nous parvenons en quelque sorte à gérer le temps, en trichant un peu, bien entendu; à conjuguer la volonté et la praxis en un temps déjà passé, présent uniquement à la mémoire, et par là représentable. Tout à l'heure quelque chose a été dit, avant que je profère quelque chose ; quelque chose s'est écrasé sur le marbre, avant que je provoque cela. Donc, d'abord l'effet, ensuite la cause. Et pourtant je ne crois pas que chacun soit condamné à apprécier cet intervalle si déconcertant. Nous pouvons prévoir ce qui s'est déjà passé, non pas le prévenir, comme l'acteur qui joue un rôle dont il sait tout d'avance. Voici que tout projet est mortifié. Pourquoi donc un si grand voyage, si l'intention fleurit à partir de son résultat ? Celui qui vit sa léthargie et croit que cet état est *présent* peut imaginer une prédestination qui veille aux gestes de son sommeil ; il peut se raconter, en somme, qu'il est, en quelque sorte, un homme de son temps, qu'il agit « de lui-même », en accordant au Fatum ou à la Providence l'administration de son avenir. Quant à lui, Lorenzino, il était un tube digestif à deux orifices, sans appétit, mou, de santé fragile, dans cette carcasse maigre d'instrument vieilli, les nerfs tendus et à fleur de peau, trop exposés au caprice du vertige qui, sans jamais une trêve mélodieuse de l'archet, y pinçait des résonances gratuites.

Lorenzaccio se traîna à quatre pattes, hors de cette niche du pensé, mais il resta à genoux : Caterina Ginori découragée. Se levant brusquement, il invectiva les objets qui se trouvaient à sa portée : les porcelaines, les étains, l'édition latine des *Vies parallèles*; une pluie arbitraire sur le tapis, mais insonore ; ni synchrone ni asynchrone : insonore. N'était-ce pas lui l'auteur de cette petite catastrophe insipide ? Qui aurait pu le jurer, puisque la casse de ces accessoires était plus ou moins appréciable, qu'elle était à peine suffisante pour être enregistrée par le retraité du quotidien domestique, mais sourde, sans aucun doute, insignifiante pour celui qui est condamné à certaines résonances, au fracas amplifié du vacarme.

Pour celui qui est condamné : était-ce donc un privilège, cette écoute retentissante du résultat qui, chez Lorenzaccio, précédait le geste ? ou alors, plutôt, un court-circuit du privilège, non du langage du moi mondain, mais de l'autre concernant le sujet *obscène* sans monde, *immonde*, amplifié par le devenir suspendu du futur passé ?

N'importe quel Lorenzaccio est réconforté par la résonance historique, par l'amplification de ses gestes. Notre héros, en effet, parvenait à caresser son projet, en découpant dans le temps quotidien, désirant, érotique, énervant, certaines pauses de l'être là, consacrées à l'action fin en soi, dans lesquelles la pensée et la mémoire se dérobaient, en laissant cet espace à l'inconscience du bruit sans plus de signification. C'est pourquoi Lorenzino convoquait tard dans la nuit, là, dans sa maison, certaines bandes, qu'instruisait certain Scoronconcolo, alias Michele du Tavolaccio dit le Tavolaccino, dans le but de produire le plus grand fracas possible : ils faisaient de l'escrime, juraient « traître, tu m'as tué ! » et « pare-moi ça ! »; ils renversaient les meubles en s'insultant et en appelant au secours avec des grognements métalliques. Dans cette mise en scène endiablée, Lorenzino jouait le rôle principal dans le sens que, alors que les autres acteurs détruisaient tout en proie au vin, lui, sobre, extrêmement lucide, s'exaltait dans la gratuité assourdissante de cet exercice, jusqu'au moment où, trempé de sueur et bouleversé par un si grand gaspillage physique, il lui soit donné en prime de défaillir.

Les cartomanciens de l'historiographie médicéenne – si l'on en croit le récit haletant que l'artiste lui-même en fait à Varchi – lisent dans ces scènes bruyantes la volonté *lorenzaccia* méthodique d'habituer le voisinage au vacarme, si bien qu'au moment choisi où ce fracas aurait un sens (l'assassinat du duc), personne n'aurait l'idée d'accourir vérifier. C'était bien l'intention, il n'y a pas de doute, mais ce n'était pas la seule. Ce qui nous intéresse, dans le cas *lorenzaccio*, c'est ce qui *ne fut pas* dans ce fait, le jamais arrivé, et non le bulletin des méprises rédigées. Et Lorenzo était trop intelligent pour limiter cet entraînement insensé à une répétition générale réitérée de l'assassinat de César au Capitole. Il se vérifiait lui aussi, le *soi* et le *même* : son moi mondain, préposé à la représentation logique, et la toute-puissance enfantine du sujet, sans rôle, *subjecta*, assujettie, de ce moi sans monde ; cet amour fiévreux et puis sans fièvre de l'obscène, de ce qui arrive en excluant l'artisan au moment où les sens et la conscience défaillent ; du *théâtre sans spectacle* et vice versa.

Contini, s'étant peut-être remis de l'incident (s'il avait jamais eu lieu), semblait maintenant devenu fou, à en juger par l'autonomie assourdissante du vacarme. Les bruits amplifiés précédaient les gestes *lorenzacci*. Narcisse sans voix et sans image, Renzino était à la merci du devenir. Il bougeait dans un film tellement asynchrone, qu'un autre acteur, à « sa place », aurait quitté la scène sans aucune hésitation. Il était si en retard dans son geste, froid, insignifiant, que le sonore éclatait en le précédant, mais pour son compte, gratuit, imprévisible. Se méfier du présent dans les spéculations métaphysiques est une chose ; une autre en est de ne pas être là. Dans ce « cas », le problème véritablement urgent, comme on ne peut pas s'évanouir plusieurs fois par jour sans causer un collapsus définitif, est de trouver une petite bêtise à laquelle (s')appliquer, pour ne pas perdre la raison. Lorenzaccio adopta, peut-être, la plus idiote des solutions : comme s'il était en scène, à la merci des copies florentines, il se tourmentait à poursuivre les pas, les mouvements, les gestes hésités produits par la résonance, *en cherchant vainement à réduire l'intervalle de son déjà insoutenable retard.*

Continuant toujours à tourner le dos à l'image médicéenne, Contini consommait dans les micros son « thé de fous »; et on aurait dit que Lorenzino, idiot, s'agitait pour le seconder. En fait, ce n'était pas ainsi, mais il semblait, ou il pouvait sembler, que ce fût ainsi. Si, par exemple, il entendait le bruit amplifié d'une assiette brisée sur les marbres, saisissant l'objet qui était le plus à portée de sa main, il l'expédiait sur le tapis sourd : il croyait raccourcir ce retard (les fractions de seconde comptaient), et en conter ainsi la chose à on ne sait qui. Il secondait le déjà fait, le déjà arrivé (dans son esprit, ailleurs), pour tenir à tout prix en scène. Film incroyable, si la reprise des images suivait ce qui avait déjà été doublé.

À la cour on l'injuriait en le traitant de philosophe. Et dans ce musée ducal, Lorenzaccio s'attardait dans la chambre à coucher où Alexandre de Médicis, encadré dans l'embrasure de l'alcôve, posait déjà peint par le Bronzino, sans être pourtant encore achevé. Le futur passé de cette œuvre d'art semblait être là pour témoigner, en le défiant avec inconscience, le vertige *lorenzaccio* qui, travesti en petite pute, était comme chez lui dans cette farce luxurieuse du temps. Le gorille médicéen, chocolat, trônait sur le bord de sa couche violet noirâtre, à moitié nu, enchanté, même si son peintre était déjà parti se reposer. Ce nègre, seigneur de Florence, connaissait-il, oui on non, la complicité de son cousin ? Ce presque original d'Alexandre, se souvenait-il que, du temps des copies, il voyait en Lorenzo son entremetteur préféré, l'inventeur de ses distractions lugubres, le traître (simulé ou pas) à cette cause républicaine, prostituée aux caprices de son phallus démesuré ? D'après son immobilité hébétée, on aurait dit que la bête médicéenne n'était qu'un fantôme gribouillé dans le cerveau bien compromis de Lorenzaccio. De la silhouette fumeuse, aux lèvres pendantes dont on faisait tant de racontars, émanait une étrange inquiétude, grâce au portrait inachevé : elle retenait comme un sourire sournois, ambigu, qui n'était pas encore pensé, suggéré par le peintre, propre à toutes les choses indéfinies qui, par moments, se dessinent lorsqu'elles sont guettées par l'avenir. À mi-chemin entre la copie et l'original, Alexandre semblait suggérer une double inconscience, provocatrice, comme s'il était à la fois seigneur et victime de son destin. À cette lumière bizarre, voilée et dévoilée sur le visage indéfinissable du tyran, Lorenzaccio sentait vaciller son projet criminel, entre l'urgence insensée de l'événement et le caractère devenu vain du déjà arrivé. Et lui, l'auteur, qu'*aurait-il été* ? L'assassin d'un prince inique (un énième Brutus des marchands), ou alors, plutôt, un maniaque comme les nombreux pervertis qui éraflent un chef-d'œuvre mal surveillé au musée des Offices ? En une telle noire incertitude, à qui attentait-il : à la copie terrestre, insignifiante, de ce Médicis, ou à l'original ; tous deux indifférents et sans défense ?

Le dilemme se posait à Lorenzaccio plus que celui-ci ne se le posait.

C'était, de toute façon, un faux problème ; oui, quelqu'un a dit quelque part qu'en art l'original se donne avant la copie, et que, dans l'Histoire, c'est le contraire. Mais l'indétermination du portrait en question se prêtait justement, occasion très rare, à une résolution, en un certain sens, totale du problème du faux. Lorenzino était cultivé, lettré, expert dans les choses figurées ; et en outre, exaspéré par la dynamique perverse de la découverte que ses gestes étaient déjà exécutés, dégoûté par le laisser-aller quotidien, ne sachant que faire de sa vie, il n'aurait certainement pas accepté la gratification usée et simpliste du délinquant communal en odeur de république, ni la pathologie superficielle avec laquelle on s'apitoie sur les barbares du musée.

Lorenzino méprisait ses concitoyens, exilés ou pas, et s'il rapportait ponctuellement leurs plans subversifs au Gorille, il ne le faisait pas dans le but trop évident de gagner la confiance du duc dont il disposait largement ; et, eût-il été un révolutionnaire aristocratique, il n'aurait certainement pas favorisé les représailles impitoyables d'Alexandre qui châtièrent Florence tout entière, puisque tous, ou presque, conspiraient. Dans ce cas, il aurait décapité de sa propre main ce même privilège pour le droit duquel il aurait dû se battre et comploter. La populace ne le concernait pas. Tout au plus, pour désinfecter le pus de la plaie, qui ne pouvait être arrêté (général, abstraction faite du mauvais gouvernement qui en était l'expression hallucinante), il aurait préféré en amputer le corps, fomenter le désordre, pour obliger l'autorité ducale à exécuter ces sujets mesquins, tous ; ce qu'il fit, en dépit de la stupeur posthume abrutie de la psychologie historico-cartomancienne. Que Lorenzino eût médité l'assassinat du duc, pour revendiquer un pouvoir que le bon goût héraldique lui destinait plus qu'à ce singe bâtard, n'est pas une hypothèse digne de foi, car, le délit commis, ce Brutus n'aurait à aucun prix abandonné la place.

Anti-humaniste congénital, Lorenzaccio poursuivait obstinément ce projet irréalisable qui le précédait, exclusivement *consolé par le désappointement* : cet oxymore ne dit pas mal le paradoxe de cette scène dé-réalisée et de sa dynamique impossible. Cet acteur, privé de son présent synchrone, dégoûté par la réplique ensorcelée qui prévenait l'acte, entretenait le monde du souffle en suspendant le souffle, comme un naufragé qui, exténué, esquive de temps en temps la mer, en étant immergé, pour prendre haleine.

C'est pourquoi Lorenzino rôdait dans le musée des chambres médicéennes, silencieuses à présent, après le remue-ménage iconophile, alors que les lumières étaient désormais éteintes, et les œuvres d'art, achevées ou en cours d'exécution, seulement des vides noirs se découpant dans l'argent mourant des encadrements. Il trébuchait dans ce désert dédalique, en poursuivant ses propres pas hésitants, dans le qui sait où des résonances, jusqu'à ce que, épuisé, il jette au panier les immondices des gestes éteints : les dentelles *caterine*, les vêtements les plus intimes, les chaussures à hauts talons, l'ombrelle, le chapeau à voilette. Il jetait en retard sur Contini qui, dans l'enclos des sons, aveugle et sans pitié, reversait sur les marbres amplifiés les prothèses guerrières de sa gratuité.

Lorenzaccio jetait le retard, et peut-être même sur le tableau d'Alexandre : sans le savoir, sans le vouloir. La grosse brute médicéenne s'animait aveuglément au contact de ces jouets ; il humait ces restes de femme, qu'il déchirait en exultant dans les grognements (celui qui grognait c'était Contini, synchrone par hasard avec cette agitation du gorille), fétichiste : il en habillait son phallus, hors de lui, en se masturbant.

Et Lorenzino était au fond de la mer (dans un seau-Venise de Contini), en train de prendre haleine, dans le retard intolérable d'un corps plongé dans l'eau. Si le retard sur les sons était macroscopique, l'acteur se laissait défaillir, mais d'un évanouissement suspect, accommodant car, écrasé comme un insecte, il trouvait encore la manière de se placer sous le tapis. C'est ainsi qu'il avait quelque répit, soustrait en effet à la surface implacable de la raison érotique, *obscène* justement, indolore pour un instant, il se laissait piétiner par son fantôme iconoclaste lui-même.

Et Contini dégainait une grande lame, en lançant des pierres dans les seaux-Venise, parmi les roulements d'énormes pelotes sur l'estrade en bois qui résonnait du sinistre grondement de l'orage ; et, dans le vacarme de ce répertoire du mauvais temps, il s'exhibait en de grands bonds, en faisant tournoyer, en sifflant, cette arme très lourde qu'il prenait à deux mains, en provoquant à haute voix le néant. Et cette pauvre femme qu'était Lorenzo qui, à la seule idée d'un duel, se sentait défaillir, était malgré tout obligée d'enregistrer l'énormité du retard sur ce geste sonore (lequel?) qui était pourtant « le sien », sur la cruauté expropriée qui était de son ressort. Ranimé par la nécessité du jeu, Lorenzino débouchait du tapis et, inventant un plumeau à dépoussiérer sur une surface de table servant à repasser (ce musée était disponible pour les défilés temporaires de la mode féminine), il l'empoignait en guise de fleuret, et sautillait, sottement, sur ce qui était arrivé.

Et surpris par un autre son, il en secondait le geste en amont, en déplaçant quelques objets au hasard sur les tables et par terre, et il en brisait d'autres, en une approximation de plus en plus maladroite. Et n'est-ce pas là peut-être la façon dont nous disposons habituellement de nous-mêmes ? La résonance est la première intention, et le corps qui l'imite est la satisfaction attardée du grand-père qui, claudicant, poursuit son petit-fils dans le jeu sans ombre du *fut* et du *aura été*. L'agir *lorenzaccio* est de distraire l'intention elle-même, non pour en gêner l'issue, bien entendu, mais pour la seconder, second dans tous les cas ; l'acte n'a ni minutes ni secondes, parce qu'*il n'a pas lieu* dans le monde de l'acteur. L'acteur est hors lieu dans son essoufflement.

Et Lorenzaccio avait déjà essayé le n'être pas là de l'expérience dans l'inconséquence de l'acte. Une fois, en fendant la foule, devant San Lorenzo, lui, Renzino, était monté en croupe sur le cheval d'Alexandre ; à califourchon, en s'accrochant à la taille de son objectif, il assena un coup de poignard, rendu vain par un gilet à toute épreuve que le duc avait l'habitude d'endosser en public, sous le brocart de ses habits : la lame se brisa, et Lorenzino, qui n'était plus en lui-même dans cette exécution téméraire et oublieuse, ne fut pas en mesure d'enregistrer ce qui s'était passé et l'absence de réaction du prince qui, riant de bon cœur, lui indiquait quelqu'un à la fenêtre. Si bien que tous deux, attenté et auteur de l'attentat, s'étaient trouvés étrangers à ce méfait, quoique la ville entière l'eût constaté. Certains qui étaient présents le racontèrent à

Alexandre, et, comme d'habitude, il refusa d'y croire : que voulaient-ils ces délateurs, et pour quelle raison donc, s'ils étaient sûrs de ce mirage, n'étaient-ils pas intervenus promptement ? Le peuple criait « Boules, Boules ! », et eux, justement, le petit nombre de ceux qui avaient « vu », là, étaient restés ensorcelés à regarder ? Si tout cela avait eu lieu, sans que ces espions du bon sens posthume ne bougent un doigt au secours de leur seigneur, et qui plus est s'ils s'obstinaient à jurer sur ce qui s'était passé, une seule explication s'imposait : ce (trop de) zèle visionnaire cachait mal de véritables conspirateurs qu'il fallait faire taire pour toujours. Et ce César agit en conséquence.

Lorenzino, quant à lui, se rappelait tout seul de l'étourderie splendide de cet attentat. Bien qu'à l'intérieur du vacarme secondaire et ignoble du marché, il avait entendu le bruissement amplifié d'entre les plis de son corselet, le petit cri strident et le sifflement de ce poignard extrait de sa gaine, le coup donné avec le fer contre le dos de l'acier ducal, l'arme qui se pliait, qui se fendait en un bruit assourdissant. Il se souvenait jusque-là : *ensuite il avait agi.*

Qui sait combien de temps plus tard, descendu de cheval, comme éveillé en sursaut, le front où perlait une sueur froide, il se retrouva en train de suivre son cousin Alexandre qui entrait dans l'église. Et les Valori, surtout Ser Maurizio, Pietro

Strozzi, les Salviati, firent le vide autour de Lorenzaccio : les visages blêmes d'appréhension ou indignés, interdits, semblaient craindre pour la sécurité de sa personne. En s'assurant de lui-même dans ces miroirs morts, Lorenzino se serait laissé défaillir, s'il avait seulement pu trouver, dans cette foule, l'espace suffisant.

De cela aussi il se souvenait. Il se souvenait de tout, parfaitement, hormis de l'acte (l'exécution rapide et maladroite de l'attentat) dans lequel il s'était perdu, après en avoir entendu la résonance amplifiée ; c'est pourquoi, en tant qu'auditeur, il se souvenait de cet acte à partir de l'avenir : une chose arrivée n'est jamais présente, et le concept de l'acteur-agent est tout à fait à revoir. Soustrait au statut de l'action, l'acteur est celui qui se soustrait au projet, à la reproduction du sens. C'est le réactif chimique de l'action prévue. Il est ce qui se soustrait au spectacle, pour offrir le spectacle du *soi*, du moi sujet sans monde, en dépit de l'agir-pâtir reconnu ; son acte est sincère, jusqu'au ridicule et même au-delà, a-historique, impossible. Il est là pour faire un croc-en-jambe au dit et au dire : inapte. Il est le geste impérial qui abdique perpétuellement à ce pouvoir fictif du présent, en contrevenant aux raisons d'être là : en s'y soustrayant. Tout le reste est théâtre. C'est un spectacle de la mémoire, sans la gratuité de l'*acte* indisponible, *inadapté* à l'action et à son concept.

Si, d'une part, l'action rendue vaine par la gratuité des actes était pour Lorenzino le cauchemar de ses journées, de l'autre, le rêve obscène qui, en quelque sorte, l'en exemptait, c'était sa manie habituelle d'imaginer la belle Caterina en train de sautiller, désinvolte et sans soucis, sur le phallus du gros singe médicéen. Il devait un bon nombre d'orgasmes à cette situation imaginaire : prostitution de l'autoérotisme, échec et mat du vice, à partir du moment où le vice n'est pas vicieux. Il existe certaines formes d'onanisme qui, pour se (dé)réaliser, prennent la Loi comme miroir, d'autres l'Histoire; d'autres encore l'Histoire de l'art. En plus de l'épuisement du vacarme fin en soi, Lorenzo pratiquait une sorte de masturbation « esthétique », prenant comme miroir ce tableau inexistant où sa tante, heureuse, s'amusait à redimensionner le phallus ducal. Un tableau fantasmatique, et ce pour deux raisons : prostituer la très belle Ginori à la convoitise du Gorille équivalait à extirper du monde des copies la dernière équivoque d'un visage qui lui était cher, en aggravant son dégoût pour le duc qui en abusait; et, de plus, en iconoclaste intransigeant qu'il était, il n'aurait jamais pactisé avec un simulacre historique, même artistique. La gratuité de l'action, détournée dans l'acte et dans ses trêves insensées, le titillait à tel point qu'il poursuivait – inconsciemment – non pas tant un mauvais événement dont scandaliser l'Histoire, que le scandale même du jamais arrivé.

Dans le passé récent, il avait souvent assisté, fasciné, à la vivisection d'un corps inanimé. L'exercice calligraphique du chirurgien traçait des hiéroglyphes sur le crâne, sur l'abdomen du patient, volontaire ou non. Et ce médecin était peu enviable, qui s'appliquait uniquement à une étude anatomique, à un travail comme un autre. Mais si, à sa place, c'eût été un pervers à jouer avec le cadavre, un « monstre », quelle envie n'aurait-il pas éveillé chez Lorenzino : défigurer un corps inerte, éternité disponible, c'est s'oublier, tout comme aux temps enfants on se déréalisait en crachotant dans l'Arno du haut du Ponte Vecchio, oublieux.

Il fallait à Lorenzaccio un acte qui le délivrât de la liberté de vouloir et de comprendre une fois pour toutes. Un acte métahistorique, extralinguistique une fois pour toutes. Il ne savait que faire des occasions réelles, du privé, du public, des amis-ennemis, de l'amour de l'amour, de la Patrie. Autant réinventer le tyran discrédité ; réinventer cette histoire obsolète, et, enfin, frapper au cœur le néant ; car le malentendu d'une « cause », noble, ignoble, n'avait pas à interférer dans ce métaphysique « règlement de comptes » entre le soi et le même ; qu'il n'ait pas à choir, misérable, dans le répertoire de l'action. C'est pourquoi il était juste, aussi professionnel que le paradoxe, d'attribuer à Alexandre de Médicis un péché vraiment impardonnable, parce que jamais commis, de même que *jamais commis* serait le délit dans la vacance de son auteur. L'historiographie cartomancienne ne parviendrait jamais plus à classer ce crime ; elle s'inclinerait devant l'énigme. Oui, mais en attendant c'était à Lorenzaccio de vivre cette énigme. Les chambres de son temps étaient désormais réduites à une galerie de décombres ; chambres amaigries de leurs décorations et des quincailleries, sacrifiées par l'inquiétude au caractère vain du geste. La pauvre fille trimait à la maison, incroyablement tentée par les objets rescapés, comme si elle s'y brûlait de ne pas les toucher.

Le géant Contini tonnait épique, irresponsable, dans sa cuisine ; et le vacarme amplifié, de plus en plus indéchiffrable, anticipait scandaleusement (on quantifiait en minutes, désormais) la naissance des gestes *lorenzacci* qui, affolés, explosaient en de véritables tics.

Et Lorenzino se précipitait dans la rue, dans la copie irréproductible de la foule, et la Via Larga était pour ses oreilles le Grand Canal ; l'eau pourrie, noire, exubérante, luminescente avec les écailles des reflets des flambeaux, menaçait Lorenzo transi de froid qui, pour démentir cette aquarelle lugubre, sautillait soudain, comme une collégienne, en effrayant d'inexistants papillons. Il s'arrêtait là où il commençait à courir ; s'il courait, il était immobile, car il croyait être poursuivi par les sicaires de

Cosme Ier. Enfin sur le pont du Rialto, il regarda dans l'Arno : un corps gonflé glissa au fil du courant loin blanchâtre en un sillon baveux, rapide comme une gondole de neige sur l'encre de Chine. Et Contini, dans un seau-Venise, se lavait les mains de ce qui était arrivé.

Quant à Renzino, pour qui était-elle entretenue cette fille ? Elle n'était pas entretenue, elle dépensait, elle gaspillait en servante-maîtresse au détriment de l'Histoire, là-bas sur la petite scène-éventaire des marchés généraux du néant.

Et soudain la fièvre l'assaillit dans le dos, et le délire commença à chanter, sentimental : Florence dort comme au fond de la mer, c'est l'heure des conjurations à table, ô Républiques. C'est l'heure à laquelle Alexandre invente des cercles de crachats noirs au-dessus de l'Arno en forme de miroirs, entre deux baisers, oui. Il était une fois un Médicis au membre chocolat qui précédait son corps partout où il y avait de la mousse nocturne. Ce duc, le buste bandé d'une cotte de fer, sans bras ni mains pour les caresses, s'écroulait sur les jardins endormis des garçons velus.

Ô étreintes, ô satins de femme griffés par les épines d'une si large poitrine enflée de grognements. Alessandraccio, précédé dans le plaisir par le plaisir, est las de jouer à la ville. Florence abêtie dans les étoffes, ignorant la mer, toi, difforme, avec plus ou moins de ragots sur ta dignité républicaine, prostituée, peu généreuse de ton vice anormal du phallus de ton Médicis qui n'est pas tien, qu'attends-tu ce soir ? Une autre histoire de ton marché ? Une autre, je suis le soir de ta journée. Ô démentes, théâtrales places d'attente ; ô bras mutilés, qui est en scène ? La puanteur de tes maisons diffamées me répugne, Florence suicide ; et tes vieilles bouches en fait édentées. La tyrannie toujours jamais blâmée, et que tu voudrais assassiner, est tienne : cette ombre géante de tes petites grimaces, petites putes toujours jamais résignées. Tu veux la ruine de ta ruine. Ma mère, et cette sainte tante Caterina, pensez-vous ! Où est la lampe qu'il faut éteindre ? Le poignard médisant ? Où est le doigt qu'il faut mordre ce soir ? Jette-moi cette cotte de fer, au fond du puits, Scoronconcolo !... Vous conjurez à voix trop basse, si bien qu'on n'entend rien de rien et que chacun de vous radote avec seulement des prières blasphémées. Ô voisinage, ô masures d'orfèvres, ô marchés crucifiés du sommeil au chevet. Ô cimetières en fête, ô bals conjurés au phosphore. Et vous, heures abruptes, ô vertiges des hauteurs tictaquants, saltarelles de perles sur les pavés : deux trois quatre secondes. Et l'océan sans limites ne s'éclaire pas d'astres blancs, ciels diamants qui ne sont pas d'aujourd'hui. Ô pleurs de demain-nuit ruisselants dans celle-ci. Ô c'est la nuit du jour de demain, cette nuit. Ô voisins de Florence : votre répit c'est le tremblement de terre. Ô scènes de l'habitude, ô murs tremblants à l'écroulement des sols tambours, qui résonne de la décoration rouge sang de l'acajou déchiré par les vers dinosaures ; des soies éventrées sur les oreillers sifflants à la folie d'acier. Ôte-moi cette cotte de mailles ! Scoronconcolo ! Il me mord le doigt, regarde... J'aveugle cette lampe ! Présent est votre sommeil caressé par mon orgie, pas ici : on meurt toujours... à Venise !

Le palais ducal prospérait des déchets des gestes *lorenzacci* ; et l'espace accordé par le Bronzino à l'éternité du tyran suffoquait, mal assuré et non peint, de jarretières et de chaussures, de planches et de mannequins en morceaux, de pelotes et de blanc féminin, comme si, à force de jeter au panier ces vains accessoires, Renzaccio avait déménagé, dans cette surface encadrée, l'univers chaotique de son grenier. Et encouragé, aurait-on dit, par la complicité fortuite de Contini qui en synchronisait impeccablement le sonore, le Gorille médicéen s'excitait en cachant la célèbre cotte et en la retrouvant aussitôt après, en pleurnichant et se réjouissant s'il en était privé ou s'il la voyait dans ses pattes. Quand il en avait assez de ce jeu, après avoir mis de l'ordre dans les draps de sa niche, il se débrouillait, en flairant dans les ordures, pour ne pas venir à bout des divers ustensiles disponibles. Toujours à tâtons, il déplaçait la table de chevet branlante ; il déchirait les étoffes endolories, satisfait du cri de la soie violée ; mais il faisait tous ses efforts, qu'il le veuille ou pas, en estropiant les restes d'un siège, en clouant parfois on ne sait quelle croix, pour tomber dans son propre piège, en s'attachant aux barreaux de sa cage, avec un bruit strident de chaînes, en abusant de son propre corps narcotisé, de manière à rendre jalouse n'importe quelle hypothétique intervention étrangère.

Cette façon d'agir bestiale, inconsciente, d'Alexandre de Médicis était *ce que* Lorenzo *négligeait*. L'action aurait consumé d'elle-même son histoire, dans le vacarme halluciné, impossible à arrêter, de la machine au palais Contini. Et d'autre part, le caractère vain de l'acteur *lorenzaccio* couronnerait son propre néant simplement en désertant la scène.

Et Alexandre de Médicis, très excité dans le triomphe gratuit et synchrone de la résonance continue, se multipliait pour donner un décor à sa propre ruine : la chemise de nuit *caterina*, endormie là, à gauche de la niche ; les parfums oreillers au chevet ; la lampe – pas de lampe ; l'épée était assurée à la table de nuit avec un lacet et, avec un autre noué autour de la garde, elle était bâillonnée par la gaine, indisponible pour le sale moment. Et les fleurs, même les fleurs. Était-ce ou non pour cette nuit ? Les devins l'avaient prédit.

Et Lorenzino fut tenté à plusieurs reprises d'intervenir dans cette ferveur de précautions assassines, détaillées par Benedetto Varchi, comme si c'était à lui d'organiser ces dernières touches. Non, vraiment, car les jeux étaient faits ; et s'il souhaitait cesser d'entendre cette histoire, il n'avait qu'à s'ôter de là.

Le couchant se couchait dans les chambres sonores sans images : « C'est toi, Renzo ? », « Seigneur, n'en doutez pas » et « Il m'a mordu le doigt ». Un cri étouffé suivit, et Lorenzino, à court de soi-même, se mordit un doigt, le pouce, et disparut, peut-être à la recherche d'une arme, ou pour se soigner. Puis, une longue pause. Renzo Brutus réapparut dans le musée ducal, empoignant comme un dément des ciseaux d'atelier de couture. Il se serait jeté sur le tyran, si le silence assourdissant ne l'avait pas éveillé de son somnambulisme. Il s'arrêta soudain, à quelques pas du portrait : Alexandre de Médicis était mort.

Son portrait exécuté par le Bronzino, restauré et protégé par une plaque de cristal blindé, était souverainement indisponible pour la brutalité maniaque des personnes malintentionnés.

Cet Alexandre de Médicis, sauvegardé sous verre par la Surintendance aux Beaux-Arts, *définitif*, on le doit à l'action *suspendue* de la paternité gestuelle interventionniste. De même que la frénésie nonchalante des travestissements du Brutus des Marchands jouit d'un répit éternel – l'aspect Renaissance de la copie magistralement brûlé dans la fièvre plus antique de Marcus Brutus – en ce buste stupéfiant de Buonarroti. Une fois expulsée l'histoire de la médisance et l'apologie implicite de délit, Michel-Ange a exorcisé, en une seule méditation irreprésentable, l'obsession de la logique historique et de ses repentirs arthritiques.

La recherche théâtrale dans la réprésentation d'état

ou Du spectacle du fantasme avant et après C.B.

Dans l'Occident à l'industrie spectacularisée, l'exercice de la recherche théâtrale est, pour le moins, institutionnellement « suspect », surtout si (avec l'homologation de la censure) il va jusqu'à être « sollicité » par la maladroite (intolérable) tolérance d'un État partitocratique « civilisé » qui, se fondant quotidiennement sur sa propre représentation politique, ne peut pas (et ne doit pas) concevoir le *gaspillage* (ce n'est pas l'argent public qui est en question) d'une production-laboratoire *portes fermées* qui se refuse à la *consommation*. Avec la circonstance aggravante de la vocation.

Toute recherche est donc une crapulerie claustrophobique, dans sa soustraction au public (à la risée publique), comme le serait une campagne électorale (là aussi l'argent des contribuables n'est pas en question) si elle était clandestine; tant et si vrai que, dans les pays de la social-démocratie, le résultat est celui de l'amplification dialectique préélectorale finalisée en elle-même, et jamais la modification « irréfléchie » et/ou la mise en route « pathologique » d'un nouvel ordre gouvernemental. Scène grande ouverte au « zèle négligent » de millions et millions d'audio-télé-électeurs, le spectacle engageant du gouvernement précède, même, dans la « campagne », la parésie de la recherche parlementaire. La formation d'une énième « altérité » gouvernementale se manifeste toujours, par l'arrangement nonchalant et la routine qui s'ensuivent, comme une prothèse fâcheuse, inhumaine, de l'énergie spectaculaire, gaspillée dans le prologue-épilogue électoral : en « campagne ».

L'économie industrielle institutionnalisée ne sait réserver qu'une indignation mal réprimée (des tics et des grimaces-chicanes indescriptibles) face à cette *hérésie de la recherche* sans audience, c'est-à-dire non *spectacularisée*. Une si grande rancœur du secteur paraétatique, jamais aussi unanime, plébiscitaire, à l'égard de tout *objet sans but*, s'aveugle jusqu'au point de ne pas admettre de discrimination entre telle ou telle typologie de recherche : l'expérimentation atomique, pour permettre à une *loi du marché* de constater la *qualité de sa confection*, s'« exerce » sur Hiroshima (et non sur une île déserte) parce que le public indigène a un droit sacré de la *jouissance* d'un aussi grand, extraordinaire, terrible effort de laboratoire (hormis la valeur d'archives des prises de vues ciné-audiovisuelles). Tout comme les salles d'opération où l'on perpètre l'audace de la chirurgie plastique (au début appelées, euphémiquement, « lager ») débordent de public et de journalisme « critique », tout à fait semblables aux recherches cadastrales, où chaque geste-document des employés est ponctuellement assourdi par les applaudissements des usagers (un peu comme il arrive notoirement dans les mystères des productions cosmétiques).

La *production-recherche* nucléaire, apparemment « clôturée » à Tchernobyl, se révèle, malgré le secret intransigeant des préposés aux travaux, l'événement le plus surprenant des années quatre-vingt; un miracle technologique enviable, s'il parvient, depuis sa cellule aristocratique de laboratoire, grâce à une énergie radioactive sans précédent, à *impliquer* un public infini, distrait et qui ignore la portée *historique* de ces expérimentations. Mais c'est ainsi : au-delà de toutes les prévisions les plus souriantes des chercheurs qui, affectant une modestie exagérée, attribuent aux aléas un si prodigieux spectacle de *jouissance*, reste le fait (extrêmement documenté) que presque jamais comme à cette occasion la *recherche cloîtrée* n'a enregistré un nombre aussi considérable de « curieux », parvenant, malgré elle, à en *contaminer* même l'existence; l'après-théâtre le plus bouleversé et hurlant est une parodie incongrue, si on le rapporte à l'unanime commotion retentissante des inconscients jouisseurs de la recherche-Tchernobyl qui, bien que tout à fait « étrangers » à la gravité du sujet, en sont encore aujourd'hui si imprégnés qu'ils en éprouvent des frissons d'émotion même devant un plat de cheveux dans la soupe.

Et il y a encore une « horreur » de la recherche maniaque du déséquilibre mental parascientifique, empruntée sans aucun doute à la *recherche de l'horreur*, dont on a tellement abusé dans la littérature gothique. La deuxième partie du siècle passé est électrisée par le fantasme sans nombre de chercheurs héroïques – les barbes en blouses – qui, relativement confinés dans quelques ingrats mais palpitants labyrinthes sourds des alambics, pratiquaient la vivisection sur des cobayes humains et non des rats des champs. Les frères Lumière n'avaient pas encore rêvé de cinéma, et ces chercheurs irréductibles dans l'exercice macabre du paradoxe humanitaire devenu pari œuvraient avec la candeur ensorcelée et inénarrable des aspirants-acteurs de « province » qui, il n'y a pas si longtemps, s'épuisaient sans savoir sous une caméra sans pellicule. Elle est un peu tordue, c'est vrai, cette métaphore de la *recherche historico-scientifique*; mais dans ce que je ne sais pas dire (et ce n'est pas simple) transparaît, dans les orbites imaginaires des chercheurs ici dés-écrits, l'inguérissable fierté des pionniers certains de « chercher » *sur* et *pour* un public « cinématographique » omniprésent comme seul l'avenir sait l'être.

L'expérience historique de la *présence d'un public* dans la *recherche industrielle*, donc, au-delà des complots en usine, n'est jamais un exercice de présence stérile. Décidément plus « chrétienne » que le socialisme utopique (représentation insignifiante du bien-être général) – aux antipodes de l'industrie artisanale trop us(ur)ée qui pendillait désillusionnée par le narcissisme pathétique du produit manufacturé (instrument) « individuel » –, cette recherche civilisée, en somme, a déjà implicitement *dans la forge de ses propres moyens* la *confection* de l'*offre* et de la *demande* sur tout ce qui est objet de divertissement (d'entretien) de masse; ainsi affranchit-elle le marché des travailleurs d'un décervelage inique, c'est-à-dire d'un embarras de prison : l'option du jouet à l'« heure de la promenade ». C'est déjà le *Spectacle de la Recherche*. Le *stéréotype* industriel – n'en déplaise aux moustaches du libéralisme rétrograde, sournois et cynique – dispense les jouisseurs épuisés du *choix* injurieux du « temps libre » : il distrait et ça suffit. Comment la *distraction* pourrait-elle concevoir un *choix*, c'est-à-dire ce qui l'excède?

Le divertissement (l'entretien) industriel de la recherche se charge de la volonté générale : crucifixion paradoxale de la perversion expropriée de la jouissance (distraite), dont le témoignage (martyre) est cependant indispensable.

Et, enfin, la *production-recherche* de la *torture*, directement exercée – la Sainte Inquisitition en est l'exemple le plus éclatant dans l'histoire du spectacle moderne – sur le *corps* public, est même spectaculaire par deux fois : dans les cachots et dans les feux humains sur les places. En avance (et de combien !) sur le « parvénirisme » de la civilisation industrielle qui pâlit face à l'hyperbole de la comparaison, le laboratoire ecclésiastique hispano-italien (inconcevable pour le dilettantisme actuel de la statistique paresseuse) forgeait en même temps les *instruments* et les *objets* de divertissement (d'entretien) et leur application immédiate à la *passion* (passivité d'objet) des spectateurs « élus », en les soustrayant au voyeurisme conventionnel de la représentation.

Grâce à une pratique privée de préambules dialectiques, ces artisans, armés d'un charisme « criminel » et d'une efficacité maïeutique inégalée, « extorquaient » à l'abandon esthétique des corps intéressés des caillots gratuits et des morceaux sanglants du *discours* : un *langage démembré* (impossible à répéter) dans la désarticulation du « chant » (confession de fautes imaginaires), prélude au spectacle des bûchers qui, malgré une confection traumatisante – destin différé de toute représentation! –, comparé à cette *cruauté* de *recherche*, ne pouvait produire qu'une piètre figure cathartique.

Je cherche ce que je ne trouve pas

J'ai rappelé jusqu'ici quelques aspects de la *recherche historique* (Histoire de la recherche). Au-delà d'une exégèse philologique étrangère à celui qui écrit, une pathologie constante, en revanche, prend tout son relief, qui, dans la « substance », débusque toujours, embrassés institutionnellement – et d'un nœud indissoluble –, ces deux termes : *Production* et *Recherche*, *c'est-à-dire la spectacularité* du *laboratoire finalisé, de la* palestre *en ce qu'elle est déjà* confection, *inaliénable de l'envie maniaque d'omniprésence du public*. Mais la *recherche industrielle*, depuis sa préhistoire, a voulu se proposer comme *divertissement (entretien)*, justement, et *jamais* comme *Théâtre*.

Même l'article 9, incorporé dans la circulaire en vigueur du *Spectacle* du *ministère italien du Tourisme*, fredonne balourd mais sans équivoque :

Activité de *production* et de *promotion*
dans le domaine de l'expérimentation et
du renouvellement du langage théâtral et
de la méthode de recherche... :
Les conditions pour l'admission aux subventions prévues par le présent article sont :

– Projet annuel ou pluriannuel permanent de *production-promotion* et *invitation* avec une attention particulière à l'invitation de *compagnies* qualifiées spécialisées dans le secteur.

– *Centres théâtraux* convenablement équipés pour la *représentation de spectacles* et directement *gérés*, dont un au moins avec une capacité non inférieure à *200 places* et muni des autorisations prescrites pour la *représentation des spectacles en public*.

– Il ne peut être confié au directeur artistique du centre plus de la moitié des *mises en scène* et des *spectacles produits*.

– Étant bien entendu qu'elle doit rester dans la limite de *130 journées de représentation*... l'activité elle-même ne peut être inférieure à *65 journées de représentation des spectacles produits*, dont au moins la moitié représentées dans le centre, et *65 journées de représentation de spectacles invités*...

Voilà l'Histoire d'hier, une parodie dans la chronique d'aujourd'hui. Voilà – bien que dans cette miniature amusée – l'institution prosternée aux pieds de l'autel de la consommation. Sous la perversion « vénielle » en surface de l'article 9 tout juste louangé, détourée du prestige de la *haute définition d'État*, transparaît de nouveau la symbiose *production-recherche*, châtiée enfin dans son indécente nudité de mégère ; travestie dans la plus efficace et convenable professionnalité managériale d'*école hôtelière*. La spécificité bâtarde et innommable du *laboratoire-recherche-équipement* baisse la tête effrontée devant le *spectacle du Tourisme*. Le rendement requis par l'intransigeance ministéro-sacrée de la *jouissance publique* (sécurité sociale) des responsables des « centres-recherche » est, somme toute, le zèle opérationnel qui peut être prouvé d'une compétence « primée » d'*agence de voyages*; de l'*hospitalité* interchangeable des *groupes* (touristiques) et de la surveillance qui s'ensuit sur la qualité (quantitative) des *repas* et des *200 lits* utilisables. En se fondant sur le standard méditerranéen des vacances, les *130 journées de représentation* imposées ne constituent pas, à vrai dire, une entreprise prohibitive.

En « fin de compte » (excepté une réserve esthétique pusillanime quant au « naturalisme » du divertissement – de l'entretien) : au lieu de paysages feints dans les malsaines scénographies « théâtrales », les montagnes et les océans sont de véritables *montagnes et océans*. L'« abus » *écologique* de l'article 9 semble être éclos à partir de l'*Harmonie* de Fourier.

Le *statut*, enfin, de cette Biennale vénitienne assigne un rôle privilégié au « carbonarisme » de la *recherche* « libertine », qui va jusqu'à être *affranchie* du jumelage siamois avec le compte rendu *laïque* (laid, dans son étymologie) du spectateur *martyr*.

Mais dans ses (propres) infortunes « vertueuses » récidivistes, la *loi-Justine* (cette Antigone ne supportant pas la prescription paternelle), dans la cosmétologie des interprétations (dans son consentement même à l'outrage), exhibe en un trille insouciant le *refoulement de la recherche* dans la *spectacularité de la production*.

Dans le miroir déformant de la société industrielle, la *production* est à la *recherche* ce que la *chaîne de montage* est à la *caisse de chômage*. L'embarras institutionnel se commente tout seul. Et puisque l'honneur est la *considération que les autres ont de nous-mêmes et de nos actions*, le *spectacle* est destiné depuis et pour toujours à son irréversible reproduction *sans théâtre*.

Se libérer de son propre mode d'agir
veut dire entrer dans ce qui n'a pas de mode

Le *théâtre* (non son double équivoque) est indiscipline sans histoire, et donc fermé non seulement aux flatteries esthétiques « interdisciplinaires », mais, en outre, *amputé du sujet*, il est refus automatique de l'interventionnisme formel du tragique, de la poésie, de l'Art en général : autant de catégories condamnées aux codes, au « style » des objets « disqualifiés », et donc, des formules asservie à la production du divertissement (de l'entretien) industriel ; consolations décoratives du *sujet reconfirmé* et flatté dans son incorrigible conviction d'*être-là*.

« Un » théâtre *informe*, où le *malaise de l'action* est souverain, et où le *dire* est cet *au-dehors-de l'intérieur* remâché et recraché (sur cet *au-dehors* restitué), c'est l'*exclusion du spectateur* qui ne soit pas *l'abandon* et qui, ainsi, *ne soit pas* ; « un » théâtre exonéré de la reproduction en série des effets dialectiques, de la manie du monde qui réclame *l'existence du sujet* pour se sentir *vivant*, en tant qu'elle est *représentée* ; un théâtre qui – à l'envers de l'Art –, déshumanisé dans la *machine actoriale*, désavoue naturellement l'implication métaphysique de l'*Autre* (parce que « Autre » est le « maintien » de l'*Être* à l'« écoute de la poésie »), c'est « *une joie amère qui ressemble à l'amour* »... qui, dans sa possibilité de jouissance *insupportable* du « par-terre », donne un spectacle *ob-scène* de sa propre « orchestration » sans objet, c'est *l'impossibilité* de la *recherche* qui lui est propre (parce qu'elle est niée au sens-langage).

Affranchi du *temps*, le théâtre de la trinité aristotélicienne a explosé, enfin (après des millénaires), pour se convertir (se perdre) dans le *non-lieu du théâtre*, au-delà de ce « *mode*-ci » et/ou de ce « *mode-*

là » : une *recherche* de ce qu'on *ne veut pas trouver* (qu'on veut *ne pas* trouver, pour conjurer le répertoire des accessoires linguistiques qui disqualifieraient l'*impossibilité* de la recherche dans la pauvreté artistique du *mode*, dans le *possible* historique du *témoignage* et de la *critique*).

Non plus « pensée de la pensée », non plus « parole de la parole », c'est une *nécessité* inaliénable que le méfait adamantin de la *recherche désobjectivée* se soustraie, tout d'abord, à la compréhension Biennale, instituée comme *archives industrielles du « classique »*.

Une « palestre infréquentable » est « inconstitutionnelle » dans le prestige perspectif de la culture socialo-démocratique en déclin, obsédée par la constante imprévisible du spectacle préélectoral.

Penthésilée

ou bien De la vulnérabilité invulnérabilité
et de la nécrophilie chez Achille

*Poésie orale
sur un écrit gravé par accident
versions d'après Stace Homère Kleist*

Elle est frisson mère Thétys prévoyante
et marine qui sous les gouffres vitreux
a vu les rames contre l Idée
lentement brise l onde et à l air crie

Contre moi se dressent ces navires
qui me sont menace de malheur

Je vois déjà la mer Ionienne Égée sillonnée
de mille navires   Vaine
cette alliance grecque avec les Atrides
superbes si en mer et sur terre
mon Achille on veut débusquer
si lui le premier veut
       se dévoiler   suivre
       cette guerre   Douleur

Tardive crainte dans le cœur   que celle-ci
d'une mère qui
du profond abîme marin

       Une tempête   Oh malheureuse   Il est tard

Si j ai pour toi connu
l humiliation de cette terre
Si j ai subi un époux mortel
Si dès ta naissance t immergeai
Oh en entier l eussé-je fait
dans le cours inviolé du Styx
endosse Oh non pour longtemps ces robes
de femme

Tu te révoltes Pourquoi détourner les yeux
Et quelle honte en cette faiblesse
Sur toi Sur la grande Mer consanguine

Je le jure Chiron ne le saura jamais
Est-ce pour toi si ennuyeux de te feindre
jeune fille au milieu d'autres
des danses et des jeux nouer avec elles

S il m'était donné de joindre deux amours
De serrer un nouvel Achille sur mon sein

Cela t'était pénible de te feindre
petite fille parmi les filles à neuf ans
et danser insouciante avec elle

Quelle autre vie heureuse jamais ressemblerait
à cette vie celle-là

Zeus cette terre le soleil jamais Briséis
Jamais une femme Les mains
ces mains-ci celles-là
jamais ne l ont touché
Mais l Épouse Enfant
qui de mes bras fut arrachée

Les navires Les navires
Les navires marins

Voici la petite sœur de mon Achille
On ne remarque pas comme est irrité son visage
en tout semblable à celui de son frère

elle demandait intrépide l arc et le carquois
renonçant à ses noces
telle est la coutume des Amazones
J ai déjà bien trop à faire
avec mon enfant mâle

Oh ne la laisse jamais se mesurer
dans les compétitions indécentes de la lutte
ni jamais seule s enfoncer dans les bois

Terre qui m est chère à qui j ai confié
ce gage celui-ci de mon grand amour
sois-moi propice Ne le raconte pas

Et il devient Rouge
contraint dans ces robes de femme celles-ci

Et elle lui apprend ainsi Ainsi Elle lui apprend
à ne plus ainsi raidir le cou
à dénouer ainsi ses bras si forts
à baisser ses trop larges épaules

                ainsi

Elle rassemble ainsi ainsi mais en belles
tresses ordonnées les
cheveux en désordre De fleurs
elle ceint le cou de son bien-aimé
ainsi   la jupe

Elle lui apprend à marcher
sans trébucher dans les voiles les mouvements
et les gestes et les mots
              doucement   ainsi

Cheveux

Parmi toutes Elle choisit sa compagne
celle-ci seule qu Elle suit Elle de ses yeux
et fixe De ces yeux ceux-là
toujours près d Elle
Doucement ainsi elle la touche
avec le thyrse
Les fleurs et les bandeaux
fait exprès tomber

                        ainsi

Elle lui montre de la lyre accoutumée
celle-là les douces cordes
Et elle guide ainsi sa main celle-là
ces doigts-là elle presse sur les cordes
quand elle joue

Quand elle chante elle effleure sa bouche
l embrasse l approuve et la serre
avec mille baisers

Elle lui apprend à filer et tordre
le pouce sur l index ainsi
la laine grège

Et Da capo Avec le fuseau et les pelotes
en désordre Et s étonne du timbre
de sa voix celle-là De sa force

Dans son miroir ma mère Otréré
jamais ne vit un aussi grand mâle
Il était entre ses mains et Elle
lui fit grâce d un sourire en un sourire
 disparut

          Je suis

Penthésilée reine des Amazones
l héroïne de Scythie Celle-là
solennelle armée à la tête de ses vierges
À demi vêtue

Rouge le reflet des joues teint
l armure jusqu en bas à la taille

Comme une haine privée quelque reddition
privée le couchant
Penthésilée et Achille qui s affrontent
ce n est pas encore la mort

On voit déjà les têtes des chevaux
les étoiles au front sauf les sabots
Et voilà tout entier l'équipage du Pélide

À l horizon
Ainsi le soleil resplendit sur un jour
rasséréné de printemps

Et derrière lui flamboie
dans le noir soudain
Penthésilée
Penchée sur la crinière elle boit le frein
elle semble décochée
par la corde de l air
Détachée de la selle
se brise et tombe la reine tombe
dans une poussière d amazones
et une autre et une autre
elles s écroulent en un amas
enchevêtrement de femmes et de chevaux

Et la reine On voit la
reine démasquée sans son casque
elle tire de sa main ses boucles en désordre
poussière ou sang elle essuie de son front

Princesse je ne vois rien rien
Et si on me parle Je n entends rien

Et ces robes je ne les aurais endossées
si je ne t avais vue à Toi j ai cédé

Pour Toi Pour Toi j ai filé la quenouille
Pour Toi j ai dansé

Pas de roses
Non Non Pas de triomphe Pas de fête pour moi
Divin le Noir me rappelle sur le champ de bataille
contre le demi-dieu superbe

        Dix mille

Soleils univers en une sphère ardente
ne me brûlent
autant que Lui vaincu en une seule fois
Pour toujours

Tant que ton destin est d expier
ce rôle de femme voulu
par une mère par trop craintive

Gâcher la première fleur
de ta jeunesse dans cette
prison de femmes

Ou alors s est répandue universellement la rumeur
qui te présente déjà ombre parmi les morts

Et tu bouges les mains
Pour filer pour filer

Des laines au fuseau que filent d'autres mains

    Rouge

Une histoire d amour dans la nuit
celle-ci qui au soleil dis-tu ne peut rester

Ah si je pouvais mourir à présent même
Mort mais je veux à présent
une gloire noble et que chacune
des Troyennes
de leurs deux mains essuient les pleurs

Qu'elles sachent que depuis trop longtemps
je manque à ma colère

Comme les eunuques
entre eux se battent
Je sais que je suis mâle
seul je veux faire face à la fureur
de ces femmes

Hors d ici loin Hors d ici loin de ce lit
de bataille secoué par les vagues
Loin du naufrage autour de la femme

La voici la terrible irréductible
          Reine des Amazones
          si dans sa resplendissante
          cuirasse elle se mire

Si à ma seule vue se dissolvent
les armées Lui Il se montre
il se montre et me fait mourir
là où le sens M anéantit là
où le sein est refusé
Dans la mêlée où
son rictus moqueur me défie je veux vaincre
ou ne jamais avoir vécu

Néant Viens repose ici avec moi
Comment Qu ai-je dit Comment ce fut Comment

Oh malheureuse
moi qui ai engendré un fils
presque parfait
et l ai envoyé à Ilion
sur les navires recourbés
combattre les Troyens
Lui qui jamais plus ne reviendra chez lui
Qui vivant voit encore cette lumière
du soleil
affligé que
je ne peux secourir

Mère mieux valait que tu restasses
parmi les immortelles au plus profond
de la mer
qu une mortelle épousât Pélée
Pour toi aussi ce sera un tourment
infini dans ton cœur
car ton fils mort tu ne pourras embrasser
car ce cœur-ci ne me pousse pas ce cœur-ci
à vivre parmi les hommes
car ce cœur-ci ne me pousse pas à rester

La mort t'est proche comme tu le dis
Mais ici pas de retour la terre
me recouvrira
Mère Un Dieu a forgé mes armes
immortelles Les armes immortelles
mais terriblement je sens
pénétrer les mouches
dans les plaies du fer fourmiller les vers
et mon corps se défigure
Elle La Vie est morte
Elle la chair toute en
                    pourrit

Et dans mes bras mourait pâle
ma mère Otréré quand
résonnait solennel dans la maison
l ordre de Mars pour que je parte
pour Troie et que le demi-dieu me conduise
couronné de roses Très haut résonnaient
dans les rues sur les places et les cris et les chants
des gestes héroïques
Pâris et la discorde l enlèvement d Hélène
l orgueil des Atrides la bataille
pour Briséis l incendie des navires
et la mort de Patrocle et ta vengeance
resplendissante et tout ce qui est célèbre

Dans mes larmes confuse je dis mère
garde-moi avec toi au moins pour aujourd hui

Mais la vieille reine voulait depuis longtemps
me voir comme une épouse sur le champ de bataille

    Va me dit-elle et couronne le Pélide
    Sois mère comme je le fus

Heureuse Elle serra
ma main et mourut

Et quand le deuil
en moi s estompait s ouvrait à mes yeux
la bataille tout entière Si des astres
cette histoire de héros
a resplendi vers moi
D autres jamais je ne pourrais couronner
de roses hormis un seul que parmi les ennemis
ma mère élut
Atrocement pour moi le beau
furieux et cher le vainqueur d Hector

Ce qu elle veut de moi cette divine
moi je le sais De son épais carquois
Elle décoche vers moi les message empennés
de son cœur qui brûle et fait siffler
dans mes oreilles la mort qu elle me veut
Je ne fus jamais repoussé par les femmes
   plaisantes

   Si je me refuse à elle
c'est que je n ai pas encore trouvé
dans les feuillages un désert
où comme Elle ardemment le désire sur ma poitrine
de fer en une brûlante
étreinte la serrer

   ainsi

   comme elle ardemment le désire

Oh l heure de l amour n'est pas loin
mais si pendant des lunes et des lunes et des années
éternelles
je devais faire la cour à cette femme

je le jure Je ne reviendrai pas
Je ne reviendrai pas je le jure
Si je ne suis pas son époux Ni
elle mon épouse
Si
je ne l ai traînée sur les pierres
la tête dans la poussière le front
couronné de sang

Si tendue elle a mal
cette main si elle veut
retenir par l or des cheveux
la gloire si m effleure
Noire une force elle ne veut plus le geste
étranger
Il y a je ne sais quel rappel
vers le champ de bataille Ce n est pas le son
du peuple Ce n est pas cette ruine qui
le domine au-delà du lointain vacarme
Que peut dire la quiétude le soir
après le travail là où resplendit
le trésor moissonné des épis
dans des gerbes là-haut vers l azur
et on voit le tout enveloppé dans les noirs
nuages qui prédisent la catastrophe

Insensée je renonce et l abandonne
L abandonne là où le vent
de mon assaut doit
l abattre en proie aux sabots
de mon destrier

                Que soit damné le cœur
                qui se résigne

À moi la lance la plus aiguisée À moi
la plus étincelante À moi l épée

que les yeux célestes

Voient à mes pieds dans la poussière
L unique amour qui me veut dans la guerre

Et je ne saurai plus être heureuse
d'autre chose

Moi seule Moi seule sais comment l'on vainc
Oui Ce fer dans le plus doux embrassement

sur mon sein l anéantit
car avec le fer je devrai l embrasser

Et il n y a pas de paix s il ne tombe pas
des airs près de moi
Mais les ailes brisées et pourtant indemnes
Mais dans la gloire de sa pourpre

Voilà que le ciel peut descendre à la fête
de notre victoire
Et je serai Reine des roses

J aurais bien pu être parfait
intègre comme le marbre Solide Rocher
Je suis là comprimé et Enchaîné
je suis aussi emboîtement enchevêtré
exposé à l insolence des terreurs

Jamais achevé Mal-né
Je suis Celui que la Mère Azur
faillit donner pour fils au Père
Zeus

Fils d un si grand Dieu
j aurais été soustrait au pouvoir
des Parques au destin
Bâtard Tu es un bâtard
invulnérable seulement
du côté maternel Bâtard

J ai peut-être vaincu Il est mon prisonnier
Éloignez ces fleurs de mes yeux
Mon âme celle-ci est lasse à mourir

Qu il s approche me piétine
d un talon d acier
que ces roses miennes sur mon visage
soient de la même boue d où elles ont fleuri
mieux vaut poussière
que femme sans charme

J ai mal Cela fait mal Où ici
comme une douleur qu éveillé
on a oubliée

                    Elle est morte

Ainsi soit-il pour toujours
Mais où je l ai frappée

Qu elle ne te voie pas à son réveil
Pour cette obscurité de femmes en nous
la lumière du jour est un désastre

C'est moi qui ai vaincu n est-il pas vrai
Il est ici mon esclave

                        Dans l'affrontement pourtant
il fut avec toi dans la poussière

Des mains ce sont des mains
celles-ci qui te caressent

                              Le souffle

Est celui des roses Néant Néant

Celle-ci qui dorénavant n a plus de nom
Grondement Barrissement Possédée elle secoue l'arc
contre l amour ennemi se fait danse

Et Achille avance désarmé vers sa colère reine
Cela s accomplit Et horrifié
il reste et veut disparaître

Et lui embrasser les genoux c est une flèche
qui transperce sa voix dans le sang

Princesse Mon épouse Princesse
Ce n était pas là le jour des roses

Hamlet suite

Version-collage d'après Jules Laforgue

> *Mais l'Art est si grand
> et la vie est si courte*
> J. Laforgue

De *Hamlet, Hommelette*, à *Hamlet suite* (toujours à l'affiche), l'opérette du prince artistoïde est le refrain des vies que j'ai dévécues. La fréquentation assidue, persécutrice, du beau sujet (cinq exécution théâtrales toujours changeantes – 1961, 67, 74, 87, 94 en phase d'élaboration –, un film (1972), deux éditions pour la télévision très différentes l'une de l'autre, des enregistrements radiophoniques, des cassettes audio et des CD) me « définit » comme le *Hamlet* du XXe siècle.

Avant les sonates pour pianola à quatre mains avec Jules Laforgue, il a toujours été clair pour moi que, pour se *déshamlétiser* intégralement, une seule brutale exécution ne suffirait pas ([...] *Un Hamlet de moins*, prévient Jules, *mais la race n'en est pas perdue*).

Je vais cracher tout de suite le morceau. L'original de « Bibi » Shakespeare est une tragédie en cinq actes qui ne mène à rien, la radiographie d'un auteur qui, épié im-pitoyablement par la *parodie*, semble avoir voulu *refouler* à tout prix l'interminable procession des objections soulevées par son propre génie, au cours même de la rédaction : T.S. Eliot est, à ce propos, plus que sincère lorsqu'il se demande si le fait d'en avoir tellement écrit et dit philologiquement est la preuve que *Hamlet* est un chef-d'œuvre, ou si, au contraire, c'est un chef-d'œuvre parce que l'on a tellement écrit et parlé à son sujet.

Le *Hamlet* de Shakespeare est, de toute façon, un texte échantillon d'écriture « brouillonne ». Ce que confirment par toutes les interprétations sur papier et les représentations théâtrales et cinématographiques insignifiantes (l'ignorance pensive dissimulée dans la folie – qui n'est pas du tout de la « fiction » – du cabotin toujours de noir vêtu, un livre dans les pattes – peut-être une *exégèse des lieux communs* –, et la main constamment sur le mal de vide dans la caboche, pour signifier la surdité labyrinthique intellectualoïde : la mégalomanie contagieuse du « cette année je monte *Hamlet* et donc je pense »).

Quant aux tenaces écrits en carton-pâte : « métathéâtre dans le théâtre », « tragédie de la parole » (*des paroles*), « drame de la paternité » (jamais si frustrée et négligée), le « refus (obtus) de l'amour », « l'attention morbide » (incongrue) du *non-héros* réservée à la fragilité incestueuse de sa mère, la criminalité gratuite et désinvolte (désintégrer des comparses stupides et un vieillard imprudent, sans aucun profit, hors sujet), ne sont que des symptômes alarmants d'une *pathologie* qui, non sans raison, a intéressé la psychanalyse (le *barde anglais* en serait-il le fondateur ?).

Dès la première exécution hamlétique j'ai fortement mis en évidence la niaiserie du « spectacle de cour » qui tendrait (?) à « prendre au piège la conscience du roi ». Et, au fur et à mesure, j'ai jeté au panier les « doutes » hamlétiques (depuis « *Le spectre que j'ai vu pourrait être un diable…, je veux faire jouer à ces acteurs* », etc., jusqu'au « *être ou ne pas être* » du dilemme), petits morceaux risibles du « manuscrit » *original* de la pièce (caillots de papier de la conscience princière hybride) dans les poches d'un Horatio de plus en plus dégoûté ; de même que j'ai rendu manifeste la complicité dégénérée et outrée du neveu et de l'oncle Claudius et, enfin, l'amourachement cabotin du protagoniste pour une certaine Kate laforguienne, première actrice des comédiens de cour :

[...] Et cela ce n'est rien ! Je te lirai tout ! Nous irons vivre à Paris
    – et nous aurons des noms de guerre bizarres –
    Moi, je t'aime, je t'aime, je t'aime ! Habille-toi !
    Tu joues comme un ange, comme un monstre.
    Nous ferons sensation ! Habille-toi ! Je me fiche de mon trône !
    Les morts sont morts ! Nous verrons du pays, Paris !
    Ma vie, à nous deux !

Et après quelques réserves coquettes de sa part qui, en ayant assez de cette existence *cynique et vide*, menace de repartir pour *Calais* et d'entrer *en religion pour se consacrer aux pauvres blessés de la très lamentable guerre de Cent Ans*, voilà l'unique spectre un peu douteux (apothropopaïque) de sa seigneurie :

    [...]... Alors, tu crois que, devant un public de capitale et aux lumières, l'effet serait renversant...
    et qu'on me regarderait passer dans les rues
    en s'étonnant de mon allure triste ?
    ... Et que d'aucuns se tueraient
    devant l'énigme de ma vie ?
    Ah ! tiens, nous allons nous aimer, je quitte aussi tout !
    Je te lirai tout, nous irons vivre à Paris ! [...]

En somme, d'une édition à l'autre, en me déshamlétisant de plus en plus, outre les *doutes*, j'ai aussi effacé les *certitudes* de l'original anglais, qui se résument au fond à

> [...] Ce drame-ci, ce n'est rien.
> Je l'ai conçu et travaillé au milieu de
> répugnantes préoccupations domestiques [...]

Justement parce qu'il est inscrit dans la production littéraire-poétique *majoritaire* (en laissant la philologie érudite ânonner sur la *langue anglaise désagréable* du texte) l'*Hamlet* de Shakespeare est le demi-frère difforme du protagoniste espagnol (très moderne) de *La vie est un songe*; et, si une grande partie de la critique opiniâtre renonçait, une fois pour toutes, à comparer ces deux œuvres (poussée exclusivement par l'alibi de la coïncidence de l'état civil de leur conception), le texte fulgurant de Calderón, dégagé de toute contemporanéité équivoque, resplendirait encore plus de sa propre lumière. Inégalable.

Le spectacle textuel de cette *Hamlet suite* est une exécution capitale et *une somme* de tous les *Hamlet de moins*; c'est une version-collage à partir de toute l'œuvre (*Moralités et poésie*) de Jules Laforgue, « trahie » par la composition *rythmique* et, parfois, *librettiste* de la nécessité théâtro-musicale.

– Pardon ! Pardon, n'est-ce pas, père ?
Au fond, tu me connais...

Kate, attends-moi une minute. C'est pour la tombe
de mon père, qui a été assassiné,
le pauvre homme ! Je te raconterai... Je viens à l'instant :
le temps de cueillir une fleur... qui sait...
qui nous servira de signet quand nous relirons
mon drame
et que nous serons forcés de l'interrompre
dans des baisers

Stabilité !, ton nom est Femme !...
Méthode, méthode, que me veux-tu ?
Tu sais bien que j'ai mangé du fruit de l'Inconscience ;
que c'est moi qui apporte la loi nouvelle
au fils de la Femme,
et qui vais détrônant l'Impératif Catégorique
et instaurant à sa place l'Impératif Climatérique...

Mon sentiment premier était de me remettre
L'horrible, horrible, horrible événement
Pour m'exalter la piété filiale
faire crier son dernier cri au sang
de mon père mon père mon père...

Me réchauffer le plat de la vengeance !
Et voilà ! Je pris goût à l'œuvre, moi !

J'oubliai peu à peu qu'il s'agissait
de mon père assassiné
pauvre homme, pauvre homme

de ma mère prostituée
(Vision qui m'a saccagé la Femme)

de mon trône enfin !

Je m'en allais bras dessus, bras dessous
avec les fictions d'un beau sujet
Mon trône mon trône

Ah, cabotin, va ! Voyez le petit monstre !

Maniaques de bonheur,
Donc, que ferons-nous ? Moi de mon âme,
Elle de sa faillible jeunesse ?

Elle qui est tout mon cœur et ma vie
Où est-elle à cette heure ?
Peut-être qu'elle pleure...
Oh, si elle est dehors par ce vilain temps
De quelles histoires trop humaines rentre-t-elle ?
Et si elle est dedans
À ne pas pouvoir dormir par ce grand vent,
Pense-t-elle au Bonheur,
Au bonheur à tout prix
Disant :
tout plutôt que mon cœur
reste ainsi incompris ?

Soigne-toi, soigne-toi !
pauvre cœur aux abois.
Langueurs, débilité, palpitations, larmes
Oh, cette misère de vouloir être
notre femme
Ô pays, ô famille !
Nuit noire, maisons closes,
Grand vent
Oh, dans un couvent, dans un couvent !

Un couvent dans ma ville natale
Entre le lycée et la préfecture
Et vis-à-vis la cathédrale
Avec ces anonymes en robes grises,
Dans la prière, le ménage, les travaux de couture ;
Et que cela suffise...

Et méprise sans envie
Tout ce qui n'est pas cette vie de Vestale
Provinciale,
Et marche à jamais glacée,
Les yeux baissés.
Oh ! je ne puis voir
Ta petite scène fatale à vif.

Oh ! ce ne fut pas et ce ne peut être,
Oh ! que tu n'es pas comme les autres,
Crispées aux rideaux de leur fenêtre
Devant le soleil couchant qui dans son sang se vautre !
Oh ! tu n'as pas l'âge,
Oh, dis, tu n'auras jamais l'âge !
Oh, tu me promets, de rester sage
comme une image ?...
(Oh, dis, tu n'auras jamais l'âge !)
Passe, à jamais glacée
tes beaux yeux
irréconciliablement baissés...

Oh, qu'elle est là-bas,
Que la nuit est noire
Que la vie est une étourdissante foire
Que toutes sont créatures, que tout est routine
Oh, que nous mourrons.

Je ne suis qu'une malheureuse, mais j'ai l'âme haut
 placée, qu'on le sache !
Dieu sait si j'en ai consommé, sur les planches, des
 héroïnes sublimes !
Mais quand j'ai lu les scènes [...] de mon rôle
dans votre espèce de pièce...
Comme c'est ça, notre pauvre destinée
pitoyable et impitoyable !...
Oh ! vous devez être unique et incompris,
et non pas fou comme ces gens [...] le disent.

– Ce drame-ci, ce n'est rien ! Je te lirai tout ! Nous
 irons vivre à Paris
– nous aurons des noms de guerre bizarres –
Je vous aime, je vous aime, vous aime ! Habillez-vous !
Je suis sûr qu'elle joue comme un ange, comme un
 monstre.
Nous ferons sensation ! Habillez-vous ! Je me fiche
 aussi de mon trône !
Les morts sont morts ! Je vais voir du pays. Et Paris !
À moi la vie !

Ainsi donc, pauvre, pâle et piètre individu
Qui ne croit à son Moi qu'à ses moments perdus,
Je vis s'effacer ma fiancée
Emportée par le cours des choses
Telle l'épine voit s'effeuiller
Sous prétexte de soir
Sa meilleure rose.

Or, cette nuit anniversaire, Toutes
les Walkyries du vent sont revenues
beugler par les fentes de ma porte
Vae soli! Mais, ah! qu'importe?
Il fallait m'en étourdir avant!

Trop tard! ma petite folie
est morte.

Eh bien, ayant pleuré l'Histoire,
je veux vivre un brin heureux...
C'est trop demander, faut croire...

Phébus, tu as encor devant toi de beaux jours,
mais la tribu s'accroît de ces vieilles pratiques
de l'à quoi bon ?!...

O Hélène, j'erre en ma chambre
et tandis que tu prends le thé
là-bas dans l'or d'un fier septembre,
je frissonne pour ta santé !...

Ah, la lune ! La lune m'obsède.
Or, pas le cœur de me marier :
étant, moi, au fond, trop méprisable !
Et elles, pas assez intraitables !
Mais tout l'temps là à s'extasier
C'est pourquoi je vivote, vivote,
Trop nombreux pour dire oui ou non...
Je me sens trop fou. Marié,
Je tuerais la bouche de ma mie
et, à deux genoux, je lui dirais
ces mots bien louches :
mon cœur est trop, ah trop central !
et toi, tu n'es que chair humaine,
tu ne vas donc pas trouver mal
que je te fasse de la peine ! En vérité,
mieux ensemble on se pâme
moins on est d'accord.
En vérité, la vie est bien brève.

Je ne suis qu'une malheureuse, mais j'ai l'âme haut
    placée, qu'on le sache !
Dieu sait si j'en ai consommé, sur les planches, des
    héroïnes sublimes !
... Mais aussi que vous avez dû en faire souffrir !
Si vous saviez comme j'ai un grand cœur !
J'en ai assez de cette existence cynique et vide !
Demain je quitte tout ! Je reviens à Calais
et j'entre en religion
pour me consacrer aux pauvres blessées
de la guerre de Cent Ans !

Phrases, verroteries
caillots de souvenirs,
oh ! comme elle est maigrie !
Que vais-je devenir...

Oh, pardon, pardon, je ne l'ai pas fait exprès !
Ordonne-moi toutes les expiations ! Mais je suis si
 bon,
j'ai un cœur d'or, moi,
comme on n'en fait plus.
Tu me comprends, n'est-ce pas, toi ?

Je ne demande rien à personne, moi. Je suis sans un
 ami.
Je n'ai pas un ami qui pourrait raconter mon histoire,
un ami qui me précéderait partout
pour m'éviter les explications qui me tuent.
Je n'ai pas une fille qui saurait me goûter.
Ah, oui une garde-malade !
Une infirmière pour l'amour de l'art,
ne donnant ses baisers qu'à des mourants,
des gens in extremis,
qui ne pourraient par conséquent s'en vanter
 ensuite. Rien de cela !
Dès rentrés chez eux, les hommes et les femmes par
 couples
admireront mes scrupules d'existence,
mais ne les imiteront nullement
et n'en n'auront pas plus honte pour cela, entre
 eux,
d'homme aimé à femme aimée, dans leurs foyers !
Plus tard on m'accusera d'avoir fait école.

Comme je suis seul !
Et, vrai, l'époque n'y fait rien.
Je reviendrai parmi de braves gens
Je me marierai pour toujours
veux épouser une pauvre jeune fille.
Je veux me marier, oui !
Ç'aura été, de toutes mes idées,
la plus hamlétique.

Je ne peux pas voir les larmes des jeunes filles ! Oui,
faire pleurer une jeune fille il me semble
que c'est plus irréparable que l'épouser !
Parce que les larmes sont de la toute enfance.
Parce que verser des larmes cela signifie tout
simplement un chagrin si profond,
que toutes les années d'endurcissement social
et de raison crèvent et se noient
dans cette source rejaillie de l'enfance
de la créature primitive incapable de mal.
Il se fait tard. À demain les baisers et les théories...

– Maintenant, Kate, tu vas me dire pourquoi
ces larmes où je t'ai trouvée
Ô toi qui ne me connaissais pas hier
et trouves ce soir mes baisers
naturels

– Oh, non, jamais !

– Continue, Ophélie, continue !

– Eh bien, voilà : en m'habillant je me répétais le monologue à l'église, et soudain mon cœur a crevé de nouveau dans ses larmes, et je me suis laissée aller sur le plancher. Si tu savais comme j'ai un grand cœur ! Ah !, j'en ai assez de cette existence cynique et vide ! Demain je quitte tout, je reviens à Calais et j'entre en religion pour me consacrer aux pauvres blessés de la guerre de Cent Ans !

– ... Alors, tu crois que, devant un public
de capitale et aux lumières
l'effet serait renversant ?...
Et qu'on me regarderait passer dans les rues
en s'étonnant de mon allure triste ?

...Et que d'aucuns se tueraient
devant l'énigme de ma vie ?
Oui, je quitte aussi tout, oui, nous allons nous
    aimer,
je te lirai tout, nous irons
vivre à Paris !

– Non, Hamlet, non, ce n'est pas pour moi ; je veux
me retirer, entrer en religion, soigner les pauvres
blessés de la très lamentable guerre de Cent Ans...
Et prier pour toi !

– Jamais Kate, jamais ! Essuie tes yeux intéressants,
bâcle ta toilette. Je t'aime, je t'aime,
et tu me diras des nouvelles de cette immensité !
...Parbleu !, je n'étais qu'un écolier !
Il me manquait l'épreuve de la rampe.
Je n'ai pas encore donné le quart
De ce que j'ai dans le ventre... Et elle,
comme elle est carrément
et chimériquement belle :
et ses yeux qui tantôt savent tout, tout,
tantôt rien, rien.
Son être est trempé pour l'accomplissement de
    choses
dont on parlera dans mille ans.
Nous nous comprenons, nous ferons sensation.
Comme Ophélie, elle a cet air collet monté,

mais à elle, ça lui donne du montant : oui, je veux
 t'aimer
comme la vie !

– Je ne suis en effet pas mal ;
mais vous m'apprendrez à me connaître à fond.
Je suis si susceptible d'éducation !
Puis-je vous tutoyer aussi ?

Allons, ne te décourage pas, Kate, ça ira mieux à
 Paris,
tu verras. [l'oncle Claudius ne fera pas d'histoires,
pourvu que je m'éloigne... allons, allons...]

Ô Kate, si tu savais...
Ce drame-ci, ce n'est rien.
Je l'ai conçu et travaillé au milieu de
répugnantes préoccupations domestiques.
Mais j'en ai encore, là-haut.
Ah! tiens! Nous allons nous aimer! Oui,
nous partirons cette nuit!
Je te lirai tout. Nous irons
vivre à Paris!

Rappelle-toi – autrefois seul aux matins
quand tu te levais, café pris,
dans la chambre défaite
et sans faire ta toilette
Tu te renversais dans ton fauteuil
Suffoqué d'ennui, rêvant,
en regardant le lit Une
qui m'aimerait,
Ensemble, tout l'un à l'autre.
Elle seule au monde

Elle se lèverait, appâlie
Et circulerait,

Puis je ferais sa toilette
Je l'épongerai
Je la peignerai sans lui faire de mal,
Je lacerai son corset
L'habillant de choses claires
Puis on irait en bateau

Et une fois là
Au lieu d'en jouir
je rêverai, être seul !

Prendre le train
Aller voir des amis
déjeuner dans des cafés
Suivre les passants
Me perdre... me perdre

Je suis encore vierge ! Que vont dire mes amies ?! Comme elles vont être jalouses. Elles sont mariées à des philistins, pour elles cette chose est venue lourdement, brutalement, aussitôt après le bal, sans qu'elles s'y fussent préparées, avant qu'elles aient pu se reconnaître elles ont été exécutées, elles ont reçu cela comme le dernier coup de masse de cette journée de fatigue. Moi, me voilà reposée : mise en ardeur déjà par les étreintes de la nuit, avec toute une journée devant moi pour que mon imagination travaille et que mes nerfs s'affinent dans l'attente.
– Vraiment, ces artistes restent artistes en tout. Ah ! l'Art !, comme dit mon bon prince. Je suis heureuse ! Comme mes amies vont être jalouses !

... Mais à quelle heure s'est-il levé, lui ?... Il a travaillé ... Ça n'est pas amusant. Il faudra que je lise tous ses livres. Oh ! je vais l'aimer bien !

... Je n'aurai plus qu'à agir, qu'à signer!
Agir! Le tuer! Lui faire rendre gorge de sa vie!
Je me suis fait la main en tuant Polonius :
il m'espionnait caché derrière la tapisserie
du « Massacre des innocents »!
Tous contre moi! Et demain ce sera peut-être Laërte,
et après-demain le Fortimbras d'en face!
Agir. Il faut que je tue, Kate!... Ou que je m'évade
    d'ici!
Oh! M'évader, m'évader, m'évader!
Liberté, aimer, vivre, rêver.
Être célèbre loin d'ici!
Oh, chère *aurea mediocritas*!
Mais l'art est si grand,
et la vie est si courte!

– Un cœur rêveur par des regards
pur de tout esprit de conquête.
Je suis si exténué d'art !
Me répéter, quel mal de tête !...

– Ah ! j'en avais assez de cette existence de cloître...
Est-ce que tu ne me trouves pas un peu parcheminée ?!... Je t'aime sans autre souci que te plaire pour que tu m'adoptes. Et crois-tu que je n'aurai pas mes douleurs, moi aussi... ?

– Oh ! ne pleure pas ainsi ! ne pleure pas !
Fais-moi un sourire, chante-moi quelque chose.

– Tu t'en vas et tu nous laisses,
Tu nous laisses et tu t'en vas ;
Que ne suis-je morte à la messe !
Ô mois, ô linges, ô repas !
Mourir ?

– Mourir ! mourir ! Oh, je ne veux pas mourir !
Je veux voir toute la Terre.
Je veux savoir la vérité sur la jeune fille.

– Aime-moi à petit feu, inventorie-moi !

...Alas, poor Yorick!
C'était un garçon d'un humour assez infini – mon frère,
même mère pendant neuf mois –
Il fut quelqu'un... il se gobait...
Il avait le moi minutieux et retors. Où ça est-il passé ?
Ni vu, ni connu ! Plus même rien de son somnambulisme...
Il y avait une langue là-dedans ; ça grasseyait :
Good night, ladies ; good night, sweet ladies, good night... Ça chantait.
Il prévoyait (il fait le geste de lancer le crâne en avant)...
Il se souvenait (il fait le geste de lancer le crâne en arrière)
Il a parlé, il a rougi, il a bâillé !
Horrible, horrible, horrible !
J'ai peut-être encore vingt ans, trente ans à vivre,
et j'y passerai comme les autres...
Oh tout ! quelle misère, ne plus y être !
Ah ! Je veux dès demain partir,
m'enquérir par le monde des procédés

d'embaumement les plus adamantins !
Ah ! tout est bien qui n'a pas de fin !...
Ah ! que je m'ennuie supérieurement ! Eh bien,
qu'est-ce que j'attends ici ? La mort ! Moi,
mourir ?!...
C'est entendu, on meurt... Mais ne plus être...
Ne plus y être !... Des mots, des mots, des mots !
Mais qu'est-ce que donc il me faut,
si ceci me laisse froid... Assez !
Quand j'ai faim, j'ai faim,
quand j'ai soif, j'ai soif,
quand j'ai envie, j'ai envie !
Et alors, si l'idée de la mort me reste si lointaine,
c'est que la vie me tient en sa merci,
c'est que la vie me réclame,
et alors : ma vie, donc à nous deux !

Mon frère Yorick,
j'emporte votre crâne à la maison :
je lui ferai une belle place sur l'étagère de mes ex-voto,
entre un gant d'Ophélie et ma première dent.
Ah, comme je vais travailler cet hiver
avec tous ces faits ! J'ai de l'infini
sur la planche ! (*dans le tiroir !*)

Elle n'est pourtant pas si lourde ! Eh bien, oui, elle doit être gonflée d'eau comme une outre... Petite sale, repêchée à l'écluse ! Elle devait finir par là, ayant puisé sans méthode dans ma bibliothèque !... Pauvre, pauvre jeune fille ! Si maigre et si héroïque ! Si inviolée et si modeste ! Eh tant pis ! Patience ! C'est la débâcle ! la débâcle ! Le conquérant Fortimbras en eût fait demain sa maîtresse ; il est turc là-dessus ! Elle en serait morte de honte. Je la connais, l'ayant bien dressée ! Elle en serait décédée, ne laissant qu'une bien vilaine réputation de Belle-Hélène... tandis que, grâce à moi... Pauvre Ophélie ! Pauvre Lili... Mais l'art est si grand et la vie est si courte ! Et donc, alors, la peine que je ne pouvais manquer de lui faire la rendit si maigre, si maigre, que l'anneau d'alliance que je lui avais passé au doigt en tombait à chaque instant... Preuve céleste que... Et puis elle avait l'air par trop périssable... J'aurais dû lui crever les yeux et m'y laver les mains... Je dois me ménager !... Il eût été dommage qu'elle vieillît. Et maîtresse de Fortimbras, par-dessus ! Ah, Ophélie, Ophélie ! que n'étais-tu née ma compagne ?! Que n'étais-tu assez inconnue pour cela ?!... Je l'ai aidée à se faner, la Fatalité a fait le reste...

Elle avait un torse angélique... Que puis-je à tout cela, maintenant ?... Je donne dix ans de ma vie pour la ressusciter ! Dieu ne dit mot ! Adjugé ! C'est donc qu'il n'y a pas de Dieu ou bien que c'est moi qui n'ai même plus dix ans à vivre : la première hypothèse me semble la plus viable, et pour cause... Lili, Lili, pardonne-moi !... Ne pleure pas comme ça !

Ô fugacité de cette heure
Oh ! qu'il y eût moyen
de m'en garder l'âme
pour l'automne qui vient...

Ah ! que ne suis-je tombé à tes genoux !
Ah ! que n'as-tu défailli à mes genoux !
J'eusse été le modèle des époux !
Comme le frou-frou de ta robe
est le modèle des frou-frou.

* D'après un collage des textes de Jules Laforgue, *Œuvres complètes*, Lausanne, L'Âge d'homme (trois tomes), 1986, 1995, 2000.

Note. La traduction de ce texte a posé des problèmes identiques à ceux que pose en général la traduction de C.B., ce à quoi j'ai essayé de faire face. Plus précisément au sujet de *Hamlet suite*, puisqu'il ne s'agissait plus de traduire, mais de repérer, au millimètre près, les « prises d'intentions poétiques » que C.B. opère dans l'ensemble des œuvres de Laforgue. Ce travail a été très laborieux. C.B. souhaitait que ce texte paraisse dans sa version double, française et italienne, pour la beauté et la force du texte, mais surtout pour souligner les phases vocales qui le rassemblent en une œuvre non pas de reprise, mais de pleine autonomie, comme le moment le plus précieux d'une élaboration théâtrale des textes : je renvoie aux œuvres en italien, et surtout au CD de *Hamlet Suite* offert avec ce colume, qui, grâce à la tendresse et à la générosité de Paul Otchakovsky-Laurens, en collaboration avec Piergiorgio Giacchè et la fondation « L'Immemoriale di Carmelo Bene », a permis de répondre au souhait de l'Auteur.

Bibliographie

ÉCRITS DE CARMELO BENE

Pinocchio, Manon e *Proposte per il teatro* [Pinocchio, Manon et Propositions pour le théâtre], Milan, Lerici, 1964.

Nostra Signora dei Turchi, Milan, Sugar, 1966, (réédité avec une préface de U. Volli, Milan, SugarCo, 1978). *Notre-Dame-des-Turcs*, préface de J.-P. Manganaro, « Homo illudens », in *Œuvres complètes*, t. I, Paris, P.O.L, 2003.

Con Pinocchio sullo schermo (e fuori) e *cinque brani della sceneggiatura* [Avec Pinocchio sur l'écran (et *en dehors*) et cinq morceaux du scénario], avec une préface de C. Augias, Milan, « Sipario », n° 244-245, août-septembre 1966, p. 92-96.

Credito Italiano VERDI [Crédit Italien VERDI], Milan, Sugar, 1967.

Arden of Feversham reproposé tel quel par Carmelo Bene et Salvatore Siniscalchi, Milan, « Sipario », n° 259, novembre 1967, p. 36-39.
Arden of Feversham, in *Œuvres complètes*, t. II, Paris, P.O.L, 2004.

A proposito di Kenneth Tynan [À propos de Kenneth Tynan], Milan, « Teatro », n° 3-4, été-automne 1968, p. 72-74.

Comunicativa e corruzione [Communication et corruption], Milan, « Teatro », n° 1 (deuxième série), 1969, p. 64-67.

L'orecchio mancante [L'oreille qui manque], Milan, Feltrinelli, 1970; quelques passages traduits in *Carmelo Bene*, Paris, Dramaturgie, 1977.

A boccaperta [La bouche ouverte], Einaudi, Torino, 1976 (contient : *Giuseppe Desa da Copertino; A boccaperta; S.A.D.E. ovvero libertinaggio e decadenza del complesso bandistico della gendarmeria salentina. Spettacolo in due aberrazioni; Ritratto di signora del cavalier Masoch per intercessione della beata Maria Goretti. Spettacolo in due incubi)* [Giuseppe Desa da Copertino; La bouche ouverte; *S.A.D.E. ou libertinage et décadence de la fanfare de la gendarmerie salentine. Spectacle en deux aberrations;* Portrait de dame du chevalier Masoch par intercession de la bienheureuse Maria Goretti. Spectacle en deux cauchemars.]
(Réédition uniquement de *A boccaperta*, Milan, Linea d'ombra, 1993.)

S.A.D.E. (Extrait), « Travail théâtral », n° 27, Lausanne, avril-juin 1977, p. 85-89.

S.A.D.E. ou libertinage et decadence de la fanfare de la gendarmerie salentine. Spectacle en deux aberrations, traduction française in *Carmelo Bene*, Paris, Dramaturgie, 1977.

Il rosa e il nero, in F. Quadri, *L'avanguardia teatrale in Italia*, Einaudi, Torino, 1977, p. 71-128 (réédité par Giusti, Florence, 1979); *Le Rose et le Noir*, in *Œuvres complètes*, Paris, t. II, P.O.L, 2004.

Carmelo Bene, Paris, Dramaturgie, 1977 (contient un ensemble d'articles sur C.B., la traduction française de *S.A.D.E.*, par J.-P. Manganaro et D. Dubroca, un entretien avec C. Bene et une anthologie de quelques-uns de ses écrits *in* « Fragments »).

La Salomè di Oscar Wilde [Salomé d'Oscar Wilde], Rome, Edizioni della Rai per il XXIX Premio Italia, septembre 1977.

Fragments pour un auto-portrait, « Les Nouvelles littéraires », Paris, 22 septembre 1977.

Non fate il mio nome invano [Ne me nommez pas en vain], Rome, « Paese Sera », 28 mai 1978.

Discorso sull'attore (1) [Discours sur l'acteur, (1)], Rome, « Paese Sera », 10 juillet 1978.

Discorso sull'attore – l'avvento della donna (2) [Discours sur l'acteur, – l'avènement de la femme (2)], Rome, « Paese Sera », 17 juillet 1978.

Piccola storia dell'attore – Tra cerimonia e verità (3) [Petite histoire de l'acteur – Entre cérémonie et vérité (3)], Rome, « Paese Sera », 20 juillet 1978.

Pinocchio, Florence, Giusti, 1978.

Caro critico, ma tu credi il mio teatro educativo? [Mon cher critique, tu penses que mon théâtre est éducatif?], Turin, « La Stampa », 16 février 1979.

C. Bene – G. Deleuze, *Sovrapposizioni. Riccardo III di Carmelo Bene. Un manifesto di meno di Gilles Deleuze*, Milan,

Feltrinelli, 1978. Nouvelle édition avec un dossier de photographies par Quodlibet, Macerata, 2002).
Superpositions. Richard III de C.B. Un Manifeste de moins de G. Deleuze, Paris, Minuit, 1978.

Manfred, Florence, Giusti, 1980.

Otello, o la deficienza della donna (avec des essais critiques de G. Deleuze, G. Dotto, M. Grande, V Klossowski, J.-P. Manganaro), Milan, Feltrinelli, 1981.
Othello ou la déficience de la femme, in Œuvres complètes, t. II, Paris, P.O.L, 2004.

La voce di Narciso [La voix de Narcisse], édité par S. Colomba (avec des textes de S. Colomba, M. Grande, A. Signorini), Milan, Il Saggiatore, 1982.

Sono apparso alla Madonna. Vie d'(h)eros(es), autobiographie [Je suis apparu à la Madone. Vie d'(h)eros(es), autobiographie], Milan, Longanesi, 1983.

Macbeth. Libretto e versione da Shakespeare di Carmelo Bene, in « Macbeth » (programma), 1983.
Macbeth. Livret et version d'après Shakespeare de C.B. (préfacé et post-facé par J.-P. Manganaro), Paris, Dramaturgie, 1996. Nouvelle édition *in Œuvres complètes*, t. II, Paris, P.O.L, 2004.

C. Bene - C. Di Leva, *L'Adelchi o della volgarità del politico* [*Adelchi* ou la vulgarité du politique], Milan, Longanesi, 1984.

AA.VV., La ricerca impossibile, Biennale Teatro '89 [La recherche impossible, Biennale Teatro Venise 1989], introduction de D. Ventimiglia (avec des textes d'U. Artioli,

C. Dumoulié, E. Fadini, M. Grande, J.-P. Manganaro, A. Scala), Venise, Marsilio, 1990.

Il teatro senza spettacolo [Le théâtre sans spectacle] (avec des essais critiques de U. Artioli, C. Dumoulié, E. Fadini, M. Grande, P. Klossowski, J.-P. Manganaro, A. Scala), Venise, Marsilio, 1990.

Lorenzaccio (con un saggio critico di M. Grande, « La grandiosità del vano »), Rome, Nostra Signora Editrice, 1992.
Lorenzaccio, in *Œuvres complètes*, t. II, Paris, P.O.L, 2004.

Brutti matti : « *Dove sta Zazà. Rivista di cultura meridionale* » [Sales fous : où est donc Zaza. Revue de culture méridionale], n° 3-4, Naples, Pironti, 1994.

Vulnerabile invulnerabilità, Necrofilia in Achille. Poesia orale su scritto incidentato. Versioni da Stazio Omero Kleist, Rome, Nostra Signora Editrice, 1994.
Penthésilée ou bien de la vulnérable invulnérabilité et de la nécrophilie chez Achille. Poésie orale sur un écrit gravé par accident. Versions d'après Stace Homère Kleist, in *Œuvres complètes*, t II, Paris, P.O.L, 2004.

Œuvres, avec *l'Autographie d'un portrait*, Milan, Bompiani, 1995 (contient *l'opera omnia* de C. Bene, sélectionnée et révisée par l'auteur, ainsi qu'une anthologie critique).
Œuvres complètes, Paris, P.O.L en trois tomes, *Notre-Dame-des-Turcs* suivi de *l'Autographie d'un portrait* (t. I) 2003; *Théâtre* (t. II), 2004.

C. Bene - E. Ghezzi, *Discorso su due piedi (Il Calcio)* [Discours sur deux pieds (Le Football)] Milan, Bompiani, 1998.

C. Bene - G. Dotto, *Vita di Carmelo Bene* [Vie de Carmelo Bene], Milan, Bompiani, 1998.

'l mal de' fiori. Poema [Le mal des fleurs. Poème], Milan, Bompiani, 2000.

LES SPECTACLES DE CARMELO BENE

Théâtre

Caligola [*Caligula*], de A. Camus (1re édition), texte italien de C. Bene et A. Ruggiero. Mise en scène de A. Ruggiero. Scènes et costumes de T. Vossberg. Interprètes principaux : C. Bene, A. Salines, E Millanta. Rome, Teatro delle Arti, 1959.

Spettacolo-concerto Majakovskij [Spectacle-concert Maïakovski] (1re édition). Mise en scène de C. Bene. Musiques live de S. Bussotti. Protagoniste soliste : C. Bene. Bologne, Teatro alla Ribalta, 1960.

Caligola de A. Camus (2e édition). Mise en scène de C. Bene. Décors de G. Bignardi. Interprète principal : C. Bene. Gênes, Teatro Politeama, 1961.

Lo strano caso del Dottor Jekill e del Signor Hyde [*Le Docteur Jekyll et M. Hyde*], d'après R.L. Stevenson, deux actes de C. Bene. Mise en scène de C. Bene. Décors de G. Bignardi. Interprète principal : C. Bene. Gênes, Teatro la Borsa d'Arlecchino, 1961.

Tre atti unici [Trois actes uniques], de M. Barlocco. Mise en scène de C. Bene. Interprète principal : C. Bene. Gênes, Teatro E. Duse, mai 1961.

Gregorio : cabaret dell'800 [Gregorio : cabaret du XIXe siècle], de C. Bene. Mise en scène de C. Bene. Décors de S. Vendittelli. Interprètres : C. Bene, R. B. Scerrino, N. Casale, M. Nevastri, P. Faloja. Rome, Teatro Ridotto dell'Eliseo, 1961.

Pinocchio, d'après C. Collodi (1re édition). Adaptation, mise en scène, décors et costumes de C. Bene. Interprètes principaux : C. Bene, R. B. Scerrino, G. Lavagetto. Rome, Teatro Laboratorio, 1961.

Amleto, d'après W. Shakespeare (1re édition). Mise en scène, décors et costumes de C. Bene. Interprètes : C. Bene, R. B. Scerrino, C. Sonni, L. Mezzanotte. Rome, Teatro Laboratorio, 1961.

Spettacolo-concerto Majakovskij (2e édition). Mise en scène de C. Bene. Musiques live de A. Rosselli. Protagoniste soliste : C. Bene. Rome, Teatro Laboratorio, 1962.

Spettacolo-concerto Majakovskij (3e édition). Mise en scène de C. Bene. Musiques live de G. Lenti. Protagoniste soliste : C. Bene. Rome, Teatro Laboratorio, 1962.

Addio porco [Adieu, salaud] (2e édition revue de *Gregorio : cabaret dell'800)*. Texte et mise en scène de C. Bene. Interprètes principaux : C. Bene, R. B. Scerrino, L. Mezzanotte. Rome, Teatro Laboratorio, 1963.

Cristo '63 [Christ 1963], de C. Bene. Mise en scène de

C. Bene. Interprètes principaux : C. Bene, A. Greco.
Rome, Teatro Laboratorio, 1963.

Edoardo II, [Édouard II], d'après C. Marlowe. Mise en scène, décors et costumes de C. Bene. Interprètes principaux : C. Bene, L. Mezzanotte, M. Francis, H. Cameron, G. Ricci. Rome, Teatro Arlecchino, 1963.

I polacchi (Ubu Roi), de A. Jarry. Mise en scène, décors et costumes de C. Bene. Interprètes principaux : C. Bene, L. Mezzanotte, E. Torricella, A. Vincenti. Rome, Teatro dei Satiri, 1963.

Salomé, de et d'après O. Wilde. Mise en scène de C. Bene. Décors de S. Vendittelli. Costumes de C. Bene. Interprètes principaux : C. Bene, R. B. Scerrino, A. Vincenti, F. Citti. Rome, Teatro delle Muse, 1964.

La storia di Sawney Bean [L'histoire de Sawney Bean], de R. Lerici. Mise en scène, décors et costumes de C. Bene. Interprètes principaux : C. Bene, L. Mancinelli, L. Mezzanotte. Rome, Teatro delle Arti, 1964.

Manon, d'après le roman de l'Abbé Prévost. Mise en scène, décors et costumes de C. Bene. Interprètes principaux : A. Vincenti, R. B. Scerrino, L. Mancinelli. Rome, Teatro Arlecchino, 1964.

Faust o Margherita [Faust ou Marguerite], de C. Bene et E. Cuomo. Mise en scène de C. Bene. Décors de S. Vendittelli. Costumes de C. Bene. Interprètes : C. Bene, L. Mancinelli, M. Tempesta, P. Vida, A. Angelucci, M. Kustermann, V. Nardone, R. Vadacea. Rome, Teatro dei Satiri, 1966.

Pinocchio '66, d'après C. Collodi (2ᵉ édition). Mise en scène de C. Bene. Interprète principal : C. Bene. Rome, Teatro Centrale, 1966.

Il rosa e il nero, invenzione da Il Monaco *di M.G. Lewis.* Adaptation et mise en scène de C. Bene. Décors de S. Vendittelli. Costumes de C. Bene. Musiques de S. Bussotti et V. Gelmetti. Interprètes : C. Bene, M. Monti, L. Mancinelli, S. Spaccino, O. Ferrari, M. Spaccialbelli. Rome, Teatro delle Muse, 1966.

Le Rose et le Noir. Invention à partir de Le Moine *de M.G. Lewis, in Œuvres complètes*, t. II, Paris, P.O.L, 2004.

Nostra Signora dei Turchi [Notre-Dame-des-Turcs], de C. Bene (1ʳᵉ édition). Mise en scène de C. Bene. Interprètes : C. Bene, L. Mancinelli, M. Puratich. Rome, Teatro Beat 72, 1966.

Amleto o le conseguenze della pietà filiale, d'après W. Shakespeare et J. Laforgue (2ᵉ édition). Mise en scène de C. Bene. Interprètes : C. Bene, A. Bocchetta, P. Napolitano, P. Prete, A. Moroni, L. Mezzanotte, E. Florio, C. Tatò, L. Mancinelli, M. Puratich, M. Nevastri. Rome, Teatro Beat 72, 1967.

Salvatore Giuliano, vita di una rosa rossa [Salvatore Giuliano, vie d'une rose rouge], de N. Massari. Mise en scène de C. Bene. Interprètes : L. Mezzanotte, L. Mancinelli, C. Tatò. Rome, Teatro Beat 72, avril 1967.

Arden of Feversham, d'un anonyme élisabéthain. Réélaboration de C. Bene et S. Siniscalchi. Mise en scène de C. Bene. Interprètes : C. Bene, G. Davoli, M. Nevastri, L. Mancinelli, F. Gulà, N. Davoli, A. Vincenti. Rome, Teatro Carmelo Bene, 1968.

Arden of Feversham, in *Œuvres complètes*, t. II, Paris, P.O.L, 2004.

Spettacolo–concerto Majakovskij (4e édition). Mise en scène de C. Bene. Musiques live de V. Gelmetti. Protagoniste soliste : C. Bene. Rome, Teatro Carmelo Bene, 1968.

Don Chisciotte [Don Quichotte], de M. de Cervantes y Saavedra, par C. Bene et L. de Berardinis. Interprètes : C. Bene, L. Mancinelli, L. de Berardinis, P. Peragallo, C. Colosimo, G. d'Arpe, C. Orsi. Rome, Teatro delle Arti, 1968.

Nostra Signora dei Turchi (2e édition), de C. Bene. Mise en scène de C. Bene. Scene de G. Marotta. Interprètes : C. Bene, I. Marani, I. Russo, A. Vincenti, B. Baratti, F. Lombardo, G. Scala. Rome, Teatro delle Arti, 1973.

La cena delle beffe, [Le dîner des dupes], d'après S. Benelli selon C. Bene (1re édition). Mise en scène, décors et costumes de C. Bene. Musiques de V. Gelmetti. Compagnia del Teatro Stabile dell'Aquila. Interprètes : C. Bene, L. Proietti, L. Mancinelli, M. Fedele, A. Haber, F. Leo, A. B. Dakar, R. Lattanzio, C. Colombo, R. Caporali, S. Ranieri, I. Russo, C. Cassola, S. Nelli. Florence, Teatro la Pergola, 1974.

S.A.D.E. ovvero libertinaggio e decadenza del complesso bandistico della gendarmeria salentina, de C. Bene. Mise en scène de C. Bene. Décors et costumes de G. Bignardi. Musiques de S. M. Romitelli. Interprètes : C. Bene, C. Cinieri, L. Mancinelli, L. Cante, F. De Rosa, M. Fedele, S. Nelli, G. Castronuovo, E. Cosolito, W. Francesconi, V. Iadicicco, I. Russo, G. Tieghi,

A. Vincenti, V. Waiman. Orchestre dirigée par L. Zito. Milan, Teatro Manzoni, 1974. [Joué à Paris, Festival d'Automne et Dramaturgie, Opéra-Comique, 1977.]

Amleto, de C. Bene (de Shakespeare à Laforgue) (3e édition). Mise en scène, décors et costumes de C. Bene. Interprètes : C. Bene, A. Vincenti, L. Mezzanotte, L. Mancinelli, F. Leo, P. Baroni, B. Buccellato, M. N. de Cristofano, M. Fedele, M. A. Nobécourt, M. L. Serena, M. Tagliaferri, V. Venturini. Prato, Teatro Metastasio, 1975.

Faust Marlowe Burlesque, de A. Trionfo et L. Salveti. Mise en scène de A. Trionfo. Décors de E. Luzzati. Costumes de G. Panni. Teatro Stabile di Torino. Interprètes : C. Bene, F. Branciaroli. Prato, Teatro Metastasio, 1976.

Romeo e Giulietta (storia di Shakespeare) secondo Carmelo Bene [Roméo et Juliette (histoire de Shakespeare) selon Carmelo Bene]. Collaborateurs au texte et à la traduction : R. Lerici et F. Cuomo. Mise en scène, décors et costumes de C. Bene. Musiques originales de L. Zito. Bande-son de C. Bene. Maître d'armes : E. Musumeci Greco. Interprètes : C. Bene, L. Mezzanotte, L. Mancinelli, E. Florio, F. Branciaroli, P. Baroni, M. Brancaccio, A. Vincenti, M. Bronchi, L. Bosisio, R. Lerici, B. Lerici, L. D'Angelo. Prato, Teatro Metastasio, 1976. [Joué à Paris, Festival d'Automne et Dramaturgie, Opéra-Comique, 1977.]

Riccardo III (da Shakespeare) secondo Carmelo Bene. Mise en scène, décors et costumes de C. Bene. Musiques originales de L. Zito. Colonne sonore de C. Bene. Interprètes : C. Bene, L. Mancinelli, M. G. Grassini, D. Silverio, S. Javicoli, L. Morante, M. Boccuni. Cesena, Teatro Bonci, 1977.

Richard III (d'après Shakespeare) selon Carmelo Bene, in *Superpositions*, Paris, Minuit, 1978; nouvelle édition in *Œuvres complètes*, t. II, Paris, P.O.L, 2004.

Otello (da Shakespeare) secondo Carmelo Bene. Collaboration au texte de C. Cinieri. Mise en scène, décors et costumes de C. Bene. Musiques de L. Zito. Interprètes : C. Bene, C. Cinieri, L. Bosisio, J.-P. Boucher, C. Dell'Aguzzo, L. Dotti, S. Javicoli, M. Martini. Rome, Teatro Quirino, 1979.

Manfred, poème dramatique de Byron. Version italienne et adaptation de C. Bene. Musiques de R. A. Schumann. Mise en scène de C. Bene. Protagoniste : C. Bene, avec la participation de L. Mancinelli. Orchestre et chœur de l'Académie de S. Cecilia dirigés par V. Bellugi. Rome, Auditorium di Via della Conciliazione, 1979.

Spettacolo-concerto Majakovkij (Blok-Essenin-Majakovkij-Pasternak) (5ᵉ édition). Mise en scène de C. Bene. Musiques de G. Giani Luporini. Percussions live : A. Striano. Protagoniste soliste : C. Bene. Pérouse, Teatro Morlacchi, 1980.

Hyperion, de B. Maderna, suite de l'opera (d'après F. Hölderlin) pour flûte, hautbois, voix récitante, chœur et orchestre. Traduction italienne et adaptation de C. Bene. Orchestre et chœur de l'Accademia di S. Cecilia dirigés par M. Panni. Solistes : A. Persichilli (flûte), A. Lippi (hautbois). Voix soliste : C. Bene. Rome, Auditorium di Via della Conciliazione, 1980.

Divina Commedia « *Lectura Dantis* » *per voce solista* [Divine Comédie « Lectura Dantis » pour voix soliste]. Musiques d'introduction de S. Sciarrino. Flûte soliste : D. Bellugi. Voix soliste : C. Bene. Bologne, Torre degli Asinelli, 1981. [Joué à Paris, Théâtre de l'Odéon et Dramaturgie, Théâtre de l'Odéon, 1996.]

Lectura Dantis e Eduardo recita Eduardo [Lectura Dantis *et* Eduardo joue Eduardo], récital de C. Bene et E. De Filippo. Rome, Palaeur, 1981.

Pinocchio (Storia di un burattino) [Pinocchio (Histoire d'un pantin)], d'après C. Collodi (3e édition). Mise en scène, décors et costumes de C. Bene. Musiques de G. Giani Luporini. Instrumentation phonique : S. Maenza. Masques de O. Gianese. Protagoniste : C. Bene (avec la participation de L. Mancinelli et des frères Mascherra). Pise, Teatro Verdi, 1981.

Canti Orfici, poesia e musica (per Dino Campana) [Chants Orphiques, poésie et musique (pour Dino Campana)]. Voix soliste : C. Bene. Guitare soliste : F. Cucchi. Milan, Palazzo dello Sport, 1982.

Macbeth, due tempi di Carmelo Bene da Shakespeare. Mise en scène, décors et costumes de C. Bene. Musique de G. Verdi. Instrumentation phonique : S. Maenza. Orchestration et direction : L. Zito. Interprètes : C. Bene, S. Javicoli. Milan, Teatro Lirico, 1983. [Joué à Paris, Festival d'Automne et Dramaturgie, Théâtre de Paris, 1983.]

Egmont (un ritratto di Goethe) [Egmont (un portrait de Goethe)], version italienne et élaboration pour concert de C. Bene. Musiques de L. van Beethoven. Orchestre de l'Accademia di S. Cecilia dirigé par G. Albrecht. Voix soliste : C. Bene. Rome, Accademia di S. Cecilia, Piazza del Campidoglio, 1983.

Mi presero gli occhi [Ils m'ont aveuglé], d'après F. Hölderlin et G. Leopardi. Musiques de G. Giani Luporini. Voix soliste : C. Bene. Turin, Teatro Colosseo, 1983.

L'Adelchi di A. Manzoni (in forma di concerto) [Adelchi de A. Manzoni (en forme de concert)]. Une étude de C. Bene et G. Di Leva pour le bicentenaire de la naissance d'Alessandro Manzoni. Mise en scène de C. Bene. Musiques de G. Giani Luporini. Orchestre et chœur de la RAI de Milan dirigés par E. Collina. Percussions live : A. Striano. Interprètes : C. Bene, A. Perino. Milan, Teatro Lirico, 1984.

Otello, de William Shakespeare selon Carmelo Bene (2e édition). Mise en scène, décors et costumes de C. Bene. Musiques de L. Zito. Interprètes : C. Bene, C. Borgogni, V. De Margheriti, B. Fazzini, I. George, F. Mascherra, A. Perino, M. Polla De Luca. Pise, Teatro Verdi, 1985.

Lorenzaccio, al dilà di de Musset e Benedetto Varchi [Lorenzaccio, au-delà de Musset et de Benedetto Varchi], texte et mise en scène de C. Bene. Interprètes : C. Bene, I. George, M. Contini. Florence, Ridotto del Teatro Comunale, 1986.
Lorenzaccio, in Œuvres complètes, t. II, Paris, P.O.L, 2004.

Canti [Chants] de G. Leopardi. Voix soliste : C. Bene. Recanati, Piazza Leopardi, 1987.

Hommelette for Hamlet, operetta inqualificabile (da J. Laforgue), de C. Bene (5ᵉ édition). Mise en scène de C. Bene. Décors et costumes de G. Marotta. Musiques originales adaptées et dirigées par L. Zito. Prothèses sculptées de G. Gianese. Interprètes : C. Bene, U. Trama, M. Polla De Luca, A. Brugnini, S. De Santis, O. Cattaneo, W. Esposito, F. Felici, L. Fiaschi, D. Riboli, A. Zuccolo. Bari, Teatro Piccinni, 1987.
Hommelette for Hamlet, opérette inqualifiable (d'après J. Laforgue), in *Œuvres complètes*, t. II, Paris, P.O.L, 2004.

La cena delle beffe [Le dîner des dupes], d'après S. Benelli, selon Carmelo Bene (2ᵉ édition). Mise en scène et costumes de C. Bene. Musiques de L. Ferrero. Interprètes : C. Bene, D. Zed, R. Baracchi, A. Brugnini, S. De Santis, D. Riboli. Voix de Ginevra : S. Javicoli. Milan, Teatro Carcano, 1989.

Pentesilea, la macchina attoriale – attorialità della macchina, momento n. 1 del progetto-ricerca « Achilleide, da Stazio, Kleist, Omero e post-omerica [Penthésilée, la machine actoriale – actorialité de la machine, moment n° 1 du projet-recherche Achilléide, d'après Stace, Kleist, Homère et post-homérique]. Voix soliste : C. Bene. Rome, Teatro Olimpico, 19 mai 1990.

Hamlet-suite, spectacle-concert d'après J. Laforgue (5ᵉ édition). Collage de textes et musique de C. Bene. Mise en scène de C. Bene. Costumes de L. Viglietti. Interprètes : C. Bene, M. Chiarabelli, P. Boschi. Vérone, 36ᵉ Festival shakespearien, Teatro Romano, 1994.

Macbeth-Horror Suite (2ᵉ édition), de Carmelo Bene d'après William Shakespeare, pour le centenaire de la naissance de A. Artaud. Mise en scène de C. Bene.

Musique de G. Verdi. Décors de T. Fario. Costumes de L. Viglietti. Interprètes : C. Bene, S. Pasello. Rome, Festival d'Autunno, Teatro Argentina, 1996. [Joué à Paris, Festival d'Automne et Théâtre de l'Odéon, 1996.]

L'Adelchi di A. Manzoni (spettacolo in forma di concerto), à la mémoire de A. Striano (2e édition). Mise en scène de C. Bene. Musiques de G. Giani Luporini. Costumes de L. Viglietti. Interprètes : C. Bene, E. Pozzi. Rome, Teatro Quirino, 1997.

Voce dei Canti – Giacomo Leopardi (spettacolo in forma di concerto) [Voix des *Chants* – Giacomo Leopardi (spectacle en forme de concert)]. Musiques de G. Giani Luporini. Piano live : S. Bergamasco. Voix soliste : C. Bene. Rome, Teatro Olimpico, 1997.

Pinocchio, ovvero lo spettacolo della Provvidenza [Pinocchio, ou le spectacle de la Providence]. Réduction et adaptation d'après C. Collodi (4e edizione). Mise en scène de C. Bene. Musiques de G. Giani Luporini. Scènes et masques de T. Fario. Costumes de L. Viglietti. Interprètes : C. Bene, S. Bergamasco. Voix en play-back de C. Bene et L. Mancinelli. Rome, Teatro dell'Angelo, 1998.

Gabriele D'Annunzio – Concerto d'autore (Poesia da « La figlia di Iorio) [Gabriele D'Annunzio – Concert d'auteur (Poème de « La Fille de Jorio »)], d'après G. D'Annunzio, adaptation de C. Bene. Musiques de G. Giani Luporini. Scènes de T. Fario. Costumes de L. Viglietti. Voix soliste : C. Bene. Rome, Teatro dell'Angelo, 1999.

In-vulnerabilità d'Achille. Impossibile suite tra Ilio e Sciro [In-vulnérabilité d'Achille. Suite impossible entre Ilion et

Scyros], textes et versions lyriques de Carmelo Bene à partir de Stace, Kleist, Homère, spectacle-(dé)concert en un moment. Mise en scène et arrangements musicaux de C. Bene. Décors de T. Fario. Costumes de L. Viglietti. Interprète : C. Bene. Rome, Teatro Argentina, 2000.

Lectura Dantis, voix récitante : Carmelo Bene; contrebasse-live : F. Grillo. Otrante, Fossato del Castello, 5 septembre 2001.

Cinéma

Barocco leccese [Baroque de Lecce], 1967 (moyen métrage, 10 mn). Mise en scène de C. Bene, Italie, couleur.

A proposito di « Arden of Feversham » [À propos d'« Arden of Feversham »], 1968 (moyen métrage, env. 20 mn). Mise en scène de C. Bene et S. Siniscalchi. Directeur de la photographie : G. Albonico. Production Nexus Film. (Introuvable : le négatif a été repéré à la Cineteca Nazionale, mais sans la bande-son.)

Hermitage, 1968 (moyen métrage, 25 mn). Écrit et dirigé par C. Bene. Photographie : G. Albonico. Montage : P. Giomini. Musique : V. Gelmetti. Interprètes : C. Bene, L. Mancinelli. Production Nexus Film, Italie, couleur.

Nostra Signora dei Turchi [Notre-Dame-des-Turcs], 1968 (long métrage, 124 mn). Mise en scène : C. Bene. Photographie : M. Masini. Effets spéciaux : R. Marinelli. Montage : M. Contini. Musiques coordonnées par C. Bene : P. I. Tchaïkovski (*Capriccio italien op. 45*),

G. Donizetti (*Lucia di Lammermoor*), M. Moussorgski (*Une nuit sur le mont Chauve* et *Tableaux d'une exposition*), C. Gounod (*Faust*), G. Puccini (*Manon Lescaut* et *La Fanciulla del West*), S. Rachmaninov (*Concerto n. 2 pour piano et orchestre*), G. Rossini (*La Pie voleuse*) I. Stravinski (*Petrouchka*), G. Verdi (*Un bal masqué* et *La Traviata*), citation des thèmes de *Lawrence d'Arabie* de M. Jarre et *Le Troisième homme* de A. Karas. Interprètes : C. Bene, L. Mancinelli, O. Ferrari, A. Masini, S. Siniscalchi, V. Musso. Production C. Bene, Italie, couleur. Prix spécial du jury du 29e Festival de Venise 1968 (« pour la totale liberté avec laquelle il a exprimé sa force créative grâce au support cinématographique »).

Capricci, d'après *Arden of Feversham*, 1969 (long métrage, 95 mn). Mise en scène : C. Bene. Photographie et montage : M. Contini. Musiques coordonnées par C. Bene : P.I. Tchaïkovski (*Capriccio italien op. 45*), G. Puccini (*La Bohème*), G. Verdi (*Macbeth* et *La Traviata*). Interprètes : C. Bene, A. Wiazemsky, T. Caputo, G. Davoli, O Ferrari, G. Fusco, P. Bendandi, F. Gulà, M. Nevastri, P. Vida, M. Lagneau. Production BBB (Barcelloni, Bene, Brunet), Italie, couleur. Présenté au 22e Festival de Cannes 1969, Quinzaine des réalisateurs.

Ventriloquio [Ventriloque], 1970 (moyen métrage, 17 mn). Mise en scène : C. Bene. Montage : M. Contini. Interprètes : C. Bene, L. Mancinelli. Production C. Bene. (Perdu.)

Don Giovanni, d'après *Le Plus Bel Amour de Don Juan* de Barbey d'Aurevilly, 1971 (long métrage, 70 mn). Mise en scène : C. Bene. Photographie : M. Masini. Montage :

M. Contini. Décors : S. Vendittelli. Musiques coordonnées par C. Bene : G. Bizet (*Carmen*), G. Donizetti (*Don Pasquale*), W. A. Mozart (*Don Giovanni*), M. Moussorgski (*Tableaux d'une exposition*), S. S. Prokofiev (*Alexandre Nevski*), G. Verdi (*Simon Boccanegra*). Interprètes : C. Bene, L. Mancinelli, V. Bodini, G. Marotta, M. Contini. Voix over : J. Francis Lane. Production C. Bene, Italie, couleur.

Salomé, 1972 (long métrage, 80 mn). Mise en scène, sujet et scénario : C. Bene (librement adapté de *Salomé* d'Oscar Wilde). Scènes et dialogues : C. Bene. Photographie : M. Masini. Montage : M. Contini. Musiques coordonnées par C. Bene : J. Brahms (*Ein Deutsches Requiem*) F. P. Schubert (*Symphonie n° 8, Inachevée*) J. Sibelius (*Valse triste*), R. Strauss (*Danse des sept voiles*). Interprètes : C. Bene, L. Mancinelli, A. Vincenti, D. Luna, Veruschka, P. Vida, F. Leo, G. Davoli, T. Galleés, O. Ferrari, G. Marotta. Cinecittà, Production C. Bene, Italie, couleur.

Un Amleto di meno [Un Hamlet de moins], 1973 (long métrage, 70 mn). Mise en scène, sujet et scénario : C. Bene (librement adapté de *Hamlet, ou les suites de la piété filiale* de Jules Laforgue, 1877). Scènes et costumes : C. Bene. Photographie : M. Masini. Montage : M. Contini. Musiques coordonnées par C. Bene : M. Moussorgski (*Tableaux d'une exposition*), G. Rossini (Ouvertures : *La Pie voleuse, Le Turc en Italie, L'Italienne en Alger*), I. F. Stravinski (*L'histoire du soldat*), R. Wagner (*Tannhäuser*). Interprètes : C. Bene, L. Mancinelli, A. Vincenti, P. Tuminelli, F. Leo, I. Russo, L. Cante, L. Mezzanotte. Cinecittà, Production C. Bene, Italie, couleur.

Discographie

Il Teatro Laboratorio Majakovskij e Garcia Lorca [Le Théâtre Laboratoire Maïakovski et Garcia Lorca]. Voix soliste C. Bene, musiques de G. Lenti, RCA Edizioni Letterarie, Rome, 1962.

Una nottata di Carmelo Bene con Romeo, Giulietta e compagni, [Une nuit de Carmelo Bene avec Roméo, Juliette et compagnie], par R. Lerici (enregistrements au cours des répétitions de *Roméo et Juliette* au Teatro Valle, 1976), Audiolibri Mondadori, Milano, 1976.

Manfred-Byron-Schumann, poème dramatique de G. G. Byron, musiques de R. Schumann. Traduction italienne, mise en scène et voix soliste : C. Bene, et avec L. Mancinelli (voix récitante), S. Baleani (soprano), W. Borelli (mezzo), E. Buoso (ténor), C. Del Bosco (basse). Orchestre et chœur du Teatro alla Scala, directeur D. Renzetti, directeur du chœur R. Gandolfi. Production de S. Maenza ; directeur musical de l'enregistrement F. Miracle ; direction du mixage C. Bene. Enregistrement live réalisé au Teatro alla Scala de Milan le 1er octobre 1980. Double LP stereo, Fonit Cetra. 1980.

Majakovskij, concert pour voix récitante et percussions dédié à Sandro Pertini, pour le cinquantenaire de la mort de Maïakovski et le centenaire de la naissance de Blok. Textes de A. Blok, V. Maïakovski, S. Essenine, B. Pasternak ; traductions de R. Poggioli, A. M. Ripellino, B. Carnevali. Réduction, adaptation, mise en scène et voix récitante C. Bene. Musiques de G. Giani Luporini ; musiciens solistes : M. Ilie (violon), S. Verzari (trompette), V. De Vita (piano). Production de

S. Maenza. Enregistrement live réalisé au Teatro dell'Opera de Rome le 10 octobre 1980; directeur de l'enregistrement P. Chiesa; phonique R. Citterio. Double LP, Fonit Cetra, 1980.

Lectura Dantis. Voix récitante C. Bene, musiques de S. Sciarrino, musicien soliste D. Bellugi (flûte). Production de S. Maenza. Enregistrement live réalisé à Bologne, Torre degli Asinelli, le 31 juillet 1981. CGD, 1981.

Pinocchio, storia di un burattino [Pinocchio, histoire d'un pantin], d'après Collodi, pour le centenaire de la naissance de Pinocchio. Mise en scène et élaboration des textes de C. Bene. Musiques de G. Giani Luporini. Voix principale : C. Bene; la Fée : L. Mancinelli. Techniciens de l'enregistrement : G. Burroni, M. Contini, B. Bucciarelli; mixeur : L. Torani. Production de S. Maenza. Enregistrement réalisé à Forte dei Marmi. CGD, 1981.

L'Adelchi di Alessandro Manzoni, une étude de Carmelo Bene et Giuseppe Di Leva. Musiques de G. Giani Luporini. Orchestre symphonique et chœur de la RAI de Milan; directeur : E. Collina; direction du chœur : M. Baldieri. Percussions : A. Striano. Voix principale : C. Bene; Ermengarda : A. Perino. Production de A. Pischedda; direction du mixage : C. Bene; techniciens du son : L. Cavallerin, G. Jametti. Enregistré à l'occasion des représentations au Teatro Lirico de Milan, février-mars 1984. Fonit Cetra, 1984.

Hamlet Suite, spectacle-concert. Collage de textes et musiques de C. Bene. Interprètes : C. Bene, M. Chiarabelli, P. Boschi. Mixer P. Lovati. Production de

M. Bavera. Enregistrement réalisé au Teatro Morlacchi de Pérouse le 25 novembre 1994. Nostra Signora s.r.l., 1994.

Dino Campana – Carmelo Bene : Canti Orfici. Voix récitante : C. Bene. Technicien du son : A. Macchia. Mastering : Suoni s.r.l. en collaboration avec la RAI. Livre et compact disc. Milan, Bompiani, 1999.

Télévision :

Bene! Quattro diversi modi di morire in versi. Majakovskij-Blok-Esenin-Pasternak [Bien ! Quatre diverses manières de mourir en vers : Blok-Essenine-Maïakovski-Pasternak]. Adapatation des textes de C. Bene et R. Lerici ; traductions de I. Ambrogio, R. Poggioli, A.M. Ripellino, B. Carnevali. Réduction, adaptation et mise en scène de C. Bene. Décors de M. Fiorespino. Musiques de V. Gelmetti. Voix soliste : C. Bene. Directeur de la photographie : G. Abballe. Assistant à la mise en scène : C. Tempestini. Mixeur vidéo : A. Lepore. Opérateurs RVM : M. Nicoletti, E. Piccirilli. Production RAI, 1977. Durée 80 mn (diffusé en deux parties par Rai Due le 27 et le 28 octobre 1977).

Amleto, de Carmelo Bene (d'après Shakespeare et Laforgue). Mise en scène, décors et costumes de C. Bene. Musiques de L. Zito. Directeur de la photographie : G. Abballe. Montage RVM : G. Marguccio. Interprètes : C. Bene, L. Mancinelli, A. Vincenti, C. Cinieri, J.-P. Boucher, F. Leo, P. Baroni, L. Mezzanotte, D. Silverio, S. Javicoli, L. Bosisio, M.A. Nobécourt, L. Morante. Déléguée à la production : R. Carlotto. Production RAI,

1974. Durée 63 mn (diffusé par Rai Due le 22 avril 1978).

Riccardo III, d'après Shakespeare selon Carmelo Bene. Mise en scène, décors et costumes de C. Bene. Musiques de L. Zito. Directeur de la photographie : G. Abballe. Montage RVM : S. Spini. Interprètes : C. Bene, L. Mancinelli, M. G. Grassini, D. Silverio, S. Javicoli, L. Morante, L. Dotti. Assistant à la mise en scène : A. M. Angeli. Technicien audio : B. Severo. Mixeur vidéo : G. Casalinuovi. Élaboration électronique pour la couleur : G. Virgili. Déléguée à la production : R. Carlotto. Production RAI, 1977. Durée 76 mn (diffusé par Rai Due le 7 décembre 1981).

Manfred di Byron-Schumann, version pour concert en forme d'oratorio. Mise en scène de C. Bene. Assistant à la mise en scène : M. Fogliatti. Directeur de la photographie : G. Abballe. Montage RVM : F. Biccari. Élaboration électronique pour la couleur : M. Taruffi. Directeur de scène : M. Contini. Mixeurs vidéo : M. Agrestini, S. Di Paolis. Mixage audio : A. Bianchi. Voix récitante : C. Bene. Autres interprètes : L. Mancinelli (Astarte); A. Tammaro (soprano); S. Mukhametova (hautecontre); D. Di Domenico (ténor); F. Tasin, B. Ferracchiato, A. Picciau, A. Santi (basses). Orchestre et chœur du Teatro Comunale de Bologne. Directeur d'orchestre : P. Bellugi. Directeur du chœur : L. Magiera. Réalisation et production RAI, 1979 (diffusé par Rai Due le 12 septembre 1983).

L'Adelchi di Alessandro Manzoni, sous forme de concert (d'après une étude de C. Bene et G. Di Leva, « L'Adelchi o la volgarità del politico »). Mise en scène de

C. Bene. Direction télévidéo de C. Battistoni. Musiques de G. Giani Luporini. Percussions live de A. Striano. Interprètes : C. Bene et A. Perino. Enregistré au Teatro Lirico de Milan, 1984 (diffusé par Rai Due le 9 septembre 1985).

Carmelo Bene e i Canti di Giacomo Leopardi, entretien d'introduction avec M. Grande et V. Leopardi et lecture des *Chants* par C. Bene. Direction télévidéo de F. Di Rosa. Prises de vues en direct de la villa Leopardi et de la place Leopardi à Recanati, 1987 (diffusé par Rai Tre le 12 septembre 1985).

Hommelette for Hamlet, opérette inqualifiable (d'après J. Laforgue). Mise en scène de C. Bene. Décors et costumes de G. Marotta. Musiques originales adaptées et dirigées par L. Zito. Sculptures de G. Gianese. Directeur de scène : M. Contini. Directeur de la photographie : G. Abballe. Mixage phonique : S. Santori. Enregistrement phonique : M. Corazzini. Interprètes : C. Bene (Hamlet) ; U. Trama (le Roi) ; M. Polla De Luca (Kate) ; A. Brugnini (Horatio) ; S. De Santis (Gertrude) ; V. Waiman (Will), O. Cattaneo, W. Esposito, F. Felice, L. Fiaschi, D. Riboli, A. Zuccolo (les anges). Production RAI et Nostra Signora s.r.l., 1987. Durée 62 mn (diffusé par Rai Tre le 25 novembre 1990.

Macbeth Horror Suite, de Carmelo Bene, d'après William Shakespeare. Mise en scène de C. Bene. Musique de G. Verdi. Montage de P. Centomani. Interprètes : C. Bene et S. Pasello. Décors de T. Fario. Costumes de L. Viglietti. Lumières : D. Ronchieri. Montage audio : E. Savinelli. Technicien vidéo : P. Murolo. Mixeur vidéo : C. Ciampa. Assistant à la mise en scène : M. Lamagna.

Optimisation : A. Loreto. Directeur de production : G. Pagano. Production RAI et Nostra Signora s.r.l., 1996. Réalisé dans le Centro di Produzione TV de Naples. Durée 60 mn (diffusé par Rai Due le 5 avril 1997).

Lectura Dantis. Mise en scène et interprétation de C. Bene. Montage de P. Centomani. Montage audio : E. Savinelli. Technicien vidéo : P. Murolo. Mixeur vidéo : C. Ciampa. Assistant à la mise en scène : M. Lamagna. Optimisation : A. Loreto. Directeur de production : G. Pagano. Production RAI et Nostra Signora s.r.l., 1996. Réalisé dans le Centro di Produzione TV de Naples.

Canti Orfici de Dino Campana. Mise en scène et interprétation de C. Bene. Montage de P. Centomani. Montage audio : E. Savinelli. Technicien vidéo : P. Murolo. Mixeur vidéo : C. Ciampa. Assistant à la mise en scène : M. Lamagna. Optimisation : A. Loreto. Directeur de production : G. Pagano. Production RAI et Nostra Signora s.r.l., 1996. Réalisé dans le Centro di Produzione TV de Naples. Durée 62 mn et 33 secondes (diffusé par Rai Due en 1996).

In-vulnerabilità d'Achille (tra Sciro e Ilio), libre adaptation poétique d'après Stace, Kleist, Homère de Carmelo Bene. Mise en scène, décors, costumes et voix soliste de C. Bene. Technicien du son : A. Macchia. Montage : M. Contini. Production RAI et Nostra Signora s.r.l., 1997. Durée 50 mn et 50 secondes.

Carmelo Bene e la Voce dei Canti, d'après les *Chants* de G. Leopardi. Mise en scène et interprétation de C. Bene. Musiques de G. Giani Luporini. Piano soliste : S. Bergamasco. Techniciens du son : D. D'Angelo, A. Macchia. Montage : M. Contini. Directeur de studio : T. Fario. Lumières : D. Ronchieri. Production RAI – Nostra Signora s.r.l. – Assessorato alla Cultura de Rome, 1998 (diffusé par Rai Due en sept épisodes d'environ 30 mn en juin-juillet 1998).

Pinocchio, ovvero lo spettacolo della Provvidenza, réduction et adaptation d'après Carlo Collodi de Carmelo Bene. Mise en scène de C. Bene. Interprètes : C. Bene, S. Bergamasco. Voix de L. Mancinelli. Musiques de G. Giani Luporini. Scènes et masques de T. Fario. Costumes de L. Viglietti. Directeur de la photographie : G. Caporali. Montage : F. Lolli. Lumières spectacle : D. Ronchieri. Phonique : A. Macchia. Assistant à la mise en scène : M. Lamagna. Postproduction audio : C. Bocci ; postproduction en Edit box : C. Bonavita. Directeur de production : G. de Vizio. Production RAI et Nostra Signora s.r.l., 1999. Durée 75 mn (diffusé par Rai Due le 29 mai 1999).

Carmelo Bene in Carmelo Bene – Quattro momenti su tutto il nulla [Carmelo Bene dans Carmelo Bene – Quatre moments sur tout le néant], de C. Bene. Lumières : P. Rachi. Cameraman : N. Confalonieri. Montage : A. Buonuomo. Directeur technique : C. Bene. Directeur de production : R. Romoli. Production Nostra Signora s.r.l. – S. Giussani – Sacha Film – P. Ruspoli. Durée 105 mn (diffusé par Rai Tre en novembre 2001).

Otello, o la deficienza della donna, de William Shakespeare selon Carmelo Bene. Mise en scène, décors et costumes de C. Bene. Musiques de L. Zito. Interprètes : C. Bene, C. Cinieri, M. Martini, L. Bosisio, C. Dell'Aguzzo,

J.-P. Boucher. Prises de vues de 1979 ; matériel tourné en deux pouces pour une durée d'environ 15 heures, dans les studios Rai de Turin. Montage réalisé en 2001-2002 par M. Fogliatti avec la supervision de C. Bene. Production RAI, 2002. Durée 76 mn et 46 secondes (projeté en première mondiale au Teatro Argentina pour la manifestation « In onore di Carmelo Bene », organisée par la Mairie de Rome le 18 mars 2002).

Lorenzaccio, al di là di de Musset e Benedetto Varchi, de C. Bene. Mise en scène de C. Bene. Interprètes : C. Bene, I. George, M. Contini. Enregistrement du spectacle théâtral de 1986, monté par M. Contini avec la supervision de C. Bene. Direction télévidéo : M. Contini. Production de la Fondazione « L'Immemoriale di Carmelo Bene », avec la collaboration de Rai International et de la Mairie de Rome, 2003. Durée 90 mn (projeté en première mondiale à l'Auditorium pour la manifestation « Roma per Carmelo », organisée par la Mairie de Rome le 1er septembre 2003).

Radiophonie

Entretiens impossibles :
Giorgio Manganelli rencontre Edmondo De Amicis
Giorgio Manganelli rencontre Tutankamon
Giorgio Manganelli rencontre Giacomo Casanova
Giorgio Manganelli rencontre Charles Dickens
Giorgio Manganelli rencontre Le Caliphe de Bagdad
Guido Ceronetti rencontre Jack l'éventreur
Guido Ceronetti rencontre Attila
Oreste Del Buono rencontre Léopold Von Sacher Masoch
Oreste Del Buono rencontre F. M. Dostoïevski

Vittorio Sermonti rencontre Marc Aurèle
Alberto Arbasino rencontre Louis II de Bavière
Alberto Arbasino rencontre Oscar Wilde
Nelo Risi rencontre Joachim Murat
Italo Calvino rencontre Montézuma
Production RAI, 1973.

Cassio gouverne Chypre, de G. Manganelli. Production RAI, 1973.

Notre-Dame-des-Turcs, de C. Bene. Production RAI, 1973.

En un lieu imprécis, de G. Manganelli. Production RAI, 1974.

Hamlet, d'après Shakespeare et Laforgue, de C. Bene. Production RAI, 1974.

Pinocchio, d'après C. Collodi, de C. Bene. Production RAI, 1974.

Salomé, d'après O. Wilde, de C. Bene. Production RAI, 1975.

Tamerlan le Grand, de C. Marlowe. Mise en scène de C. Quartucci. Interprète principal : C. Bene. Production RAI, 1975.

Roméo et Juliette, d'après W. Shakespeare, de C. Bene. Production RAI, 1976.

Cuore, d'E. De Amicis. Mise en scène et interprétation de C. Bene. Production RAI, 1979.

Manfred, d'après G. G. Byron – R. Schumann, de C. Bene. Production RAI, 1979.

Othello, d'après W. Shakespeare, de C. Bene. Production RAI, 1979.

Hyperion, d'après F. Hölderlin – B. Maderna, de C. Bene. Production RAI, 1980.

Egmont, d'après J. W. Goethe – L. Beethoven, de C. Bene. Production RAI, 1983.

L'Adelchi, d'après A. Manzoni, de C. Bene. Production RAI, 1984.

Canti Orfici, de D. Campana. Mise en scène et interprétation de C. Bene. Production RAI, 1996.

Lectura Dantis, de Dante Alighieri. Mise en scène et interprétation de C. Bene. Production RAI, 1996.

Carmelo Bene e la Voce dei Canti di Leopardi. Production RAI, 1998.

Pinocchio, ovvero lo spettacolo della Provvidenza, d'après C. Collodi, de C. Bene. Production RAI, 1998.

La figlia di Iorio, à partir de G. D'Annunzio, de C. Bene. Production RAI, 1999.

In-vulnerabilità d'Achille, d'après Stace, Kleist, Homère, de C. Bene. Production RAI, 2000.

Enregistrements vidéo de séminaires et répétitions

L'immagine come phoné [L'image comme phonè], séminaire avec C. Bene (Rome, Teatro Argentina, 18 et 20 novembre 1984). Centro Teatro Ateneo, Archivio dello spettacolo, Rome.

Séminaire portes fermées sur la machine actoriale, pour La Biennale Teatro 1989 (Venise, septembre 1989). Archivio Storico delle Arti Contemporanee, La Biennale, Venise.

Macbeth di William Shakespeare. Enregistrement vidéo en temps réel des répétitions de l'édition théâtrale de 1983 (Rome, Teatro Ateneo, du 22 octobre au 23 novembre 1982). Centro Teatro Ateneo, Archivio dello spettacolo, Rome.

Macbeth di Carmelo Bene, programme vidéo en deux parties : *Concerto per attore solo* e *Le tecniche dell'assenza*, [Concert pour acteur seul *et* Les techniques de l'absence]. Projet de F. Marotti et M. Grande. Rome, 1985. Centro Teatro Ateneo, Archivio dello spettacolo, Rome.

Quattro seminari straordinari di Carmelo Bene [Quatre séminaires extraordinaires de Carmelo Bene] (Rome, Palazzo delle Esposizioni, 12, 13, 14, 15 décembre 1990).

TABLE

PORTRAIT SANS CORPS 7
Préface de Jean-Paul Manganaro

PROPOSITIONS POUR LE THÉÂTRE 29
Hamlet de W. Shakespeare

ARDEN OF FEVERSHAM 57
Réélaboration d'un anonyme élisabéthain

LE ROSE ET LE NOIR 89
Invention à partir de Le Moine *de M. G. Lewis*

RICHARD III ou L'Horrible nuit d'un homme
de guerre 179

OTHELLO ou La déficience de la femme 265
Composition-version d'après William Shakespeare

MACBETH HORROR SUITE 373
Livret de théâtre

LORENZACCIO 413
raconté par Carmelo Bene

LA RECHERCHE THÉÂTRALE DANS
LA RÉPRÉSENTATION D'ÉTAT 459
ou Du spectacle du fantasme avant et après C.B.

PENTHÉSILÉE ou bien De la vulnérabilité
invulnérabilité et de la nécrophilie chez Achille 473
*Poésie orale sur un écrit gravé par accident
versions d'après Stace Homère Kleist*

HAMLET SUITE *Version-collage d'après Jules Laforgue*	503
Bibliographie	539
Les écrits de Carmelo Bene :	541
Les spectacles de Carmelo Bene	547
Théâtre	547
Cinéma	558
Discographie	561
Télévision	563
Radiophonie	568
Enregistrements vidéo de séminaires et répétitions	571